やわらかアカデミズム・〈わかる〉シリーズ

よくわかる
社会学史

早川洋行 編著

ミネルヴァ書房

はじめに

■よくわかる社会学史

　社会学は，19世紀前半に哲学を母体として生まれた。社会学の黎明期において，社会科学と社会学の境界線は不明瞭なものであったので，この時代を「総合社会学の時代」と呼ぶこともある。その後，社会学者たちは20世紀前半まで，諸科学の中での独立性を確保することに力を傾注してきた。それが次の「特殊科学としての社会学の時代」である。やがて，それは一段落して，社会学は20世紀後半から「専門分化の時代」に入った。そこから今日まで続く専門分化の傾向は，二つの時代変動と軌を同じくしていた。

　その一つは，大学の大衆化である。その結果として，専門的な職業人としての社会学者，言い換えれば大学や研究所の社会学者ばかりでなく，社会学を学ぶ人は増え続け，社会学人口のすそ野は大きく広がった。

　もう一つは，科学技術の急速な進歩である。このことが社会学の世界にもたらした最大の影響は，実証主義の隆盛であろう。とくにコンピュータの発達と普及とによって統計的な調査が容易になるにつれ，そうした数量的な実証研究とこれまでの思念的な研究との乖離がしばしば指摘されてきた。これが，いわゆる社会学における「理論と実証」問題である。

　この二つの傾向が際限なく進めば，社会学は拡散してゆき，やがて雲散霧消してしまうのではないか。本書は，そうした危機感の中から生まれたもののひとつにほかならない。

　ところで，ある学問領域の研究者が増えたり，その学問領域を学ぶ人が増えることは，それ自体としては好ましいことである。また，科学技術の発展が学問研究を手助けしてくれることは，本来何ら不都合と考えるべきことではない。これら二つのことと，社会学の拡散は直結するとは限らないだろう。しかし，社会学者のなかに現状を憂え「社会学の危機」を唱える人は少なくない。それはなぜだろうか。

　どんな学問であっても，学問は，積み重ねによって発展することは共通である。先行研究を踏まえて新しい理論が生まれ，それが実証される。あるいは先行研究を踏まえた実証研究のなかで，これまで以上，これまで以外の理論が生まれる。そしてそれらが，社会を変える実践となり，社会に対する学問的貢献を果たす，こうした流れが，本来望ましい学問の姿である。

　編者は，とくに社会学におけるこうした「学説・理論・実証・実践」の流れ

を,〈社会学の全体性〉と呼んでいる。社会学はいま,この全体性が危機にあるのではなかろうか。すなわち,少なくない数の「学説のない理論」「理論がない実証」「実証のない実践」が乱立し,また使い捨てられる事態が生じている。また,「学説」「理論」「実証」「実践」の内部も,いくつかの小部屋に分かれていて,それら相互の知的交流が活発であるとはとても言えない。

　単純化して言えば,皆が目先の問題にしか関心を示さなくなってきているように思う。その結果として,「自分だけの社会学」が量産されている。なぜ,そのようなことが起きたのか。それは,次の世代に先人の業績がしっかりと継承されていないのが根本の原因である。共通の知識がないから,それぞれに探究しているテーマを超えてなされるコミュニケーションも困難になっているのである。

　問題は,何より第一に「学説」にあるのではなかろうか。何を研究テーマにするにしろ,あるいは,学説・理論・実証・実践のどの分野に力を入れるにしろ,社会学を学ぶ者は一定程度の社会学史を知っておかなければならない。しかし,編者の目には,それがおろそかになっているように思えてならない。

　これには,現代社会では生活速度が加速化し,常に目に見える具体的成果を求められるという傾向が影響していることは疑いえない。しかし一方で,彼らを導くべき年齢的に上の世代が,伝える努力をおろそかにしてきたことも指摘されねばならないだろう。

　一般的に言えば,学説や理論の世界は,実証や実践の世界以上に,タコツボ化しがちである。学説や理論を学んだ人は,それらと自己の一体感が高まるあまり,自分だけの壺のなかに入りこんで,後から入ろうとする者を拒んで追い出そうとする傾向がある。そうした研究者が書いた本に,近寄りがたいものを感じるのは当然である。

　これまで出版された,テキストとしての学説や理論の本のいくつかに,そうした,良く言えば専門性の高さ,悪く言えば偏狭さを感じるのは,おそらく編者だけではないと思う。本書が,よくある社会学史の本のように,社会学者の思想ごとに専門の研究者が解説する,といった構成をとらなかった一つの理由は,こうしたことを防ぎたかったからである。

　本書は,大学の講義テキストとして定評のある「よくわかるシリーズ」の一冊である。今回も,このシリーズのキィー・コンセプトである「よくわかる」ということに,できるだけこだわった。各章の執筆者には,「大学１年生にもわかる,社会学史の本」として,社会学を学ぶ学生が最低限知っておいてほしい先行研究という観点で,項目を選択整理してまとめてくれるように頼んだ。

　しかし,基本的に言って,歴史の中に生き残った学説に「わかりやすい」も

のは一つもない。それを対象にして難しいことを簡単に書くのは，執筆者に相当な学問的な力量がなければできない。さいわい，今回は優秀な執筆陣がそれを可能にしてくれた。また，あまり詳しく書き込んでしまうと大学講義で用いるテキストではなく，読めばわかる解説不要の自習書になってしまう。じつは，この匙加減がとても難しいところであるが，本書の場合，このシリーズの2ページ1ユニットを基本とするという体裁上の制約がうまく機能したのではないかと思っている。

　本書の構成について述べよう。
　本書は全15章にした。これはテキストとして用いた場合，1セメスターで終了することを考えてのことであるが，1回の授業で一つの章をこなすのは実際には大変なことかもしれない。教員が解説する部分と学生が自習する部分を適当に選択してほしい。
　構成は3部に分けた。図を見て頂きたい。社会学全体を行為論，相互作用論，構造論の三層からなるものとして捉えて第1部とした（横の矢印）。それを縦断するものとして各々の領域ごとの研究史を第3部で扱う（縦の領域）。第2部は，一つの領域に限らず，また三つの層を関連させる社会学の概念（楕円）をテーマとした。すなわち，方法論的視座，概念，領域の三つのベクトルから，社会学を学ぶ次世代者へ伝えたいことをまとめた。

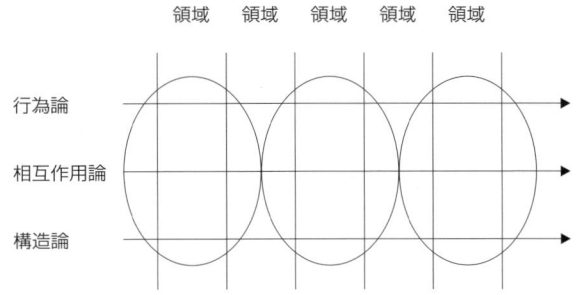

　ただし，これら三つのベクトルを用いたからといって，社会学の分野を整然と分割できないのは，当然のことである。たとえば，現象学的社会学の知見は，行為論としても相互作用論としても解釈できるし，バージェスの同心円理論は，社会的逸脱の問題としても都市と地域社会の問題としても取り上げる価値があるだろう。だから実際，本書にはそうした内容上の重複がいくつかある。しかし，学説研究とは本来そういうもので，一つの学説は多様な読み方に開かれている。読者には，むしろ同じ学説を違う観点から読み解く面白さを感じてほしいと思っている。
　社会学の方法論は，究極のところ方法論的個人主義，方法論的関係主義，方

法論的集合主義に分けられる，というのが編者の持論である。だから，第1部の構成には何の迷いもなかったが，じつは，第2部と第3部の章として何を選択するかということについては，企画の段階で大いに悩んだ。階級，教育，福祉，宗教，文化，政治などの章をおくことも検討したが，主として紙幅の限界から断念せざるを得なかった。そのかわり，関連する章においてそうした内容をできる限り入れ込んだつもりである。

　本書で論述されていることが，社会学を学ぶ人たちの間で共通の知識となり，そうした人々を結びつけ，相互の議論を活発化させるとしたら，編者としてこれにまさる喜びはない。また，至らぬところがあれば是非指摘してほしい。学問は，一定の知識を共有しつつ互いの差異を認め，批判し合うことで新たな知を生み出す試みである。本書もそうした学問の掟に喜んで従うつもりである。

　最後になったが，ミネルヴァ書房の浅井久仁人氏は，本書作成の0番目のメンバーとして多大な貢献をしてくれた。ここに記して感謝申し上げたい。

　　　　　　　　　　　　　　　　　　　　　　　　2010年晩秋
　　　　　　　　　　　　　　　　　　　　　　　　　編者　早川洋行

もくじ

■よくわかる社会学史

はじめに

第1部　社会学の基本的視座としての1・2・3

Ⅰ　行為論の社会学史

1　理解社会学……………………………2
2　主意主義的行為理論…………………6
3　シュッツ＝パーソンズ論争…………8
4　パーソンズ以降の行為論の展開……10
5　コミュニケーション的行為…………14

Ⅱ　相互作用論の社会学史

1　相互作用の原理………………………16
2　相互作用の機能………………………20

3　自我の形成……………………………22
4　現象学的社会学………………………24
5　交換理論………………………………26
6　ドラマトゥルギー……………………28

Ⅲ　構造論の社会学史

1　構造論的アプローチ…………………30
2　モダニティとポストモダニティ……32
3　創生期社会学の構想と構造論的視点…36
4　20世紀社会学と構造機能主義………40
5　21世紀社会の構図と構造論的まなざし……42

第2部　個人のなかにある社会，判断行為にある相互作用，個人を支配する社会

Ⅳ　社会的性格

1　文化とパーソナリティ研究…………46
2　権威主義的性格………………………48
3　社会的性格研究の形成と展開………50
4　戦後日本の権威主義研究……………54
5　日本文化論の系譜……………………56

Ⅴ　準拠集団

1　準拠集団論の始まり…………………60
2　相対的不満から準拠集団へ…………62
3　マートンの準拠集団論………………64

4　予期的社会化と予言の自己成就……66
5　シンボリック相互作用論の視点……68
6　応用問題を考える……………………70

Ⅵ　イデオロギー

1　イデオロギーとは染まるものである………72
2　知識と社会……………………………74
3　科学社会学……………………………76
4　日常知の社会学………………………78
5　近代の終焉と，それ以降……………80
6　知識と社会と社会学…………………82

第3部　人間の成長につれて

Ⅶ　家　族

1　家族研究をめぐって ………………… 86
2　現代家族研究の源泉 ………………… 88
3　関連科学への目配りが必要 ………… 90
4　日本における家族社会学の展開 …… 92
5　日本の家族社会学理論 ……………… 94
6　日本の家族についての諸問題 ……… 96

Ⅷ　環　境

1　環境社会学の始まり ………………… 100
2　環境社会学の主要な問題領域 ……… 104
3　環境問題の社会学研究 ……………… 106
4　環境共存の社会学研究 ……………… 110
5　社会的不公正への視点 ……………… 112

Ⅸ　マスコミュニケーション

1　マスコミュニケーション社会学前史から世論，ジャーナリズム ……………… 114
2　マスメディアの発達と直接効果論 … 118
3　限定効果論 …………………………… 120
4　効果論の新たな展開——新効果論 …… 122
5　情報社会論 …………………………… 124
6　現代のマスコミュニケーション …… 126
7　メディア技術の発達とマスコミュニケーション社会学 ………… 128

Ⅹ　若　者

1　若者論とは「先取り日本人論」である … 130
2　政治と若者——離脱から無政治，迎合へ … 134
3　消費と若者 …………………………… 136
　　——消費のパイオニアとして，消費を媒介に自己を確立する
4　メディア・コミュニケーションと若者 … 138
　　——メディア媒介によるコミュニケーションの間接化

Ⅺ　ジェンダー

1　ジェンダー研究の始まり …………… 142
2　性役割または性別役割 ……………… 146
3　メンズ・リブと男性学 ……………… 148
4　女性政策との関わり ………………… 150
5　現代のジェンダー研究 ……………… 152

Ⅻ　経　営

1　近代企業 ……………………………… 156
2　大量生産 ……………………………… 160
3　テイラー主義と人間関係論 ………… 162
4　官僚制 ………………………………… 164
5　日本的経営 …………………………… 166

ⅩⅢ　社会的逸脱

1　デュルケームの理論 ………………… 170
2　シカゴ学派の理論 …………………… 172
3　緊張理論 ……………………………… 174
4　逸脱の文化論 ………………………… 176
5　逸脱の遍在説 ………………………… 178
6　ラベリング論 ………………………… 180
7　社会的逸脱の理論のまとめ ………… 182

ⅩⅣ　都市と地域社会

1　都市の膨張と都市社会学の誕生 …… 184

2	日本の農村研究の源流と展開 ……………*186*
3	戦後日本の都市社会学の展開 ……………*188* ——町内会・コミュニティ・構造分析
4	戦後日本社会の民主化・資本主義化と共同体の変貌 ……………………………*190*
5	新しい分析視角 ……………………*192* ——脱工業化時代の都市社会学（1970年代後半〜1990年代）
6	地域再生にむけて …………………*194*

XV 社会運動

1	社会学の王道としての社会運動研究 ……*198*
2	社会運動の定義と類型をめぐる議論 ……*200*
3	社会運動過程の理論 ……………………*202*
4	社会運動の発生と参加の理論 ……………*204*
5	新しい社会運動理論の登場 ………………*206*
6	社会運動理論の現在 ……………………*208*
7	日本における社会運動の社会学の展開 ……*210*

索引（人名／事項）

第1部

社会学の基本的視座としての1・2・3

　社会とは何だろうか。この問題に原理的視点から接近するとしたら，三つの解答が可能である。そのうち二つの解答は，社会唯名論と社会実在論として夙によく知られている。社会唯名論というのは，「社会」という名称は便宜上のもので，名ばかりのものであるとして，人々が「社会」と呼んでいるものは個人の集合である，とする考え方である。

　たとえば，今二人の人物が写った写真があるとしよう。それは結局一人ひとりの写真の合成だと考えるのがこの立場である。これは比較的わかりやすい考え方だろう。これに対して社会実在論というのは，「社会」を個人を超えた何ものか，として把握する。この考え方に従えば，社会は個人に還元されない意味をもっている。二人の人物が一緒に写った写真はその二人の集合としての意味を思い起こさせる。それは一人ひとり写った2枚の写真を見るのとは全く違ったものである。こう考えるのがこの立場である。第三の立場は，このいずれにも与しない。それは社会を相互作用だと考える。二人の人物が写った写真が語るのは，個人としての二人の人物のことでは全くなくて，何より二人の間柄であり相互作用であると考えるものである。

　第一の立場は，1という数字に物事を還元して考える。第二の立場は，二人と自分，つまり3という数字の枠内で考えている。第三の立場は，明らかに2である。

　社会学の源流を溯ると，結局この 1.2.3. という数字にたどり着く。ここでは，1から始まる流れを「行為論の社会学史」，2から始まる流れを「相互作用論の社会学史」，3から始まる流れを「構造論の社会学史」と名付けることにしよう。

第1部 社会学の基本的視座としての1・2・3

I　行為論の社会学史

1 理解社会学

社会学における行為論の歴史の出発点に立つのはドイツの社会学者 M. ウェーバー（Max Weber：1864-1920）の理解社会学である。ウェーバーは、いっさいの社会現象は、たとえ国家や市場のようなマクロな社会現象であっても、諸個人の社会的行為の集まりにほかならず、諸個人の社会的行為に分解することができる、と考える。このような考え方は方法論的個人主義と呼ばれる。

1 理解社会学の対象と方法

ウェーバーの理解社会学の基本的な考え方をコンパクトに要約しているのが最晩年の著作『社会学の根本概念』である。この著作にしたがって社会学における行為論の出発点を確認しておこう。

まず『社会学の根本概念』の目次を掲げておこう（図 I-1）。この目次は理解社会学（方法論的個人主義）のロジックをよく表している。

ウェーバーは『社会学の根本概念』の冒頭で理解社会学を次のように定義している。「『社会学』という言葉は、……社会的行為を解釈によって理解するという方法で社会的行為の過程および結果を因果的に説明しようとする科学を指す」。ここには理解社会学の対象と方法が簡潔に述べられている。

ウェーバーにとって、あらゆる社会現象は諸個人の社会的行為の過程および結果にほかならない。したがって、ウェーバーの社会学の対象は個々人の社会的行為である。ウェーバーによれば、「『行為』とは、単数あるいは複数の行為者が主観的な意味を含ませている限りの人間行動」のことである。「行為」とは主観的意味、すなわち行為者自身にとってなんらかの意味をもつものであり、この点で行為者にとって意味をもたない「行動」とは区別される。たとえば、

▷1　M. Weber, Soziologische Grundbegriffe, in *Wirtschaft und Gesellschaft*, J. C. B. Mohr, 1921（清水幾太郎訳『社会学の根本概念』岩波文庫, 1972年）
▷2　目次は清水訳によるが、本文中で異なる訳語を用いているものは［ ］内に示した。
▷3　『社会学の根本概念』, 8頁

▷4　同書, 8頁

第1節　社会学と社会的行為	第10節　開放的関係と閉鎖的関係
第2節　社会的行為の種類	第11節　代表権
第3節　社会的関係［社会関係］	第12節　団体の概念と種類
第4節　社会的行為の諸類型——習慣と慣習	第13節　団体の秩序
第5節　正当なる秩序［正当的秩序］の概念	第14節　行政秩序と規制秩序
第6節　正当なる秩序［正当的秩序］の種類——慣例［習律］と法	第15節　経営、経営団体、任意団体［結社］、強制団体［アンシュタルト］
第7節　正当なる秩序［正当的秩序］	第16節　権力と支配
第8節　闘争の概念	第17節　政治団体と宗教政治団体［教権制団体］
第9節　共同社会関係と利益社会関係	

図 I-1　ウェーバー『社会学の根本概念』目次

チックとウインクは，どちらもまばたきであり，外から観察しただけでは区別できないが，チックがチックしている本人にとって意味をもたない反射的な行動であるのに対して，ウインクはウインクしている当人が，相手に合図を送るという意味を含ませた行為である。また，なにもしないこともそれが本人にとって意味をもっていれば行為である。たとえば，家でごろごろしているように見えても，それが投票日であり，本人がそのことに投票に行かないという意味を結びつけていれば，それは棄権という行為である。

このように行為が行為者自身にとって主観的に意味をもつものであることから，行為を対象とするウェーバーの社会学は観察とは異なる方法を採用する。それは，行為が行為者自身にとってもっている意味を内面的に理解するという方法である。そして，主観的意味，すなわち行為者自身が行為に結びつけている意味は，同時に行為者をその行為に駆り立てている動機，つまり原因でもあることから，ウェーバーは，行為の主観的意味を理解することによって，同時に行為の過程と結果を因果的に説明することができると考える。たとえば，行為者がまばたきに相手に合図を送るという意味を結びつけていることが理解できれば，それによって同時になぜその行為者がまばたきしたのかを因果的に説明することができるのである。ウェーバーはこの方法にちなんで自分の社会学を「理解社会学」と名づけた。

▲M. ウェーバー

2 社会的行為の4類型

「単数あるいは複数の行為者の考えている意味が他の人々の行動と関係をもち，その過程がこれに左右される」とき，そのような行為は「社会的行為」である。相手に合図を送るためになされるウインクは社会的行為である。投票あるいは棄権もまた候補者や他の有権者の行動と関係をもつ社会的行為である。

▷5 同書，8頁

ウェーバーは，社会的行為がその行為をしている行為者にとってもっている主観的な意味にしたがって，社会的行為を4つの種類に分類している。すなわち「目的合理的行為」（事物のなりゆきや他者の行動を予想し，その予想にもとづいて目的を合理的に追求する行為），「価値合理的行為」（結果を度外視して，行為そのもののもつ価値への信仰によってなされる行為），「感情的行為」（感情や気分による行為），「伝統的行為」（身についた習慣による行為）である。ただしこれらはあくまで純粋な類型（理念型）であり，現実の行為はこれらの類型に様々な程度で近似しているにすぎない。投票という社会的行為は，見返りを期待して目的合理的になされる場合もあるし，訴えに共鳴してまったく当選の見込みのない候補者に投票する場合のように，結果を度外視して信念にしたがって価値合理的になされる場合もあるし，また感情や習慣にしたがってなされる場合もあるだろう。

経済学では，人間は最小のコストで最大の利益を得ようとする存在として捉

えられてきた。このような人間像は「ホモ・エコノミクス（経済人）」と呼ばれる。ホモ・エコノミクスの行為は目的合理的行為の典型的な例である。これに対して，ウェーバーは人間を経済的な利益を追求するだけの存在としては捉えない。たしかに人間は様々な欲望（金がほしい，権力がほしい，地位を得たい，有名になりたい）に駆られて目的合理的に行動する。だがときには自分の欲望を断念しても理想（典型的には宗教的あるいは政治的な理想）の実現のために行動することがある。人間をたんに様々な利害に駆られて行動する存在として捉えるのではなく，ある場合には理想が人間を突き動かすこともあると考えるところに社会学的な人間像の特徴はある。ウェーバーの価値合理的行為はこのもうひとつの側面を概念化したものである。世俗的な欲望を断念して，神の意志を実現するための道具として禁欲的に労働したプロテスタントたちの行為が歴史のコースを切り替え，ついには近代資本主義を生み出したことを論じたウェーバーの『プロテスタンティズムの倫理と資本主義の精神』[46]はこのような社会学の人間像をよく表している。

▷ 6 M. Weber, Die protestantische Ethik und der 》 Geist 《 des Kapitalismus, in *Gesammelte Aufsätze zur Religionssoziologie*, Bd. 1, J. C. B. Mohr, 1920（大塚久雄訳『プロテスタンティズムの倫理と資本主義の精神』岩波文庫，1989年）

3 意図せざる結果

『プロテスタンティズムの倫理と資本主義の精神』は理解社会学の別の重要な特徴もよく表している。理解社会学は社会現象を諸個人の社会的行為の過程および結果として捉えるが，これは，理解社会学が社会現象を諸個人によって意図されたものとみなしていることを意味しない。ウェーバーはたしかに近代資本主義が成立するうえでプロテスタントたちの禁欲的労働が不可欠であったことを述べるが，これは，プロテスタントたちが近代資本主義を生み出すことを意図していたとウェーバーが考えていたことを意味するわけではない[47]。『プロテスタンティズムの倫理と資本主義の精神』は，あらゆる欲望を肯定する近代資本主義が，宗教的理想の実現のためにあらゆる欲望を断念したプロテスタントたちの禁欲の意図せざる結果として生まれたという壮大な歴史のパラドクスを描いているのである。

▷ 7 「われわれは，宗教改革の文化的影響の多くが……改革者たちの事業から生じた，予期されない，いやぜんぜん意図されなかった結果であり，しばしばかれら自身の念頭にあったものとは遙かにかけはなれた，あるいはむしろ正反対のものであったということをあらかじめ確認しておかなければならない」（同書，134頁）。

4 ミクロからマクロへ

マクロな社会現象をいったん諸個人のミクロな社会的行為に分解したあと，今度は社会的行為を連結していくことによって，マクロな社会現象を，社会的行為の特定の編成様式として再構成するところに，理解社会学（方法論的個人主義）の特徴はある。もう一度『社会学の根本概念』の目次を見てみよう。社会的行為からはじまり，社会関係，正当的秩序，団体と，しだいに規模の大きい現象へと進み，さいごに政治団体（国家）と教権制団体（教会）へといたるように構成されていることがわかる。この過程をもうすこし詳しく見てみよう。

社会的行為は他者の行動と関係していれば，たとえそれが一方向的なもので

あってもかまわない（片想いであってもかまわない）。しかし，社会的行為が相互に相手の行動に関係づけられると，そこに「社会関係」が成立する。社会関係は一時的なものである場合も，規則的に繰り返される場合もあるが，社会関係が規則性をもつとき，そこには「秩序」があると言う。秩序は慣れ親しんだ習慣にもとづいていたり（たとえば毎朝パンを食べるという習慣），単なる利害にもとづいていたり（たとえば市場）するが，その秩序を正しいものと考える正当性の観念にもとづいている場合もある。このような秩序は「正当的秩序」と呼ばれ，習慣や利害にもとづく秩序よりも安定している。ウェーバーは，行為者がどういう根拠にもとづいて秩序を正当なものと考えるのかにしたがって，秩序を，「伝統」の神聖性に対する信仰にもとづくもの，「カリスマ」と呼ばれる超自然的な能力に対する信仰にもとづくもの，「規則」の合法性に対する信仰にもとづくものに分類している。正当的秩序は，行為者がもつ秩序の正当性についての観念によって内的に支えられているだけではなく，なんらかの制裁の可能性によって外的に強制されている場合がある。正当的秩序が人々の非難の可能性によって強制されているとき，それは「習律」と呼ばれ（たとえば近隣関係），強制を任とする専門のスタッフが存在するとき，「法」と呼ばれる。ある集団の秩序が強制スタッフの存在によって維持されているとき，そのような集団は「団体」と呼ばれる。法が参加者の合意によって成立し，それに参加するかどうかが任意である団体は「結社」であり（たとえば企業），法が出生や居住など一定の条件を満たす人間すべてに一律に課される団体は「アンシュタルト（強制団体）」である。典型的なアンシュタルトは国家と（中世の）教会である。

このようにして国家というマクロな社会現象はいったん諸個人の社会的行為に分解されるが，社会的行為→社会関係→秩序→正当的秩序→団体→アンシュタルトと，社会的行為を（水平的に）連結すると同時に（垂直的に）次元昂進していくことによって，社会的行為の巨大な編成としての国家がふたたび姿を現すことになる。

ウェーバーによって第一歩を印された社会学における行為論は，その後多くの社会学者によって受け継がれ，今日にいたるまで多岐に展開してきている。次節以降で論じる社会学的行為論の系譜をあらかじめおおまかな見取り図として示しておこう（図I-2）。

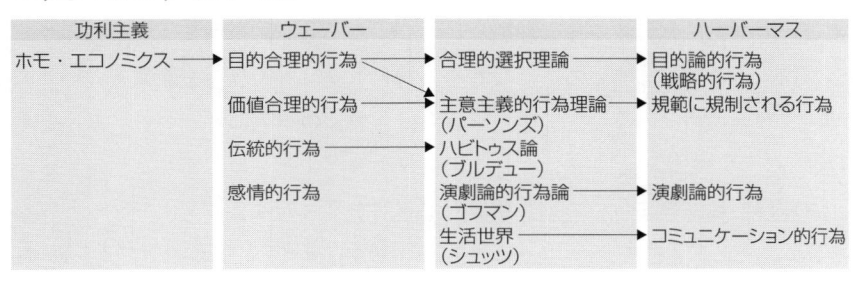

図I-2　社会学的行為論の系譜

参考文献

徳永恂・厚東洋輔編『人間ウェーバー』有斐閣，1995年

I　行為論の社会学史

　主意主義的行為理論

　方法論的個人主義の特徴はミクロな社会的行為から出発してマクロな社会現象を説明するところにあるが，社会的行為を集計してマクロな社会現象を導き出すこの方法論的個人主義の論理のうちにじつは難問が潜んでいることを初めて明示的に示したのは，ウェーバーより一世代後のアメリカの社会学者 T. パーソンズ（Talcott Parsons: 1902-1979）であった。

1　単位行為

　パーソンズは，大著『社会的行為の構造』において，パーソンズ以前の行為理論の歴史を実証主義的伝統と理想主義的伝統に大別したうえで，この二つの伝統が合流・収斂する地点に自らの行為理論を位置づけ，これを「主意主義的行為理論」と名づけた。

　パーソンズは社会を構成する基本的な単位を「単位行為」と呼ぶ。そして，単位行為を構成する要素として「条件」・「手段」・「目的」・「規範」を挙げている。実証主義的伝統ではこのうち条件的要素が強調され，極端な場合には行為は条件への適応に還元されてしまう。理想主義的伝統では規範的（理念的）要素が重視され，極端な場合には行為は条件を無視した観念の遊戯と化してしまう。主意主義的行為理論において，行為は，一定の条件のなかで，なんらかの規範によって制約されつつ，特定の手段を用いて目的の達成をめざすものとして捉えられる。そして，そのような単位行為を集計したものが社会である。

　ホッブズ問題

　パーソンズは，この集計という手続きのうちに重大な問題が潜んでいることを，功利主義の社会理論を検討するなかで発見した。功利主義とは，ホモ・エコノミクスという人間像を受け継ぎ，人間は最小のコストで最大の利益を追求するものであると考える社会理論であり，①原子論，②合理性，③目的のランダム性，を特徴としている。すなわち，功利主義は，①社会を諸個人の行為の単純な寄せ集めとみなし，②また諸個人は合理性の規範にもとづいてもっとも合理的な手段を選択して自己の目的の達成を追求するものであると想定する。③さらに功利主義においては，諸個人が志向する目的はランダムであるとみなされる。そしてパーソンズは，功利主義の論理的帰結を，Th. ホッブズ（Thomas Hobbes）が描いた「万人の万人に対する闘争」という自然状態のうちにみ

▷ 8　T. Parsons, *The Structure of Social Action*, McGraw Hill, 1937（稲上毅・厚東洋輔・溝部明男訳『社会的行為の構造』（全5巻）木鐸社，1974/1989年）。パーソンズは同書において，実証主義的伝統からアルフレッド・マーシャル（A. Marshall），ヴィルフレード・パレート（V. Pareto），エミール・デュルケム（É. Durkheim）の3人を，理想主義的伝統からウェーバーを取り上げて，二つの伝統の収斂を論じている。

いだす。

　ホッブズは，各人がもっとも合理的な手段を用いて自己保存を追求する自然権をもつという前提から出発する。そのさい，各人は能力において平等であり，この能力の平等性から，目的達成に対する希望の平等性が生じる。だれも自分の目的達成を自ら断念したりしない。その結果，各人が，自分の目的の達成のためには，暴力や欺瞞を用いて相手の財産や生命を奪うことも辞さない「万人の万人に対する闘争」という状態が帰結する。

　もし功利主義が想定するように，各人が自由に自分の目的を設定し，その目的を合理性の規範にしたがってもっとも合理的な手段を用いて追求するとすれば，暴力や欺瞞の行使を抑制するものがないため，諸個人の行為の集計態としての社会は，ホッブズが描いたように「万人の万人に対する闘争」となるほかはない。これは，合理性の規範にもとづいて利己的に自己の目的を追求する人間を前提とするかぎり，社会秩序は論理的に成立不可能であるということを意味する。それゆえ，パーソンズはいかにして社会秩序は可能かという問題（秩序問題）を「ホッブズ問題」と名づけた。

▲ T. パーソンズ

3　共通価値

　それではこの社会秩序の論理的な不可能性はどのようにして現実的な可能性へと転換されるのだろうか。パーソンズはその答えを「共通価値」のうちに見いだす。共通価値とは社会の成員によって共有されている価値規範のことである。

　共通価値は，合理性の規範とならぶ，行為におけるもうひとつの規範的要素である。行為者は，合理性の規範にしたがって，自分の目的を達成するためにもっとも合理的な手段を選択するだけでなく，価値の規範からみて「正しい」手段を選択することを求められる。たとえば，「汝，盗むなかれ」という規範は，たとえ暴力と欺瞞を用いて相手の財産を奪うことが目的の達成にとってもっともてっとり早い合理的な手段であっても，暴力と欺瞞の行使を「正しくない」ものとして抑制する。このように，共通価値は行為者の手段選択に一定の制限を加える。また共通価値は，個人の手段選択に制限を加えるだけでなく，諸個人の目的の選択に一定の範囲を定めることによって，目的のランダム性を解消する。このように共通価値は，諸個人がいだく目的を一定の範囲に収めると同時に，目的達成のための手段選択にも一定の制限を加えることによって，「万人の万人に対する闘争」という帰結を回避し，社会秩序を可能とする。

　主意主義的行為理論においては，行為者は，一定の条件のなかで，合理性の規範と価値の規範の両方にもとづいて，適切な手段を用いて，適切な目的を追求するものと捉えられる。ここには人間を利害と理想の両方によって突き動かされるものと考えるウェーバーの人間観が継承されている。

参考文献
厚東洋輔「主意主義的行為理論」安田三郎・塩原勉・富永健一・吉田民人編『基礎社会学』第1巻，東洋経済新報社，1980年

I　行為論の社会学史

シュッツ＝パーソンズ論争

パーソンズの主意主義的行為理論に対して、現象学的社会学の立場から批判を行ったのが、ナチスを逃れてアメリカに亡命してきたウィーン生まれの社会学者A. シュッツ（Alfred Schutz：1899-1959）であった。

1　「主観的観点」とはなにか

シュッツは、1940年から翌41年にかけて、パーソンズとの間で書簡をやりとりして論争を行った。▷9 この論争における主要な論点は、「主観的観点」とはなにかということであった。

ウェーバーが理解社会学の対象を行為者自身にとって主観的意味をもつ行為に定めたように、行為論は（行動主義心理学とは異なり）行為者の主観的観点に立つことを要件としている。パーソンズもまた行為論と主観的観点が不可分であることを認めている。▷10 だが、シュッツから見ると、パーソンズの主意主義的行為理論はぜんぜん主観的観点に立っていないのであった。シュッツは次のように批判する。「彼［パーソンズ］は行為者の心のなかの主観的諸事象を、観察者だけに接近できるその事象の解釈図式ととり違え、したがって主観的現象の解釈のための客観的図式とこの主観的現象自体とを混同してしまっている」。▷11 パーソンズにとって、「主観的観点に立つ」とは、社会学者（観察者）が、「条件」「手段」「目的」「規範」といった概念を用いて、行為が行為者自身にとってもっていると考えられる主観的意味を科学的に再構成するという意味であった。▷12 他方、シュッツにとって、「主観的観点に立つ」とは、（観察者ではなく）行為者自身が自分の行為をどのように経験しているかを、行為者自身の観点から記述することであった。それは現象学的社会学（自然的態度の構成的現象学）によって可能となるものであった。

この「主観的観点」をめぐるパーソンズとシュッツの見解の違いは、ウェーバーの「動機」の定義に含まれていたあいまいさを異なる方向に純化させた結果だと考えることができる。ウェーバーは「動機」を次のように定義していた。「『動機』とは、行為者自身や観察者が或る行動の当然の理由と考えるような意味連関を指す」。▷13 このうち「動機」を「観察者がある行動の当然の理由と考えるような意味連関」として捉える方向で純化させたのがパーソンズの主意主義的行為理論であり、他方、「動機」を「行為者自身がある行動の当然の理由と考えるような意味連関」と捉える方向に純化させたのがシュッツの現象学的社

▷9　R. Grathoff, ed., *The Theory of Social Action : The Correspondence of Alfred Schutz and Talcott Parsons*, Indiana University Press, 1978（佐藤嘉一訳『A・シュッツ＝T・パーソンズ往復書簡　社会的行為の理論論争』木鐸社、2009年）

▷10　「［行為］図式の準拠枠は、ある特殊な意味において、主観的である。つまりこの準拠枠が取り扱っているものは、その行為が分析され考察されている行為者の観点からみて、現出しているような現象である」（パーソンズ『社会的行為の構造（第1巻）』木鐸社、1976年、81頁）。

▷11　『A・シュッツ＝T・パーソンズ往復書簡　社会的行為の理論論争』、82頁

▷12　「私はたえず主観的観点の使用を主張していますが、しかしそれは概念図式による主観的範疇の形式でということであって、主観的な社会的世界とは『実際には』どういうものかを考察する形式でということではありません」（同書、151頁）。

▷13　ウェーバー『社会学の根本概念』、19頁

会学であったと考えることができる。シュッツの行為論はH. ガーフィンケル（Harold Garfinkel）のエスノメソドロジーに受け継がれていく。

② 視界の相互性の一般定立

行為者自身が行為をどのように経験しているのかを，シュッツは「目的動機」と「理由動機」という概念で記述する。「目的動機」とは，行為を行っている最中の行為者が視野においている，当の行為によって生じさせようとしている未来の事態のことである。「理由動機」とは，行為が終了した後，行為者が過去を振り返って，なぜ自分はそのような行為をしたのかと問うときに，その行為へと自分を導いたものとして現れてくるような過去の経験のことである。

シュッツによれば，これらの動機は本質的に主観的なものであり，私たちは他者の動機には原理的に接近不可能である。それでは私たちはいかにして他者の動機を理解し，他者とコミュニケーションを結ぶことができるのであろうか。シュッツは次のように問う。「行為者によって主観的に自明視されている世界が，観察者にとっても同様に疑問の余地のないものであるという保証は何もない。……だが，それにもかかわらず，少なくとも或る程度まで，人は他の人を理解することができる。このことはいかにして可能なのか」。そして，シュッツがこの問いに対して見いだした解答は「視界の相互性の一般定立」である。それは，簡単に言えば，私と他者は同じ対象について同じ経験をしているということを私が自明視しており，かつ他者も同じように自明視しているはずだと私が想定している，ということである。シュッツによれば，それ自体何の保証もないこの想定こそ，「共通諸対象の世界の前提であり，またそれとともにコミュニケーションの前提である」。ここには「ホッブズ問題」とは異なる秩序問題の定式化とそれに対する解答を見ることができる。

③ 生活世界

シュッツのパーソンズに対する批判の背景にあったのは現象学者E. フッサール（Edomund Husserl）の生活世界論であった。「生活世界」とは行為者が主観的に経験している科学以前の日常生活の世界である。フッサールは，科学という「理念の衣」が生活世界を覆い隠していることを批判し，科学によって隠蔽されている生活世界における経験を回復しようとした。シュッツの現象学的社会学は，フッサールに倣い，社会学者が科学的に構成する概念図式によって覆い隠されている，行為者が主観的に経験している社会的世界を取り戻そうとするのである。この生活世界論はのちにJ. ハーバマス（Jürgen Habermas）によって受け継がれることになる。

▷14 浜日出夫「現象学的社会学からエスノメソドロジーへ」好井裕明編『エスノメソドロジーの現実』世界思想社，1992年

▲A. シュッツ

▷15 A. Schutz, Choosing among Projects of Action, in *Collected Papers I*, Nijhoff, 1962（渡部光・那須壽・西原和久訳『アルフレッド・シュッツ著作集 第1巻 社会的現実の問題［I］』マルジュ社，1983年，170-171頁）

▷16 A. Schutz, Symbol, Reality and Society, in *Collected Papers I*, Nijhoff, 1962（渡部光・那須壽・西原和久訳『アルフレッド・シュッツ著作集 第2巻 社会的現実の問題［II］』マルジュ社，1985年，147-148頁）

▷17 同書，148頁

▷18 浜日出夫「羅生門問題」富永健一編『理論社会学の可能性』新曜社，2006年

▷19 E. Husserl, *Die Krisis der europäischen Wissenschaften und die transzendentale Phänomenologie*, Husserliana Bd. VI, Martinus Nijhoff, 1954（細谷恒夫・木田元訳『ヨーロッパ諸学の危機と超越論的現象学』中央公論社，1974年）

I 行為論の社会学史

4 パーソンズ以降の行為論の展開

　パーソンズ以降の行為論の展開から主なものを3つ挙げておこう。第一に，パーソンズによって批判された功利主義をむしろ積極的に継承する形で展開されている合理的選択理論，第二に，行為がもつ演技としての側面に注目したE. ゴフマン（Erving Goffman）の演劇論的行為論，そして第三に，行為者が意識せず習慣にもとづいて行う行為に注目したP. ブルデュー（Pierre Bourdieu）のハビトゥス論である。

1 合理的選択理論

　合理的選択理論は，人間は最小のコストで最大の効用を得ようとしてつねに合理的な選択を行っているとする合理的な人間像と，社会をそのような行為を集計した結果として捉える原子論的な社会像を特徴としている。代表的な理論家はJ. コールマン（James Coleman）である。[20]

▷20　J. Coleman, *Foundations of Social Theory*, Harvard University Press, 1990（久慈利武監訳『社会理論の基礎』（上・下）青木書店，2004/2006年）

　合理的選択理論の意義は，その行為モデルそのものにあるというより，個人レベルでは合理的な選択が，集計されると社会レベルでは意図せざる非合理的な結果を生むことがある，というジレンマの構造を明らかにした点にある。そのようなジレンマをよく表しているのが「囚人のジレンマ」である。

　AとBが共犯の容疑で逮捕されて，それぞれ検事から取り調べを受ける。検事はAとBそれぞれに次のようにもちかける。「もし相棒が黙秘していておまえが自白したら，相棒は10年の刑期だが，おまえは3カ月で出してやる。もし逆なら，おまえが10年，相棒が3カ月だ。どちらも黙秘したら，どちらも1年で出られるが，どちらも自白したとすれば，どちらも8年だ」（**図Ⅰ-3**）。どちらも当然早く出たい。AとBはどちらも黙秘するか自白するかという選択肢をもっている。だがどちらを選ぶと早く出られるかは相手の出方しだいである。もし相手が黙秘するのなら，こちらが自白してしまえば3カ月で出られる。これは魅力的である。だが，相手も自白してしまえば8年だ。それならどちらも黙秘して1年で出られるほうがいいけれども，こちらが黙秘しているのに相手が自白してしまえば，こちらが10年だ。これは割に合わない。

　この話の落ちは，AとBが合理的に判断するかぎり，AもBもどちらも自白してし

A＼B	自白する	黙秘する
自白する	8年／8年	10年／3カ月
黙秘する	3カ月／10年	1年／1年

 図Ⅰ-3　囚人のジレンマ

まうというところにある。Aから見た場合，もしBが黙秘するなら，自分も黙秘すれば1年，自白すれば3カ月，それなら自白したほうが早く出られる。Bが自白したとしても，自分が黙秘すれば10年，自白すれば8年，やはり自白したほうが早く出られる。そして，これはBから見ても同じである。どちらも黙秘すれば1年で出られたはずなのに，どちらも合理的な選択をしたばかりに結局検事の思うつぼとなるのである。A. セン（Amartya Sen）は，合理的であるがゆえにどちらにとっても望ましくない選択をしてしまうこのような行為者を「合理的な愚か者」と呼んでいる。[21]

これはたんなる机上のモデルにとどまらない。このようなジレンマが日常生活において生じるとき「社会的ジレンマ」となる。ひとつだけ例を挙げておこう。放送法第32条は，NHKの放送を受信することのできる受信設備を設置した者はNHKと受信契約をしなければならないと規定している。しかしじっさいには受信契約を結ばなくてもテレビは見られる。2009年度の受信料支払率は72％である。受信料を払っても払わなくてもテレビを見られるのであれば，払わないことのほうが合理的である（受信料を払わないでテレビを見ている人を「フリー・ライダー」という）。しかし，誰もが合理的な選択をして受信料を支払わなければ，NHKは放送を取りやめるしかない。もしも誰もが合理的な選択をするなら，公共放送がなくなるという誰にとっても望ましくない非合理的な結果が生じることになる。このような社会的ジレンマは，音楽や映像・ゲームソフトの違法ダウンロードによるコンテンツ・ビジネスの衰退，マイカーの利用による公共交通の衰退や環境汚染など，私たちの身近にいくらも見つけることができる（自分で社会的ジレンマの例を挙げてみよう）。

▷21 A. Sen, *Rational Fools, in Choice, Welfare and Measurement*, Basil Blackwell, 1982（大庭健・川本隆史訳『合理的な愚か者』勁草書房，1989年）

② 演技としての行為

人間はある手段を用いて目的を追求するだけではない。同時に他者の前である役割を演じてもいる。たとえば，きこりが薪を作るために木を伐っているとき（ウェーバーが挙げている目的合理的行為の例），誰かが茂みの陰からこちらをのぞいていることに気がついたとしよう。そのとたんに今までまったく意識しなかった腕の振り上げ方や振り下ろし方が気になるようになる。きこりは木を伐るだけではなく，同時に「有能なきこり」を演じるようになる。このような行為がもつ演技としての側面に注目したのがカナダ生まれの社会学者ゴフマンである。ゴフマンによれば，行為とは，「パフォーマー」としての行為者が「オーディエンス」である他者の前で演じる「パフォーマンス」である。

ゴフマンは男子学生の前でパフォーマンスをしている女子学生の例を挙げている。「アメリカの女子大生は，デートの相手になりそうな男子学生の前にいるときには，以前は自分の知性・技能・決意のほどを低目に見せたし，今でも明らかにそうしている。……これらのパフォーマーたちは，男友達が彼女たち

のすでに知っていることを退屈な仕方で説明するのを，黙って聞いているということである。また彼女たちは自分たちより能力の劣る男友達に数学の能力をかくし，ピンポンをしても終わる寸前に負けるのである」[22]。ある女子学生は次のように言う。「いちばんいい手管の一つに，ときどき長い綴りの言葉を間違えて綴るというのがあるわ。私のボーイフレンドはずいぶんと図にのって，書いてくるわ。『ねえ君，本当に君ったら字を知らないね』」[23]。このようにパフォーマーが自分のパフォーマンスをコントロールすることによって，オーディエンスに与える印象を操作することを，ゴフマンは「印象操作」と呼ぶ。行為者は話し方・表情・身振り・しぐさ・服装などによって，たえず自分はこういう人物であるということをオーディエンスに対して示す「自己呈示」を行っている。そして，相手に呈示している自己のイメージ（「かよわい女の子」）を維持するために，それと矛盾するような都合の悪い情報（数学やピンポンの能力）は隠したり，都合のよい情報（綴りの間違い）を与えたりする印象操作を行うのである。だが，もしかしたらボーイフレンドのほうでもそのような印象操作はお見通しの上で「ねえ君，本当に君ったら字を知らないね」と書いて「頼もしいボーイフレンド」を演じているのかもしれない。さきほどの女子学生も次のように言う。「一度か二度，からかわれているのは私のほうじゃないのかしら，つまり彼は，私の手管を見抜いて，私が卑劣にもそんな手管を弄しているのを軽蔑しているんじゃないかしらと思ったぐらいです」[24]。

　ゴフマンによれば，社会とは舞台の上で繰り広げられるドラマのようなものである。教師はただ学生に教えていればよいのではなく，同時に教師らしく見えるように振る舞わなければならないし，学生のほうでも学生らしく振る舞うことによって，教室における秩序は維持されている。医師と患者，店員と客の関係も同様である。このようにパフォーマーとオーディエンスが，それぞれが演じている自己をお互いに尊重しながら共同で維持することによって，社会というドラマは滞りなく進行していく。

❸ 習慣としての行為

　ウェーバーの目的合理的行為，パーソンズの単位行為はいずれも，行為者が意識的に目的を設定し，それを実現するために意識的に手段を選択するものと想定している。だが，人間はいつでも目的を明確に意識しているわけではないし，頭のなかでいろいろ計算をしたうえで手段を選んでいるわけでもない。サッカーの試合中パスが回ってきたときそんな悠長なことをしているひまはないし，会話の最中いつも慎重に言葉を選んで話しているのでもない。とっさに身体が反応するのであるし，とっさに言葉が口をついて出るのである。このようなほとんど意識されることなくなかば自動的に行われている日常的な行為に注目したのがフランスの社会学者ブルデューである。

▷22　E. Goffman, *The Presentation of Self in Everyday Life*, Doubleday, 1959（石黒毅訳『行為と演技』誠信書房，1974年，44頁）

▷23　同書，44頁

▷24　同書，278頁

ブルデューは，過去の経験から身につけた「知覚・思考・行為の図式」を「ハビトゥス」と呼んでいる。私たちは，家族や友人関係・学校を通して身体化されたハビトゥスに導かれて，ほとんど意識しないままにその場に応じた振る舞いをしている。私たちがボールにとっさに反応したり，相手の言葉にとっさに応じることができるのはこのハビトゥスのおかげである。ブルデューはハビトゥスにもとづいてなかば自動的になされる振る舞いを「プラティック」（実践・慣習行動）と呼ぶ。これはウェーバーが「身についた習慣による」行為と特徴づけた「伝統的行為」を継承したものと言える。

ブルデューは，家族や学校などを通して構造化されたハビトゥスに導かれて行われるプラティックが，そのハビトゥスを生み出した構造をふたたび構造化していく働きをしていることに注目する。この意味でハビトゥスは「構造化された構造」であると同時に「構造化する構造」でもある。子どものときからサッカーに親しんで形成されたハビトゥスにもとづいてなされるとっさのプレーがサッカーというゲームを不断に再生産していくのである。ブルデューはそのような再生産の仕組みを学校教育のうちに見いだす。

子どもたちは成長する過程でそれぞれの家庭を通じて特定の階層的な刻印を帯びたハビトゥスを身につける。それはちょっとしたしぐさ，言葉遣い，食事の仕方などとして現れる。私たちはふだん自分が身につけているハビトゥスを意識することはない。それに気がつくのは「気後れ」「居心地の悪さ」というような感覚を通してである。私たちは自分のハビトゥスが形成された環境と類似した環境ではのびのびと振る舞えるが，なじみのない環境ではとたんに居心地の悪さを感じる（たとえば，居酒屋ではくつろげるのに，ウエイターが何人も居並ぶレストランでは気後れを感じてしまう，またはその逆）。そして学校もまたたんに知識だけを教えているのではない。同時に学校にふさわしい立ち居振る舞い，話し方，食べ方，音楽の趣味（クラッシック音楽は教えられるけれども演歌は教えられない）なども教えている。そしてそれらもまた特定の階層的な刻印，たいていは中流階層の刻印を帯びている。自分の家庭で身につけたハビトゥスが学校で求められるハビトゥスと一致している生徒は学校でのびのびと振る舞えるだろうし，逆に家庭で身につけたハビトゥスと学校で求められるハビトゥスのギャップが大きい生徒は学校で気後れを感じ，のびのびと振る舞えないだろう。そしてそれは教師の評価やひいては進学にも影響を与えるだろう。そして，学歴が階層所属に大きな影響をもつことを考えれば，子どもたちがそれぞれの家庭で身につけたハビトゥスにもとづいて行うミクロな日常的振る舞いは，学校というフィルターを通して，そのハビトゥスを生み出したマクロな社会構造を結果として再生産していくことになる。このようにブルデューはミクロとマクロが私たちの意識しないところでそれぞれ互いを再生産するメカニズムを暴いてみせた。

▷25 P. Bourdieu, *Le sens pratique*, Éditions de Minuit, 1980（今村仁司・港道隆訳『実践感覚』（第1巻）みすず書房，1988年，86頁）

▷26 同書，83頁

▷27 P. Bourdieu et J.-C. Passeron, *La reproduction*, Éditions de Minuit, 1970（宮島喬訳『再生産』藤原書店，1991年）

参考文献
盛山和夫・海野道郎編『秩序問題と社会的ジレンマ』ハーベスト社，1991年
安川一編『ゴフマン世界の再構成』世界思想社，1991年
宮島喬『文化的再生産の社会学』藤原書店，1994年

第1部　社会学の基本的視座としての1・2・3

Ⅰ　行為論の社会学史

コミュニケーション的行為

パーソンズ以降，もっとも体系的な行為論を展開しているのは現代ドイツの代表的な社会理論家 J. ハーバマス（Jürgen Habermas）である。

1　コミュニケーション的行為

▷28　J. Habermas, *Theorie des kommunikativen Handelns*, 2 Bde, 1981（平井俊彦・フーブリヒト・河上倫逸・徳永恂・脇圭平他訳『コミュニケイション的行為の理論』（全3巻）未來社，1985/1987年）

ハーバマスは大著『コミュニケーション的行為の理論[28]』において，彼以前の様々な行為論を踏まえて行為を次のように分類している。

　① 目的論的行為
　② 戦略的行為
　③ 規範に規制される行為
　④ 演劇論的行為
　⑤ コミュニケーション的行為

①目的論的行為とは「行為者が一定の状況のもとで効果を期待できる手段を選択し，適切な仕方でこの手段を用いることによって，一つの目的を実現する，あるいは望ましい状態への到来を促す[29]」ものである。これはウェーバーの目的合理的行為に対応するものである。

▷29　同書，132頁

②戦略的行為は目的論的行為の一種であるが，他者の選択を計算に入れながら，あるいは他者の選択に影響を与えることによって，自己の目的の実現をめざすものである。これは，自己の利益を最大化するために他者の出方を計算に入れつつ戦略的に手段を選択する，合理的選択理論が前提としているような行為に対応している。

▷30　同書，132頁

③規範に規制される行為とは「共通の価値に照らして行為する社会的集団のメンバーにかかわる[30]」ものであり，集団のメンバーは集団のなかで妥当している規範に一致する行為を互いに相手に対して要求する。これはパーソンズの主意主義的行為理論が強調した，共有された価値規範にしたがって目的と手段の選択を行う行為に対応している。

④演劇論的行為はゴフマンが注目した演技としての行為に対応するものである。それは「たがいに観衆となり，観衆の目前で自己を表現する相互行為の参加者に関係をもつ。行為者は多少とも目的をもって自分の主体性を明らかにすることによって，自分自身の一定の像や印象を観衆のなかに植えつける[31]」。

▷31　同書，133頁

⑤ハーバマスはこのように彼以前の主要な行為論を4つの行為類型として整理し直したうえで，彼独自の行為類型として「コミュニケーション的行為」を

導入する。

　コミュニケーション的行為とは，言語を媒介として自己と他者の間で相互了解をめざして行われる相互行為である。コミュニケーション的行為においては，話し手は，自分の発言が客観的事実と一致しているという真理性の主張，集団の規範に照らして正当であるという正当性の主張，発言している通りのことを思っているという誠実性の主張をかかげて，聞き手に向かってなにごとかを言う。聞き手はこれらの主張を承認することもできるし，それらに異議を唱えることもできる。後者の場合，話し手は主張の根拠をさらに説明して合意をめざす。たとえば，ハーバマスが挙げている例を借りると（すこし手を加えてある），教授が講義中に学生に対して「水を一杯もってきてくれないか」と言う場合，学生はこの要求の妥当性を受け入れて水をもってくることもできるが，次のように異議を唱えることもできる。第一に，「今日は断水しています」と言って，その発言の真理性を問題にすることができる。第二に，「教授が学生にそのような要求をするのはハラスメント行為に当たります」と言って，その正当性を拒否することもできる。あるいは「先生は水を飲みたいのではなく，本当は私を試そうとしているのではないですか」と言って，その誠実性を問うこともできる。このように要求の妥当性が問題にされたら，教授は「自動販売機の飲み物でもかまわないから」「いますぐ薬を飲まなければならないのだ」「しゃべりすぎたので本当にのどが渇いているのだ」などと，水をもってきてほしいという自分の要求がなぜ妥当なのかをさらに説明して合意をめざす。もし「お金を払うから」あるいは「単位がどうなっても知らないよ」と言うなら，それはもはや合意をめざすコミュニケーション的行為ではなく，自分の目的の実現のために相手の選択を操作しようとする戦略的行為である。

▲ J. ハーバマス

❷ 生活世界とシステム

　これらはたんなる行為類型にはとどまらない。ハーバマスは，コミュニケーション的行為の基盤であり，またそれによって再生産されている空間を，フッサールとシュッツに倣い「生活世界」と呼ぶ。そして近代化を，貨幣と権力を媒介として行為の調整を図る，経済と政治という2つの戦略的行為のシステムがしだいに生活世界を侵食していく過程として捉え，これを「システムによる生活世界の植民地化」と呼ぶ。ハーバマスにおいて，コミュニケーション的行為は，生活世界の植民地化に対抗して，あくまで言語を媒介として暴力と強制によらない合意を追求することによって生活世界を合理化する役割を担うものである。ここには「万人の万人に対する闘争」の解決を追求してきた社会学における行為論のひとつの到達点を見ることができる。

（浜　日出夫）

第1部　社会学の基本的視座としての1・2・3

Ⅱ　相互作用論の社会学史

1 相互作用の原理

▲A. スミス

▷1　G. Simmel, *Philosophie des Geldes,* Dunker & Humblot, 1900（居安正訳『貨幣の哲学』白水社, 1999年，164頁）

▷2　É. Durkheim, *De la division du travail social,* Félx Alcan, 1893（井伊玄太郎訳『社会分業論　上』講談社学術文庫，90頁）

▷3　A. W. Small, *Adam Smith and Mordern Sociology,* General Books, 2009, p. 1

▷4　A. Smith, *The Theory of Moral Sentiments,* 1759（水田洋訳『道徳感情論　上』岩波文庫，2003年，23頁）

1　社会学の起点

　社会学の創始者はA. コント（Augste Comte: 1798-1857）だと言われている。たしかにコントは，初めて「社会学」という言葉を用いて，科学としての社会学を立ち上げた。しかし，その後の社会学に与えた影響という観点で考えれば，コント以前の思想に社会学の出発点を求めることも可能である。

　コントがA. スミス（Adam Smith: 1723-1790）の「卓越性」を認め，深く尊敬していたのは有名な事実である。G. ジンメル（Georg Simmel: 1858-1918）の『貨幣の哲学』には，「アダム・スミスの見解をもって，本書で主張されている貨幣理論への方向が定められた」という記述があるし，E. デュルケム（Émile Durkheim: 1858-1917）は『社会分業論』において「アダム・スミス以来，分業の理論はほとんど進歩してもいない」と述べた。彼らは，アダム・スミスを高く評価し，彼から多大な影響を受けた。哲学から社会学を独立させ，実証科学として確立しようとした草創期の社会学者たちが，イギリス経験論から学ぼうとしたのは当然と言えば当然なことであった。

　かつてA. W. スモール（Albion W. Small）は，「経済学的な文献の知識をもたないが，一般的な社会学の社会をみる知識をもつ人が，『国富論』を初めて手にすれば，それを社会学の特殊分野における論及とみなすことに少しの困難もためらいもないだろう」と述べたが，同じことは，彼のもうひとつの主著である『道徳感情論』にも当てはまる。この章では，相互作用論の社会学史を説明していくが，まずその出発点をA. スミスの『道徳感情論』に求めたい。

2　同感，社会関係そして徳

　『道徳感情論』は，同感の説明から始まる。彼は「われわれがしばしば，他の人々の悲しみから，悲しみをひきだすということは，それを証明するのに何も例を挙げる必要がないほど，明白である」と言う。つまり，人が人に同感するのは，人類に普遍的な原理であり，人間の本性natureである。ただし，他者の感情が自分の感情として感じるということを，たんに対象の感情の反映と考えるのは誤りである。同感は，観察者が対象者のおかれた境遇を考慮するところから生まれる。だから人間は，死者にさえも同感するのである。

　スミスは，相互的同感は快楽である，とも言っている。他の人々のなかに自

分と同じ感情を観察することは，われわれを喜ばせる。同感は，「歓喜を活気づけ，悲嘆を軽減する」から，人間は自分の快適な情念よりも不快な情念を他者に伝達したがるのである。

　また彼は，こうも言っている。「われわれの仲間たちの歓喜に心を動かされないように見えることは，礼儀の欠如に過ぎないが，かれらがわれわれにかれらの苦難を語るとき，深刻な顔つきをしないのは，ほんとうの，そしてひどい，不人情である」。こうして同感しあうことが，人間の関係を安定させる。

▷5　同書，5頁

　ところで同感を期待する程度は，その対象たる相手が誰であるかによって異なる。親しい間柄では強いし，逆に疎遠な関係ではあまり期待しないだろう。親しい間柄では，同感のやり取りが頻繁である。こうした「社会と交際」(Society and Conversation)は，人間の精神が平静さを失った場合に，それを取り戻すためのもっとも強力な救済手段である。

　また逆に，同感を期待してもよい状況において，それを自制することにも，独特の意味がある。不幸な境遇においても同感を求めようとしない態度は，他者に品位を感じさせるし，他者はそれを高貴なものとして感じる。スミスは，人間の徳というものは，こうした自己規制から生まれると考えている。

③ 様々な情念

　肉体に起源をもつ情念を表現するのは不謹慎である。たとえば，肉体的な苦痛のために泣き叫ぶのはみっともないし，性欲をあからさまに示すのも適切ではない。これに対して想像に起源をもつ情念の場合は，まったく違っている。片足を失うことは，一般に愛人を失うことよりも大変な災厄である。しかし，愛人を失う悲劇があったとしても片足を失う悲劇はただ滑稽なだけだ。通風や歯痛は，ほとんどまったく共感をかきたてないが，それよりも危険な病気は苦痛を伴わなくても最高の同感をかきたてる。すなわち，われわれは，肉体的な苦痛にはわずかしか共感しない。だから，それを表現するのは不適切なのである。

　このようにスミスは，他者の同感をかきたてない情念は，自己規制すべきだと述べている。恋がしばしば笑いものにされるのも，それが理由であり，自分自身の研究や友人のことを語るのに一定の抑制が必要なのも，そのことによっている。また，憎悪や憤慨の表出も，その相手になることを想像させる限り不快なものになるから，自制すべきなのである。

④ アダム・スミスの先駆性

　以上述べてきたように，スミスは，人間と人間が同感し合うという原理から，社会の規範が成立することを体系的に説明している。今日の目から見れば，それは見事な社会学的な説明である。

　彼の業績には注目すべき記述はほかにもある。たとえば，スミスは自己認識

が可能になるのは，人間が社会のなかに存在しているからだと言う。だから，社会のなかにあることは，自分を知る「鏡」を与えられることだと述べる。これは，後にC. H. クーリー（Charles H. Cooley）が「鏡に映った自我」としたアイディアである。また彼は「感謝の諸義務」は，義務のなかでもっとも神聖なものである，と述べた。これは，後にジンメルや交換理論が注目したアイディアである。

人間と人間との相互作用から社会を考えるという社会学の領域は，少なくともコント以前，スミスから始まったと言ってよいだろう。しかし，それを社会学理論として確実なものにしたのは，次に述べるジンメルだった。

⑤ 2は1より古い

ジンメルは「2は1より古い」と述べた。たとえば，杖があるとしよう。それはただの杖であり，もしそれを1本の杖と呼ぶ必要があるとすれば，杖が少なくとも2本あることを前提としている。だから2は1より古いのだとジンメルは言う。この話は，ジンメルの社会学の核心を語っている。

ジンメルは，社会の本質を心的相互作用として捉える。人と人とが何かのきっかけで，相互作用に入るとき，そこに社会は現出する。ふとしたまなざしを向けるだけでも十分である。社会とは，そうした心的相互作用そのものであり，けっして静態的なものではない。だから社会は正確には，「社会化」と呼ぶべきものである。では，そうした心的相互作用を社会学はいかに把握して，記述することができるのだろうか。

▷ 6 G. Simmel, *Philosophie des Geldes,* Dunker & Humblot, 1900（居安正訳『貨幣の哲学』白水社，1999年，58頁）

⑥ 社会化の形式／社会化の内容

ジンメルによれば，社会は何らかの動機や目的によって生まれる。たとえば，勉強しようと学校へ行くことで，教師や友人たちとの相互作用が始まる。たとえば，賃金を得ようと職場に行けば，上司や同僚や仕事相手との相互作用が生まれる。こうした相互作用を生み出す動因となった動機や目的を「社会化の内容」と呼べば，それによって生まれた相互作用そのものは「社会化の形式」と呼ぶことができる。興味深いことに，全く違う「社会化の内容」が，同じ「社会化の形式」として実現することがある。

たとえば，競争だとか嫉妬だとかといった相互作用は，学校の人間関係のなかにも，職場の人間関係のなかにも現出するだろう。ジンメルは，このように考えて，「社会化の形式」を抽象する学問として，社会学を構想したのである。つまり，人間と人間の相互作用のあり方を考えるのが社会学だと言うわけである。このように社会学方法論を位置づければ，社会のいたるところに社会学の対象を見出すことができる。従来の政治学，法学，教育学，文学等などの考察対象は，社会学的観点からも考察可能である。それゆえ，彼は社会学を社会諸

科学に横断線を引くものだとも述べている。彼は，こうした方法論に立つ社会学，社会化の諸形式の研究を形式社会学と名付けている。

❼ 距離と意味

▲G. ジンメル

ところで，相互作用には様々なレベルがある。個人と個人との相互作用もあれば，集団と集団との相互作用もある。また個人と集団との間で生じる相互作用もある。そして時代を共有して空間的に捉えうる相互作用もあれば，時代を超えて見られる時間軸で捉えうる相互作用もあるだろう。ジンメルは，こうした相互作用の様々な水準をひとしく認める。観察者の目的によって，対象との距離は自由に設定すればよい，というのがジンメルの考えだった。これは，絵画の遠近法に似た発想である。彼は，対象に接近すればより詳しい像が明らかになり，対象から後退すればより大ざっぱな像が明らかになる。それらはいずれもが正しいのであって，互いに排除すべき関係にはないと述べている。実際，彼は様々な相互作用を『社会分化論』『社会学』『貨幣の哲学』そして『社会学の根本問題』といった著作のなかで論じている。

彼の分析の一例を挙げよう。彼は社交を「すべての人間が平等であるかのように，同時に，すべての人間を特別に尊敬しているかのように，人々が『行う』ところの遊戯」だという。そして，そこにはコケットリ（媚態）という文化が生まれる。与えることを仄めかし，拒むことを仄めかす。避けはするものの，すべての望みを奪いはしない。そうした男女間の心的な相互作用が社交に生じることを読み取るのである。

ところで，ジンメルは，このように社交の意味を語るとき，何を根拠にしているのだろうか。社会調査をしたわけではないし，そもそもこの場合それが可能かは疑問である。彼の言明の根拠は，自らの経験にほかならない。彼は「社会は観察者を必要としない統一体」だと述べている。彼は，今日の実証主義社会学者のように，観察者と観察対象を截然と分けることをしない。彼に言わせれば，観察者はまた観察対象の一人なのである。

こうした考えは，基本的にスミスと同じものである。ジンメルは，そのことを「社会化のアプリオリ」という言葉を使って説明している。すなわち，人間が他者と同じように感じるということ，同感することができるということが，彼の社会学方法論の根幹に前提として存在している。

20世紀の社会学は，構造－機能主義，現象学的社会学という二つの流派を生んだ。ジンメルの社会学は，観察者が客観的な意味を捉えるという点は，構造－機能主義の主張とあい通じるし，一方，心理的な相互作用を捉えるという点では，現象学的社会学と共通している。そのまったく異なる二つの流れの源流にあって，相互作用を基にした社会学方法論を定式化したのが，ジンメルだったのである。

Ⅱ　相互作用論の社会学史

 **相互作用の機能**

1　競争と闘争，嫉妬と羨望

　ジンメルは，様々な心的相互作用を分類している。たとえば，競争と闘争はどう違うのか。ジンメルによれば，相手を倒すことそのものが目的となっているのは闘争であり，相手を倒すことが手段であり，それによって得られるものがべつにあるのが競争である。闘争にあっては，強い方の力から弱い方の力を引いて残ったものが結果であるが，競争はより高い価値を生み出す。すなわち，競争にあっては競争相手を媒介として自らの能力を高めるのである。

　嫉妬と羨望はどう違うのか。自分こそふさわしい権利があると思い込んで相手そのものへ向かう感情が嫉妬であり，相手そのものではなく，相手がもっている何かをうらやむのが羨望である。保持が目的であるのが嫉妬であり，獲得が問題であるのが羨望であるとも言える。

2　主意主義と機能主義

　こうした相互作用の意味付けは，行為者の心的世界に注目しながらも，観察者の視点からなされたものである。ジンメルの社会学にあっては，主観的な意味と客観的な意味は，人間として普遍的な「同感」を媒介にした曖昧さを残していた。

　後の社会学は，やがてこうした曖昧さをきらって主意主義的な見方と機能主義的な見方に分裂する。たとえば，日本社会で広く見られるお盆の墓参りは，一年に一度先祖の霊を慰める行事だと言われる。先祖の墓に参るために帰省する，というのは夏に行われる民族大移動のひとつの説明の仕方である。これは，人間がどのような動機や目的をもって行為するのか，という観点からの解釈である。これを主意主義的な見方という。これに対して，その行為の結果が何をもたらしたのか，という観点から説明する仕方を機能主義的な見方という。この事例で言えば，親族の紐帯が強まったとか，高速道路や鉄道の売上が伸びたとか，旧交が復活したなどとして解釈される。

3　顕在的機能と潜在的機能，順機能と逆機能

　R. K. マートン（Robert K. Merton: 1910-2003）は，このうち機能分析を精緻化させた。彼は，機能を顕在的機能と潜在的機能，順機能と逆機能に分類して

いる。すなわち，機能には，あからさまなものもあれば，一般的には見えにくい，潜在的に存在する機能もある。また，社会や関係の維持にとって望ましいものもあれば，望ましくないものもある。社会学は，そうした機能を把握するべきものだとしたのである。

たしかに，当事者も知らない意味を発見するのは面白い。しかし，ある要素が全体に果たしている機能に注目し過ぎると，社会は静態的で安定したものとして捉えられることになる。構造が自明のものとされ，予定調和の理論に堕する危険性が高まるのである。

❹『社会闘争の機能』

そうした傾向を批判しつつも，同じ機能分析の観点からジンメルを再評価しようとしたのが，L. A. コーザー（Lewis A. Coser）の『社会闘争の機能』である。

コーザーは，彼と同時代人の社会学者たちを闘争よりも適応の問題，社会動学よりも社会静学に関心を寄せていると批判する。彼によれば，闘争は「集団形成と集団の存続にとって必須の要因」であり，それはもっと研究されてよい。このような立場から，コーザーがねらったのは，すでに古典的な業績だったジンメルの分析を社会学理論として蘇らせることだった。彼は，ジンメルの闘争理論を16の命題に再構成している。

表Ⅱ-1 社会闘争の命題

命題1：闘争は集団を結束させる。闘争は集団の境界を判然とさせ，内部の一体性を高めるように機能する。／命題2：闘争は集団を維持させる安全弁となる。闘争は敵意の吐き出し口になることによって集団維持に貢献する。／命題3：闘争には，手段としての闘争と闘争そのものが目的である闘争がある。闘争には手段的なものと表出的なものがある。／命題4：闘争は必ずしも憎悪を付随しない。しかし，憎悪は闘争を強化する。／命題5：密接な関係では，敵対的感情は蓄積される。／命題6：密接な関係で闘争が生じた場合，その闘争はより激しいものになる。／命題7：闘争は集団内部の破壊的要素を除去するのに役立つ。／命題8：闘争の不存在が関係の安定を証明するわけではない。／命題9：外集団との闘争は集団内凝集性を高める。／命題10：他集団との闘争は，集団内部の寛容性を低める。／命題11：闘争を継続するために敵を創造することがある。／命題12：イデオロギーを掲げた闘争は，熾烈なものになる。／命題13：闘争は敵対者を結束させる。／命題14：力関係が対等ならば，統一された団体は統一された敵対集団を好む。／命題15：闘争は互いの力を知る機会となる。／命題16：闘争は結社や連盟を生み出す。

コーザーが整理した命題は，たしかに，われわれの経験世界において首肯できることが少なくない。しかし，このように相互作用を命題化することが，それ自体としてどれほどの価値があるだろうか。それは，歴史をただ平板化しようとするものに過ぎないのではないか。コーザーは，「調和や合意のモデル」を批判したが，闘争が一般命題化されるのならば，それもやはり秩序にほかならない。すなわち，彼の社会学もまた機能主義の限界内にあったとみるべきだろう。

Ⅱ 相互作用論の社会学史

3 自我の形成

 C. H. クーリー

クーリーはデカルトの「ワレ思う故にワレあり」という有名な言葉を批判する。彼によれば，「ワレ」意識というものは，子どもが2歳になるまではっきりあらわれるものではない。個人は，全体の部分としてのみ存在しているのであって，「遺伝によって継承されないものは，コミュニケーションと相互作用によって発生する」[47]。ワレ思うということよりも，むしろワレワレ思うという関係性から出発すべきである。クーリーはこのように，主張して自我(I)の形成を論じた。この主張は，ジンメルの「2は1より古い」という言明と軌を一にしていることは明らかだろう。

クーリーは，人間の自我が発生する前提としての相互作用に注目して，自我形成を論じている。それを象徴する言葉が「鏡に映った自我（鏡の中の自己）(looking glass self)」である。人間は，自らの行為の意味を他者の反応を見て知る。このとき他者は，自らの行為の意味を映し出す鏡のようなものである。人間の自我は，こうした無数の他者との相互作用によって形成されてゆくのだ。この主張は，スミスがすでに『道徳感情論』のなかで，少し違った形で言及していたものだが，クーリーは，それをあらためて定式化した。そして，この言葉は，後の社会的自我論の礎になった。

クーリーは，自我形成において重要な影響をもつ関係性を第一次集団と呼んだ。第一次集団とは「顔と顔とをつきあわせている親しい結びつきと，協力とによって特徴づけられる集団」である。人間は，第一次集団内での相互作用によって人間性(human nature)を発達させる。彼は第一次集団の具体例として，家族，子どもたちの遊び仲間，近隣，もしくは大人たちの地域集団を挙げている。

後の社会学は，この第一次集団の定義から，直接的接触という特徴のみを取り出し，それと対照性をもつ間接的接触によって特徴づけられる集団を第二次集団とした。しかし，クーリーの議論は，相互作用が人間性にもつ意味が主題であって，相互作用が直接的か間接的かという違いは，彼にとっては本質的なものではなかったことを覚えておく必要があるだろう。

 G. H. ミード

クーリーの自我論をさらに発展させたがG. H. ミード（Georg H. Mead: 1901

▷ 7　C. H. Cooley, *Social Organization : a study of the larger mind,* Charles Scribner's Sons, 1909（大橋幸・菊地美代志訳『社会組織論——拡大する意識の研究』現代社会学体系4　青木書店，1970年，11頁）

-1978）である。ミードによれば，クーリーは，自我の根拠を感情的なものとみなしたことに誤りがあった。自我の核心は情緒的現象ではなく，むしろ認知的現象である。有意味な身振りによる外面的な会話を内面化して芝居仕立てにすることが自我の発達の最初の段階にある。自我は，他者の身振り会話を内面化した過程ということができる。

　彼は，他者の態度を内面化してつくられる自我を Me と呼んでいる。その Me にたいする主体の反応が I である。自我はこの I と Me の二つの側面から理解されねばならない。ある集団の一員であるためには，それにふさわしい Me をもたねばならない。しかし，その集団に有意味な差異を作り出すのは，構成員の I である。つまり，I は，主体の反応であると同時に社会変革の原動力になる。

　ミードはこうした自我の成立過程を段階に分けて説明している。自我の発生期に最初におとずれるのはプレイ段階である。この段階では，何かのふりをする「ごっこ遊び」が行われる。子どもはこの段階で，親，先生，牧師，店員，警官，海賊などの役割を演ずる。これは他者の役割を取得する遊びである。この次にゲーム段階がおとずれる。ゲームは，手続きやルールの下に行為する遊びである。この段階では，特定の役割ではなくゲームに参加する者すべての役割を取得して，それにもとづいて自分の行為を律していかなければならない。この段階になると「一般化された他者」が彼に影響を与える。一般化された他者とは，共同体全体の態度を意味している。一般化された他者を受け入れることで，個人は，十全な意味で社会の一員となるのである。

3　E. H. エリクソン

　ミードは，自我が社会化される過程を説明した。しかし，子ども時代に形成された自我は生涯不変なのだろうか。この問いに答えたのが，E. H. エリクソン（Erik H. Erikson: 1902-1994）の自我同一性（Identity）という考えだった。エリクソンは，ライフサイクルという概念を用いて説明する。すなわち，人間には成長に応じた発達段階がある。ミードが述べたように，人間は青年期に至るまで様々な役割期待を内面化して成長する。そのなかには，互いに矛盾する役割期待もあるだろう。彼は，人間にとって青年期とは，そうした自我同一性の危機（Identity Crisis）を乗り越えて，自分とは何かという問いに決着づける時期だと述べた。ただし，青年期はそうした決着が社会的に猶予される時期でもある。それをモラトリアムという。モラトリアムという考えは，エリクソンにすでにあったものであるが，日本では小此木啓吾が『モラトリアム人間の時代』（1981）で主張したことで有名になった。しかし，今日では，自我同一性の危機もモラトリアムも，青年期特有のものではなく，人生の転機に訪れる現象だと理解されている。

Ⅱ 相互作用論の社会学史

4 現象学的社会学

1 日常的思考の仮説

　ジンメル社会学にあった相互作用における意味の問題を展開したのが，現象学的社会学であり，その基礎を築いたのがA．シュッツ（Alfred Schutz）であった。
　彼は，日常的な思考は，4つの基本仮説が有効性をもつかぎりにおいて維持できる，と述べた。①生活，とりわけ社会生活がこれまで通り今後も続いていくだろう，つまり，これまでと同一の問題が生じて同一の解釈が必要となることがあるだろう，したがってこれまでの経験が未来の状況を処理するのに十分役立つだろう，という仮説。②親，教師，政府，伝統，習慣などで伝えられた知識は，たとえその起源や本来の意味がわからずとも頼みとすることができるだろう，という仮説。③通常の経過をたどるようなことであれば，その対処や処理には，生活世界で出会う出来事の一般的類型や一般的様式に関してささか知っておれば足りる，という仮説。④解釈および表現図式としての処方箋体系も，上述した基本仮説も，ともに私的な事柄ではなく，私たちの集団の仲間が一様に受け入れて利用しているものである，という仮説。これらの仮説が成り立たなくなる危機にあっては，日常的思考は通用しない。

2 よそ者と多元的現実

　しかし，よそ者は，こうした日常的思考の仮説を共有しない存在である。彼は，接近対象の集団ではなく故郷集団の文化パターンに同調している。つまり出自が違うため，接近集団の成員が明々白々としていることに悉く疑問符をつけることになる。こうしたよそ者は，集団に対して客観性をもつし，また集団への忠誠において曖昧な態度をとりがちである。
　この指摘は，社会が多元的に構成されている，という発想に導くものである。すなわち，国家や民族という水準ばかりではなく，地域，職業，学校，年齢，性別などによって，違う意味世界があって，われわれはそれらのいずれかに対してよそ者として対峙している。そして，その集団へ加入しようとするならば，意味世界の擦り合わせ，すなわち社会的適応が必要になる。

3 対象化，制度化，正当化，内在化

▲ T.ルックマン

　P. L. バーガーとT. ルックマン（Peter L. Berger & Thomas Luckmann）は，

シュッツが述べた日常世界が日々の実践のなかで構成されてくる仕組みを論じている。彼らの説明をごく簡単に述べれば次のごとくである。われわれは相互作用を行って、様々な物事を対象化して意味付けている。そうしたなかで習慣化された行為が類型化されると制度化が起きる。しかし、その過程が二者間に止まる限り制度化は完成しない。なぜならその改変が容易であるからである。その制度が第三者に継承されたとき制度化は完成する。すると今度は、制度は正当化を要求する。すなわち、その制度を説明し弁明することができる方法を発達させる。そしてやがて、正当化は「認識上の解釈と規範的解釈の双方を防御する」天蓋を生み出す。その代表的なものは宗教である。ここにおいて客観化された意味世界が成立する。いったん客観的な意味世界が形成されると、今度は、人間はそうした客観的現実を主観的な現実として内在化する。それが社会化である。社会化は幼年期の第1次的社会化とその後の第2次的社会化に分けられる……。このようにバーガーとルックマンは、現実を創造することで自己自身を創造する過程を描く。彼らは、自らの仕事を「個人と社会の弁証法、つまり個人のアイデンティティと社会構造との間の弁証法における知識の役割の分析[8]」だと考えていた。

4 意味と社会諸現象

このような現象学的社会学の考えは、社会病理現象や近代社会を説明する上で有効な、いくつかの視点を生み出した。P. L. バーガーとS. プルバーク（P. L. Berger & S. Pullberg）は、意味世界が動かしがたいもの、すなわち物象化する問題を論じた。またS. コーエンとL. ティラー（S. Cohen & L. Taylor）は、抑圧的な意味世界を「至上の現実」（paramount reality）と呼んで、社会的逸脱をそこから離脱しようとする試みとして論じている。さらに、P. L. バーガー、B. バーガー、H. ケルナー（P. L. Berger, B. Berger & H. Kellner）らは、逆に意味世界が安定しないことを「安住地の喪失」（homelessness）と呼んで、それを近代社会の特質として論じている[9]。

H. ガーフィンケル（Hrold Garfinkel）は、エスノメソドロジーを「社会のメンバーがもつ、日常的な出来事やメンバー自身の組織的な企図をめぐる知識の体系的な研究[10]」と定義している。日常性や知識に注目するという特徴からして、エスノメソドロジーは、基本的に現象学的社会学の一流派と考えてよいだろう。ただし、現象学的社会学は、バーガーとルックマンが「社会学は歴史学と哲学という二つの学問との不断の対話のなかで作業を進めなければならない」と述べたように、観念的な側面が強かったのに比して、エスノメソドロジーは、よりプラグマティックで実証主義的なアプローチを志向しているという差異がある。エスノメソドロジーは、会話分析やインタビュー調査を通じて、行為者の間で形成される意味世界を解明しようとするものである。

▷8 P. L. Berger and T. Luckmann, *The Social Construction of Reality, A Treaties in the Sociology of Knowledge,* Anchor Books, 1966（山口節郎訳『日常世界の構成――アイデンティティと社会の弁証法』新曜社、1977年、314-315頁）

▷9 P. L. Berger & S. Pullberg, "Reification and the Sociological Critique of Consciouness", *History and Theory,* Vol. IV, 1965, pp. 196-211（山口節郎訳「物象化と意識の社会学的批判」『現象学研究2』せりか書房、1974年、94-117頁）

S. Cohen & L. Taylor, *Escape Attempts : The Theory and Practice of Resistance to Everyday Life,* Allen Lane, 1976（石黒毅訳『離脱の試み――日常生活への抵抗』法政大学出版局、1984年）

P. L. Berger, B. Berger & H. Kellner, *The Homeless Mind : Modernization & Consciousness,* Random House, 1973（高山真知子・馬場伸也・馬場恭子訳『故郷喪失者たち――近代化と日常意識』新曜社、1977年）

▷10 H. Garfinkel, 'The Origin of the Term "Ethnomethodology" in Roy Turner (ed.) *Ethnomethodology,* Penguin, 1974, pp. 15-18（山田富秋・好井裕明・山崎敬一編訳『エスノメソドロジー――社会学的思考の解体』せりか書房、1987年、17頁）

II 相互作用論の社会学史

5 交換理論

1 ホーマンズの一般命題

交換理論の始祖とされる G. C. ホーマンズ（George C. Homans）は次のように述べた。「彼や彼女の行動は，その行動のペイオフすなわちその行動の結果――それは報酬であるかもしれないし罰であるかもしれない――の関数であるという事実と関係している」。彼はこの立場から社会行動の一般命題を6つにまとめている（表II-2）。

表II-2 ホーマンズの一般命題

①成功命題：ある人のある特定の行為が報酬を受けることが多ければ多いほど，それだけその人はその行為を行うことが多くなるであろう。
②刺激命題：過去においてある人が報酬を受けた時にある特定の刺激あるいは刺激群を伴っていたとする。今，その過去の刺激に現在の刺激が類似していればいるほど，それだけその人はその行為を，あるいはそれと類似した行為を行うことが多くなるであろう。
③価値命題：ある人の行為結果がその人にとって価値があればあるほど，それだけ彼はその行為を行うことが多くなるであろう。
④剥奪―飽和命題：ある人がある特定の報酬を受けることが多ければ多いほど，後続の単位報酬は彼にとって次第に価値がなくなってくる。
⑤攻撃―是認命題：a）ある人の行為が期待した報酬を受けなかったり，あるいは予期せぬ罰を受けたりする時，彼は怒りを感じ，そこで攻撃的行動を行うことが多くなるであろう。しかもそのような行動の諸結果は彼にとってより価値のあるものとなる。b）ある人の行為が期待した報酬を，特に期待したものより大きい報酬を受ける時，あるいは予期した罰を受けない時，彼は喜びを感じ，そこで是認的行動を行うことが多くなるであろう。しかもそのような行動の結果は彼にとってより価値のあるものとなる。
⑥合理性命題：選択的な諸行為の中から人は行為結果の価値 V にその結果をえることでの確率 p を掛けたものが他より大きいと知覚される行為を選択するであろう。

ホーマンズは，上記の一般命題を原理として，社会関係を理解しようとした。一見してわかることであるが，そしてホーマンズ自身認めていたように，これらは経済学と共有する命題である。彼は，諸科学は多少異なる所与条件に適用するだけだと述べ，これらの命題の汎用性を信じていた。

2 交換と権力

ホーマンズと並ぶ社会学的交換理論のもう一人の代表者が P. M. ブラウ（Peter M. Blau）である。ブラウは，社会的交換と経済的交換の違いを，前者は後者と違って特定化されない義務を伴うものだと考えた。たとえば，旅行から帰ったAさんがBさんにお土産をあげた。BさんはAさんにお返しをする義務を負うのだが，そのお返しは，何ら特定されたものではない。そうした関

係性が社会的交換だというのである。ブラウは，こうした互酬性が成り立つ限りにおいて，権力の分化は起きないと考えた。権力は互酬性の破綻から生まれる。たとえば，Bさんは至急お金が必要になったとしよう。このとき，彼／彼女には，4つの選択肢がある。Aさんに手持ちのものを担保にしてお金を借りる，Aさん以外の人からお金を借りる，Aさんを脅して奪う，あきらめる，の4つである。このいずれの選択肢も採用しない場合，BさんはAさんに服従するしかなくなる。ブラウは権力の発生をこのように説明したのである。

3 「互酬性の規範」の限界と文化人類学の贈与論

A. W. グールドナー（Alvin W. Gouldner）は，援助してくれた人を援助すべきである，援助してくれた人を害すべきでない，という規範を「互酬性の規範」と呼び，インセストタブーと同様に，人間社会に普遍的に見られるものだとした。しかし同時に彼は，それが子どもや老人，精神的肉体的なハンディキャップのある人には十分通用しないことを認め，そこには別種の規範的態度があることを認めていた。ホーマンズとブラウの交換理論はいずれもこの「互酬性の規範」を所与のものとしている。彼らの理論の致命的欠陥は，まさにここにある。社会は，老若男女多様な人々で構成されている。それを対等な関係という特定の側面だけで理解するのは不当である。つまり交換理論は，自ら前提した限界内にある限りで正当性をもつものだった。

相手への一方的な物品の提供を贈与と呼ぶが，その様々な形態については，文化人類学が多くの業績を遺している。M. モース（Marcel Mauss）は，北西部アメリカの諸部族が行うポトラッチと呼ばれる風習を紹介している。ポトラッチとは，富の大規模な消費であり，何かの節目に行われる大規模な行事であるが，それは提供・受容・返礼の義務を伴う。B. K. マリノフスキー（Bronislaw K. Malinowski）は，ニューギニア南東部のトロブリアント諸島で行われているクラ交易に注目した。クラ交易とは，首飾りや腕輪を島々のパートナー間で順番に回す風習である。首飾りと腕輪の回る方向は逆になっていて，できるだけ多くの首飾りあるいは腕輪を交換することが部族内で尊敬される条件になっている。

ポトラッチもクラ交易も，一見一方的な消費に見えてじつはそうではない。それらにおける富の提供は，やがて返礼されるからである。こうした物品を媒介にした相互性は，未開社会に限られたものではない。たとえば日本社会に一般的に見られるお中元やお歳暮の慣習も同様なものと考えることができるだろう。そもそも交換と贈与は，基本的には二者の間で成り立つものであるが，それらは個人的な損得という問題だけでは捉えきれない。社会システムで作用している規範の問題を考慮にいれてこない限り，十分に理解できないことは明らかだろう。

II 相互作用論の社会学史

6 ドラマトゥルギー

1 ジンメルからゴフマンへ

　社会を演技で構成されるものとして捉えた嚆矢は，ジンメルの社交論であろう。すでに述べたように，彼は社交を一種の遊戯として捉え，そこには独特のルールがあって，参加者は個人として参加するのではなくてそこで「マスクを被る」のだと述べた。この発想をより一般化したのが，E. ゴフマン（Erving Goffman）の社会学である。

　彼は，観察者（オーディエンス）の視点が，演技者（パフォーマー）の行為を規定する，ということに注目する。そして，その演技を成功させようとする工夫について様々に論じている。彼の言う演技的行為（パフォーマンス）は，個人で行われる場合もあれば，チームで行われる場合もある。すなわち，彼は，演技的行為を社交の場面に限定しないし，個人行為に限定しないのである。彼の見る社会は，演技者たちの印象操作に満ちている。

2 役割距離と儀礼的無関心

　ただし，こうした演技は，意識的に行われる場合もあれば無意識的な場合もある。意識的であるということは，その演技にたいする自覚があるということであり，役割距離を演技者自身が感じていることを意味する。しかし，役割距離は可変的である。演技としての行為が自然なものになることもあろうし，逆に自然に行われていたことが演技になることもあるだろう。

　また誤解のないように付け加えれば，ゴフマンは演技を積極的な行為に限定しているわけではない。彼は儀礼的無関心という演技を認めている。それは，わざと無視することであり，「同じ場所にいる人をただ居合わせた人と捉え，他の社会的特徴をまったく無視する対人法」である。これは，見られて困る人に配慮する演技的行為と言えるだろう。

　ゴフマンの社会学は，豊富な事例を挙げて微細な相互作用を解説している。彼は法律，道徳，倫理を構成している実体的なルールと一般にはエチケットと呼ばれている儀式的ルールを区別する。そして，後者の問題に注目するのである。このことは，彼の分析が文化的限界をもつものであることを意味している。ゴフマンは，よく「アングロ—アメリカ社会では…」という限定をつけて述べる。彼の業績は，日常的なしぐさにあらわれる文化の意味解明だったとも言え

▷11　E. Goffman, *Behavior in Public Places : Notes on the Social Organization of Gatherings*, The Free Press, 1963（丸木恵祐・本名信行訳『集まりの構造――新しい日常行動論を求めて』誠信書房，1980年，96頁）

るのである。

3 衒示的消費と製作本能

　ゴフマンは，人間は，他者にどのように思われるのかを考えつつ行為する，と考えた。しかし，この考えはゴフマンが最初ではない。少なくとも，同じアメリカの経済社会学者，T. ヴェブレン（Thorstein Veblen）の思想にあったものである。ヴェブレンは『有閑階級の理論』のなかで，衒示的消費と製作本能という2つの性向について論じている。衒示的消費とは，惜しみ無く高価な財貨を消費することである。また製作本能とは「効果ある仕事を愛好し，効果なき労作を嫌忌する。用益性や能率にたいして高い点をつけ，無効果，浪費，無能率にたいして低い点をつける。このような傾向や性向」である。ヴェブレンは，有閑階級に衒示的消費を，勤労階級に製作本能を見いだしたが，両者に共通するものとして「見栄」を指摘した。他人によく思われたいという欲求が，過度にぜいたくな消費に走らせたり，効率的な仕事を好むようにさせたりするのだと論じたのである。これは，一種の階級文化論であるが，ゴフマンとはまた違った次元において，相互作用のなかに主体の性向を捉えるものであった。

▷12　T. Veblem, *The Theory of Leisure Class : An Economic Study in the Evolution of Institutions*, Macmilan, 1899（原敬士訳『有閑階級の理論』岩波文庫，1961年，22頁）

4 ダグラスとボードリヤール

　同じ階級論に立脚しながら，ヴェブレンを批判したのが，経済人類学者であるM. ダグラス（M. Douglas）の『儀礼としての消費』である。消費は，物質的福利，精神的福利，そして見せびらかし，のいずれかによって理解されてきた。前二つは個人的なものであり，見せびらかし，すなわちヴェブレンのいう衒示のみが社会的なものとされる。しかし，これは正しくないとして，彼女は，消費を社会のなかに埋め戻すことを主張する。

　では彼女は消費をどう考えるのだろうか。ダグラスによれば，消費の楽しみとは物理的＝肉体的利得ばかりでなく「名称を共有する喜び」によっている。そして人が財を必要とするのは，「他の人々とコミュニケートするためであり，自分の回りに起きていることに意味を付与するためである」。すなわち，彼女は，ヴェブレンと同様に階級内での相互作用を肯定しつつも，そこで見栄をはるためという解釈ではなく，意味を共有するために消費が行われるのだと主張したのである。このダグラスの考えは，J. ボードリヤール（Jean Baudrillard）が，『消費社会の神話と構造』（1970［邦訳1979］）で述べたことにきわめて近い。彼は，ダグラスに先立って次のように述べていた。①消費はもはやモノの機能的な使用や所有ではない。②消費はもはや個人や集団の単なる権威づけの機能ではない。③消費はコミュニケーションと交換のシステムとして，絶えず発せられ受け取られ再生される記号のコードとして，つまり言語活動として定義される。

▷13　M. Douglas & B. Isherwood, *The World of Goods*, Basic Books Inc., 1979（浅田彰・佐和隆光訳『儀礼としての消費――財と消費の経済人類学』新曜社，1984年，113頁）

（早川洋行）

Ⅲ 構造論の社会学史

1 構造論的アプローチ

1 社会学の時代

　社会学は個人と社会，あるいは人間と社会との関わりを考えてきた学問である。その際，個人と社会の関係を問う，「と」の想定は，どのような理論的アプローチを採用するかによって異なっている。

　「と」の論理は，大きく分けて三つに分類されるだろう。一つは「行為論」の立場，二つ目は「相互作用論」，三番目が「構造論」である。それぞれ，社会学創成期の理論的源泉として，一は M. ウェーバー（Max Weber: 1864-1920），二は G. ジンメル（Georg Simmel: 1858-1918），三は É. デュルケーム（Émile Durkheim: 1858-1917）を挙げることができる。

　本章では構造論を中心に議論を進めるが，構造論的立場を際立たせるために，行為論ならびに相互作用論との比較をしておきたい。まず初めに，時代的背景を理解しておく必要がある。

　ウェーバー，ジンメル，デュルケームの生没年を見てすぐにわかるように，19世紀末から20世紀初めにかけて，社会学は社会科学としての独自の方法論を確立していった。19世紀という時代が，近代産業社会の実質的形成期であり，また個人の自律と国民国家の確立が進行した時代であったことが大きく影響している。現在，いわゆる「先進工業国」と呼ばれている国々は，ほとんどがこの時期に産業革命を進行させ，近代的な国民国家として再構成されたものである。

　前近代的な伝統的共同体と身分社会のなかに埋没していた個人は，近代化とともに，個人単位の労働者として自律し，身分社会と伝統的共同体から自由になり，自らの意志で職業選択を行い，配偶者や居住地の選択，そしてライフスタイルの選択を行うようになった。

　18世紀，19世紀を通じて，自律的な理性的・感性的主体としての「個人」の概念が彫琢されてきたが，それまでもっぱら自由に行為することだけを念頭に置いていた諸個人は，ここで「社会」という独自の存在と向き合わねばならなくなった。

　19世紀初期ドイツの哲学者 G. W. F. ヘーゲル（Georg W. F. Hegel: 1770-1831）はそのことに早くに気づいていた。資本主義的社会の形成とともに，自由な主体的個人は，個人とは異なった独自の論理で動く社会との間で様々な軋

轢を体験することになり，そのような個人と社会の調停者としての，国家（国民国家：nation state）の役割が強調されることになる。

社会学が生まれたのは正にそのような時代であり，（労働者）個人と産業（工業）社会そして国民国家が，それぞれに新しい仕方で理論的に結び合わされねばならない時代であった。

2 構造論

「構造論」という呼び名は必ずしも一般的ではないが，行為論，相互作用論との対比で，本書の構成に従ってここでは構造論という言い方を採用しておきたい。

行為論は個人の社会的営みの基点として，社会的な行為の成り立ちに注目するものである。たとえば M. ウェーバーの場合には，近代人の典型的行為類型として「目的合理的行為」という概念を設定し，ある意図をもって，それに最もふさわしい合理的手段を選択するという，諸個人の行為の連鎖を構想している。

この立場に立てば，社会は何よりもまず個人の自発的行為によって成り立つのであり，このような個々の行為とその連鎖以外に，何かしら実体的な「社会」なるものがあるわけではないということになる。実際にあるのは個々人の行為だけであって，「社会」というのは名目だけの存在に過ぎない。「方法論的個人主義」と言われるゆえんである。

相互作用論は行為を一つの関係的ユニットとして捉える考えかたである。われわれの社会的な行為は，自分の意図と手段だけで成り立っているのではなく，むしろ他者との関係のなかで，その関係をいかなる仕方で取り結ぼうとしているかによって様々な現れ方をする。

そのような「関係」には闘争，競争，支配，従属など，いろいろな形式があるが，それらの社会関係の諸形式が，当事者達のどのような心的な相互作用から構成されているかを問うものである。

この視点は，近代人が大都市という新たな空間で取り結ぶ社会関係や，あるいは流行現象などの，自己と他者の結合と分離に関わる領域で大きく貢献した。

これに対して構造論は，個人の行為や社会関係の前提として，まず大きく社会の構造から捉えようとする立場である。どのような行為も，いかなる形の社会関係も，まずもってその時代と社会が置かれた独特の状況と，そこから生まれた社会構造によって規定されているという見かたであり，理論的にはいくつものバリエーションがある。

その理論的歴史を順番に辿ってゆくのもよいが，ここでは逆に，現代という時代を構造論的に見たらどうなるかという点から始め，これを，先行する構造論の理論史と関わらせながら，構造論的アプローチの意義を確認したい。

Ⅲ 構造論の社会学史

2 モダニティとポストモダニティ

1 近代社会の変質と社会構造

　現代社会を構造論的に見る典型的な視点は、「ポストモダン」や「第二の近代」という状況規定であり、そこから派生する、「リスク社会論」「監視社会論」あるいは、「情報社会論」「消費社会論」などである。

　現在進行している様々な社会変動を、近代の終焉、もしくは近代の変質として捉える見かたは、最も典型的な構造論的視点である。もちろん、学説史的には、その一つ前の、前近代から近代がいかにして形成されたのかという論点が先行するが、この点は後に再確認するとして、さしあたりは、近代社会の今を生きる人間にとって、構造論的に見た近代の変質とは何かという点から入りたい。

　20世紀の終わり近くになって台頭した、現代的構造論の理論的さきがけの一つとなったのは、D. ベル（Daniel Bell: 1919-2011）による『脱工業社会の到来』(1973) である。この著作では、近代社会の構造的特質が、工業中心の産業社会から、情報やサービス中心の社会に移ることによって、社会や組織、人間関係の基本的仕組みが変質しつつあることが示された。

　重厚長大で一貫的継続性を重んじる、化石燃料に依存した重化学工業中心の社会は、「軽薄短小」でソフトな、フレキシビリティに富んだパフォーマンスを求める社会に変わりつつあるという時代診断である。これ以降、「脱産業社会」という言葉が一般化し、本格的な「情報社会」への離陸が始まった。

　同じ時期に出版された、J. ボードリヤール（Jean Baudrillard: 1929-2007）の『消費社会の神話と構造』(1970) もまた、「消費社会」という性格づけによって、20世紀末の社会構造を明らかにしようとしたものである。現代人の消費がそれまでの近代社会の消費とは異なって、欠乏しているがゆえ欲求する欠乏動機にもとづくものから、そうではなくて、すでに豊かな社会であるにもかかわらず、商品の差異に刺激されて、新たな差異（記号的差異）を求める差異動機に支配されたものになるという指摘を行った。

　ベルは生産構造の変質から、ボードリヤールは消費構造の変質から論じるのだが、共通しているのは、大きな時代的変化が、個々の社会関係や個人の日常的行為に貫通的影響を及ぼすという視点である。個々人の自由な生産・消費活動は、あくまでもこの大きな状況規定のなかで起こっている。

❷ 「第一の近代」と「第二の近代」という視点

　近年の構造論的発想としては，近代社会の変質と構造変動をわかりやすい図式で説明する，A. ギデンズ（Antony Giddens: 1938-）や U. ベック（Ulrich Beck: 1944-），Z. バウマン（Zygmund Bauman: 1925-）らの理論がある。

　よく読まれているのは，ギデンズの『近代とはいかなる時代か？』（1990），ベックの『危険社会』（1986），バウマンの『リキッド・モダニティ』（2000）であるが，とりわけ，ギデンズとベックが提出している「第一の近代」と「第二の近代」という区別が，ここでは利用しやすい。

▲ Z. バウマン

　近代を「第一」と「第二」に分ける発想は，いわゆる「ポストモダン論」への批判という意味もある。1970年代から1980年代にかけて登場したポストモダン論は，近代が大きく変質し，近代的主体や近代国家を含めて，その人間観，社会観，自然観，科学観が解体しつつあるということを主張した。

　日本でも，フランス現代思想（ポスト構造主義）を旗頭として，近代の終焉を論ずる議論が盛んに展開された。先に述べたボードリヤールの消費社会論もその一部であり，時代の変化を強力に後押しした。

　これに対して，近代が「終わってしまう」のではなく，近代内部での変化として，時代と社会の構造変動を捉え直そうとするのが「第二の近代」理論である。「ポストモダン」か「第二の近代」かという二者択一は不毛であり，社会変動のどの部分を強調するかの違いに過ぎないとも言えるが，いわば穏健なポストモダン論として，「第二の近代」理論はわかりやすく，また受け入れやすいものとなっているようである。近代社会の形成とともにあった社会学は，一挙にポスト（脱）近代という発想に移ることが難しいという事情があるのかもしれない。

　第二の近代とは，第一の近代化によって成し遂げられた，個人化や近代諸制度の確立，近代科学と近代産業社会の発展が，ある限界に直面し，そのままではさらなる進歩が不可能であるばかりか，それ自身が生み出した弊害によって新たな危機に瀕しているという時代診断である。

　このような変化は社会的，個人的，科学的という，三つの位相でそれぞれの現われ方をしているが，ここでは差し当たり，個人と社会の関係に絞ってこの問題を紹介しておきたい。

　諸個人は，前近代的身分社会と共同体から解放されて近代的な中間集団（近代家族，地域コミュニティ，会社，組織，学校，国民国家，社会階級）に帰属していったのだが，今や，そのような近代的中間集団の機能が衰退し，個人はいわば裸で社会と向き合わねばならなくなったという「個人化論」である。

　ギデンズの用語を用いるなら，前近代社会から「脱埋め込み化」（解放）された個人が，近代的中間集団に「再埋め込み化」された後に，さらに，第二の

近代化において，近代的集団からも「脱埋め込み化」されつつあるという議論である。

あるいは，近代の成果そのものが社会の反省と組み替えを要求してくるということであり，このことを指して，「再帰的近代」と呼ぶこともある。近代自らが生み出したものが再び自身に降りかかること（再帰性：reflexivity）が現代の特性だというのである。

近代的制度としての「近代核家族」や，長期安定雇用を前提とした会社組織，国民全体の福祉と安寧を目指した「福祉国家」などは，グローバル化と差異化，フレキシビリティをよしとする社会情勢の下で，その機能の限界に直面している。結果として，様々な「新しいリスク」は個人が自分で背負うべきものとなるのであるが，それは，別の言いかたをすれば，個人に自己コーディネイトと自己実現の大きなチャンスが与えられているということでもあり，自己実現と自己責任の間で，個人はこれまでとは異なった生きかたを求められることになる。個人が自らに対して再帰的に向かい合い，自身のコーディネイターとして，そのつど変化する「自分自身の設計事務所になる」ことが要請される。

❸ 問い直される近代

「ポストモダン」と呼ぶか，あるいは」「第二の近代」と呼ぶかは別として，現在の社会が大きな構造変動を経験しつつあるのは確かなようである。その際，近代か脱近代かという不毛な二者択一を避ける意味で，近代的なものの諸特性を「モダニティ」と呼び，ポスト近代的なもののそれを「ポストモダニティ」と呼んで，グローバル化や，雇用，福祉，教育，家族など，それぞれの領域において社会の構造的変動を捉えてゆこうとする動きが一般化している。

われわれはその個別的成果をここで辿る余裕はない。社会学史を学ぶものにとって重要なのは，そのような動きを踏まえた上で，むしろ「近代」とは何だったのかを再確認することである。その作業こそがポスト近代社会の構想に底力を発揮するのであって，近代社会というものの「社会」としての働きと，そこでのみ大きな意味をもちえた「個人と社会の関係」を特定化することこそが，そうではない社会（ポスト近代）のイメージ化を可能にする。

それは同時に，社会学という学問の近代的特性とその限界，ならびに可能性をきちんと認識することであって，そのためには，社会学という学問が，近代社会の生成とともにあったことの理論学説史的確認と検討が欠かせない。ギデンズやベック，バウマンらの議論もまた，近代社会学の前提に大きく依拠することによって可能となっているのであり，われわれが一般に抱く「社会」と「個人」の観念もまた，そのような近代社会学的思考の影響圏内にある。そのことの自覚がなければ，「ポストモダン」も「第二の近代」も底の浅い思いつきに終わってしまう。

❹ 社会の発見

　そもそもなぜわれわれは「社会」などというものを考えるようになったのか。「個人」という概念は社会の概念に先行して一般化しており，なぜ個人という概念が重要だったのかは，近代という時代が，身分・伝統から個人が自律する時代であったことを考えれば，比較的簡単に想像できることである。啓蒙主義によって宗教や伝統に代えて個人の理性が尊ばれるようになり，ロマン主義によって，個人の個性的感性が尊重されるようになったといういきさつは，大きな疑問なしに理解可能である。

　また，個人という存在を根底から支えていたのが「所有の資本主義」と呼ばれる，個人的所有が一般化する近代社会のあり方そのものの反映であるということも確認できる。個人単位の労働と，その成果としての賃金や動産・不動産は個人に帰属するものであり，個人が世界の基本に据えられる。

　ところが，そこから一足飛びに「社会」の概念には至らない。社会契約論では，自由な諸個人が，それぞれの自由を追求するために，お互いの権利と財産を侵害せず，闘争状態に陥らないように社会契約を結び，法と国家を樹立すると考える。社会学が成立する前の，Th. ホッブズやJ. ロック，J-J. ルソーらの思想家が構想した社会の像はそういうものであった。

　しかし，社会学が構想した社会の概念は，それだけではない。どうしてホッブズやロックでは不十分なのか。単純に社会契約として社会を考える場合には，個人を超えた存在としての社会や，個人の意のままにならず，逆に個人に対して義務的・拘束的に迫ってくる社会のあり方をきちんと理論化することができない。また，個人とは別のメカニズムで動く社会の独自性や，その総体としての社会＝時代的なもの，という認識の枠組みは，諸個人の単なる積み重ねとしての社会概念によっては語りえないものである。

　先述した哲学者ヘーゲルは，自由な個人主体にとって疎外的な存在として感じられる社会や市場，国家などを早くに感知していたし，それを受けたK. マルクスは，資本主義経済システムのもつ独特のメカニズムを，労働者個人や資本家個人の個人的意識や行動を超えた存在として描こうとした。

　その頃から，正に19世紀的な個人と社会の関係性が認識されるようになり，ある役割を担った「社会」の概念，単なる諸個人の入れ物や契約の産物ではない，総体としての，一定の性格づけをともなった社会の規定が問題となり始める。こうして19世紀には「社会」という概念が発見され，民族や国家，市場などとは異なった独自の存在として，社会学のなかで概念化されてゆく。その際にも，重要なのは構造論的視点であった。次節ではその点を確認したい。

（参考文献）
A・ギデンズ，松尾精文・小幡正敏訳『近代とはいかなる時代か？』而立書房，1993年
U・ベック，東廉・伊藤美登里訳『危険社会──新しい近代への道』法政大学出版局，1998年

Ⅲ 構造論の社会学史

3 創生期社会学の構想と構造論的視点

▲ A. コント

1 コントと「社会学」

19世紀には，個人に還元することのできない独自の存在としての社会が認識されており，その役割と規定を巡って様々な理論が展開する素地が形成され始めていた。

社会学という言葉を作ったのはフランス社会学の祖，A. コント（Auguste Comte：1798-1857）である。博覧強記のコントは，ほとんど全学問領域にわたる様々な事柄について論じているが，『実証哲学講義』（1830-1842：全6巻）の第4巻（1839）において「社会学」（sociologie）という新語が使用される。

コントはその師である，「空想的社会主義者」サン・シモンから大きな影響を受けているが，社会学という新語が，「三段階の法則」（loi des trios états）と呼ばれる社会発展論とともにあったことを忘れてはならない。

「三段階の法則」とは，人間精神が歴史的進化の過程で三つの異なった状態を経由するというものであり，人類の知は，〈神学的，形而上学的，科学的〉という段階を経て進化するというものである。それぞれに，〈神学的・軍事的，形而上学的・法的，科学的・産業的〉社会が形成される。

同じ時期に，イギリスの H. スペンサー（Herbert Spenser：1820-1903）は，〈軍事型社会から産業型社会へ〉という形で社会の発展図式を描いている。コントの場合もスペンサーの場合も，生物有機体との比喩的関係で社会というものを捉えているが，歴史は単に進歩・発展するのではなく，いくつかのタイプの社会段階を経てゆくと考えられた。

自らが生きている社会を対象化し，その全体的性格を何らかの形で規定することによって，社会改良的・現実批判的スタンスを保持しながら，社会それ自体というものを考えることができるような社会類型論が立てられた。そして，それをより社会学的に体系化させたのがデュルケームである。

2 デュルケームと「連帯」

先述したように，社会学という学問の形成に大きく寄与したのは，デュルケーム，ウェーバー，ジンメルであるが，とりわけデュルケームは，「社会」というものの性格づけに関わる貢献が大きい。構造論的な視点から，近代社会の仕組みと特性を設定し，そこから様々な個別的な社会事情を論ずるというアプ

ローチが採用された。

　個人の行為や相互作用から始めるのではないという意味で，デュルケームの立場は「方法論的集団主義」と呼ばれ，ウェーバーの「方法論的個人主義」と対比される。

　この視点がよく現れているのは，『社会分業論』（1893）と『自殺論』（1897）である。『社会分業論』では，よく知られている〈機械的連帯から有機的連帯へ〉という，社会の構造特性の進展が述べられている。

　「機械的連帯」（solidarité mécanique）とは，相互に類似した構成員が機械的に結合した状態で，近代的な分業が発達する以前の社会（典型的には原始的社会）の連帯様式だとされる。それに対して「有機的連帯」（solidarité organique）は，各人が自らの個性を生かしながら，分業によって結びつく近代産業社会の結合様式である。

　もちろん，単純な二分法は危険であるし，デュルケームもそれを避けようとしているが，近代社会を「分業」によって特徴づけ，それを人々の基本的連帯様式として把握することが最初の出発点となっている。これがそれ以前のあらゆる社会と異なる近代産業社会の特性であり，個々人がそれぞれに個性的であり，独自の社会的分業を担うことが，逆に，それぞれの人間が他者に依存し，全体として有機的な連帯を形成しているという社会観である。

　これは正しく産業社会であり市民社会であるところの，近代社会の描写として提示されたものであった。もちろんその背後には，フランスという国民国家とそれを支えるべき共和制という，デュルケームとその同時代人の政治的志向性が存在するが，個人の意識や行動を超えた独自の存在として（これを社会の「創発特性」と呼ぶ）「社会的なもの」の根幹を明確化した功績は大きい。

　『自殺論』もまた，この観点から自殺の類型とその病理を指摘しようとしたものである。自殺の三類型〔集団本位的自殺，自己本位的自殺，アノミー的自殺〕の内，後二者を近代独特の自殺形態とし，集団への過度の一体化による集団自殺ではなく，個人が自意識過剰に陥ること（自己本位）や，過剰な欲望をコントロールできなくなること（アノミー：anomie）に起因する自殺を，近代社会の典型的自殺と見ている。

　なぜなら，個人を集団から解放して自由にし，産業社会のなかで欲望を解放して自己実現を目指させるのが近代という社会の特性だからである。この場合重要なのは，自殺という個人的行為が社会に起因するという見かたである。自己本位的自殺は，個人を孤立させ，自己本位に思考し行動させる社会のあり方が生み出す自殺であり，アノミー的自殺は，社会が全体として欲望過剰な規範喪失状態に陥ることの個人的現れとして捉えられている。

　それゆえ自殺という「病理」は，個人の病理ではなく社会病理であり，犯罪や非行もまた，社会状態の反映として，社会の構造的病理が個人に現れたもの

とみなされる。

　その後の社会学でテーマ化される「社会問題」や「社会病理」という概念は，基本的にこのようなデュルケーム的問題設定の路線上にあり，われわれが一般に「社会問題」としてイメージする事象も，このような構造論的発想の上に立ったものである。

　ただし，後に詳しく論ずるが，現代社会で一般化しつつある「自己責任論」は，デュルケーム的な社会観から遠ざかるものでもある。全体としての社会のありかたから帰結する個人の病理やリスクを問題とするのではなく，個人に起因し，個人が個人で背負うべき問題として，社会的な帰責を問えない形で社会病理的視点を後退させてゆくのが，現代社会の正に「構造的」な特性となりつつある。

❸ テンニースと「ゲマインシャフト／ゲゼルシャフト」

　デュルケーム的な構造論と並んでもう一つ，特徴的な構造論が同時代のドイツにある。それは F. テンニース（Ferdinand Tönnies: 1855-1936）による「ゲマインシャフト」と「ゲゼルシャフト」という類型論である。

　「ゲマインシャフト」（Gemeinschaft）とは家族や村落，小都市などに典型的な，本質的に結合を志向する共同生活のあり方を示した概念である。一方，「ゲゼルシャフト」（Gesellschaft）は大都市や国家など，基本的に人間同士が分離しており，そのなかで，特定の目的に応じて契約的に形成される社会関係を指している。そのため，日本語ではしばしば前者は「共同社会」，後者は「利益社会」と訳されている。

　典型的に近代的なのはゲゼルシャフトであり，これが資本主義的な契約を基礎として成立する新しい社会の姿だとテンニースは見ていたが，同時にゲマインシャフトも存在しているのであり，歴史的な方向としては，ゲゼルシャフト的関係が優勢になってゆくが，両方の要素が並存していると考えていた。

　両者を区別する際にテンニースが用いるのは，「あらゆる分離にもかかわらず結合」しているゲマインシャフト，「あらゆる結合にもかかわらず分離している」ゲゼルシャフトという言い方である。家族や村落社会では，人は血縁や地縁を媒介としつつ，本質的に結びついていることを前提として社会関係を結んでいる。これにたいして近代的都市や国家においては，諸個人は本質的に分離しており，特定の利害や目的の一致においてのみ協同することになる。

　デュルケームが〈機械的連帯から有機的連帯へ〉と言ったのとは異なってはいるが，ある視点から社会の歴史的変化を捉え，これを類型化した上で，二つの要素が同時代に並存すると見る。これによって，社会はゲマインシャフト的なものとゲゼルシャフト的なものの相克・発展の場として描かれることになる。このタイプの類型論は，後の R. M. マッキヴァー（Robert M. MacIver: 1882-

1970）の〈コミュニティとアソシエーション〉という類型論にも見られる。

　〈ゲマインシャフト／ゲゼルシャフト〉的類型論で特徴的なのは，一定の大きな社会類型のなかで，人間関係や社会組織などの特性が対照的に規定され，両者の対比から社会批判的展望を得ようとする姿勢である。テンニースの場合ならば，ゲゼルシャフト的関係が優勢になるのを認めながらも，そこでの資本主義的矛盾を問題視し，ゲマインシャフト的要素の取り込みによってこれを乗り越えようとする問題意識である。

　テンニースの『ゲマインシャフトとゲゼルシャフト』（1887）は一種の社会主義論としても書かれており，デュルケームとは違う視点から，産業資本主義社会としての近代社会を批判的に検討する視点を提供している。

　ここでわれわれは，これら社会学創成期の思想がもっていた，「社会的なもの」に対する一定の視線に言及せねばならない。それは，彼ら創世期の社会学者たちがなぜ「社会学」を構想しようとしたのかに関わる重要な論点であり，そもそも，社会学はその始まりにおいて，「社会」という概念に何を求めていたのかという，学問の本質に関わる問題である。

　デュルケームが「連帯」のあり方という点から近代社会の構造変動を捉えていたのに対して，テンニースは諸個人の「結合／分離」という視点から，近代社会の特性づけを試みようとしていた。どちらも個人と社会の結びつきに注目するという点では同様であり，人間同士の結合関係に「社会」というものの本質的特徴を見ようとしていた。そして，その結合のあり方に，特殊近代的な何かを見ようとしていたと言える。

　これはその後の20世紀社会学の基本的路線でもあり，個人と社会をいかにして結びつけるかが中心的課題となる。これが，19世紀に意識され始めた「個人と社会の矛盾」という特殊近代的問題を，「社会による個人の包摂」あるいは，「個人と社会を結びつけること」という方向で引き継いだ，社会学という学問の基本的特性となってゆく。

参考文献

É・デュルケーム，田原音和訳『社会分業論』青木書店，1971年

F・テンニース，杉之原寿一訳『ゲマインシャフトとゲゼルシャフト』岩波書店，1957年

Ⅲ 構造論の社会学史

4 20世紀社会学と構造機能主義

1 パーソンズと20世紀社会学

　T. パーソンズ（Talcott Parsons: 1902-1979）は20世紀社会学における構造論的視点の大成者であり，近代産業社会の構造と，そこでの諸個人の行為とがどのような形で結びつき，制度化され，社会がいかにして可能となっているかを体系化した理論家である。

　著書は『社会的行為の構造』（1937），『社会体系論』（1951），『近代社会の体系』（1971）など多数あるが，そのすべてに言及することはできない。ここでは，構造論的視点と密接に関係する，社会システムと行為との関わりに絞って紹介する。

　『社会的行為の構造』は M. ウェーバーの行為論と É. デュルケームの構造論を総合した著作として知られている——もちろん，それ以外にも A. マーシャルと V. パレートの（どちらかというと）経済学的視点が導入されているが，それについては割愛せざるをえない。

　ウェーバー的な「目的合理的行為」は，行為者が主体的意図をもって目標設定と合理的手段選択を行うという，近代資本主義社会の典型的行為類型であった。これに対して，デュルケームの理論では，諸個人の意識や行動は社会からの規範的拘束と義務によって規制されている。両者は「方法論的個人主義」と「方法論的集団主義」として対立的に捉えられるのだが，パーソンズは両者をより整合的な形で結びつけた。

　パーソンズの描く社会的行為は，社会的な共有価値（規範的なもの）を行為者が内面化し，同時に主体的な動機にもとづいて行為することによって構成される。行為は社会規範と個人的動機とが結び合わされたものとしてある。

　社会的行為は，社会的価値・規範が個人に内面化された上で，諸個人の意図と動機を実現させる形で現実化され，これがまた社会秩序を再生産してゆく。「共有価値」とその「内面化」という思想によって，個人と社会は理論的に橋渡しされ，社会秩序と個別的行為の総合が図られた。

　これによってパーソンズは，いかにして社会秩序は可能となるかという「ホッブズ問題」を彼なりの仕方で解決した。近代初期の思想家 Th. ホッブズは，「万人の万人に対する闘争」を解決する手段として，強い権力と社会契約を要請したが，パーソンズは人々の抱く共有価値・規範とその内面化による社会秩

序を構想した。

『社会体系論』とそれに続くシステム理論の展開においては，共有価値を頂点とした社会がどのように機能分化を遂げ，いかなる形で動態的な均衡を達成しているかが検討される。やや単純化して図式化するなら，「文化システム」，「社会システム」，「パーソナリティ・システム」（人格），「行動有機体」（身体）が区別されるが，文化システムの価値・規範を頂点として，他の三つのシステムが情報的に制御されるという構図をとる。

さらに「社会システム」は四つの機能的領域に分類される。適応と富の分配に関わる「A」次元（経済），目標達成と権力に関わる「G」次元（政治），統合と連帯に関わる「I」次元（地域コミュニティなど），文化的パターンの維持を担う「L」次元（教育・家族など）である。どのような集団もこの四つの機能的な課題を解決せねばならないとされて，「AGIL」と呼ばれるこの図式はあらゆる社会現象に適用された。

2　構造機能主義と構造主義

パーソンズのシステム理論は応用範囲が広い上に，20世紀型の産業社会をうまく説明する理論であったので大きな影響力をもった。しかし，20世紀型の産業社会が変質し，パーソンズ的社会観の体現者であったアメリカ合衆国の力と威信が低下し始める頃から，理論的に硬直した図式で，体制維持の理論に過ぎないと批判されるようになった。

パーソンズの立場が構造機能主義と呼ばれるのは，社会の各領域が機能的な課題を遂行することで，社会構造の動態均衡が保たれるという考え方による。これとは異なる「構造主義」もまた20世紀社会学に影響を与えた。代表的理論家はC. レヴィ＝ストロース（Claude Lévi-Strauss: 1908-2009）である。

構造主義とは，人間社会が言語と同じような，本人たちが気づかない無意識の「構造」と規則に従って営まれているという考え方であり，レヴィ＝ストロースはこれを親族関係や神話の分析において明らかにしようとした。

レヴィ＝ストロースの構造主義は，主に「未開」社会の研究において威力を発揮した。『親族の基本構造』（1947）では，「交叉イトコ婚」という独特の婚姻形態が社会内での女性の交換システムの基底をなしていることを明らかにし，また『野生の思考』（1962）では，近代人の「家畜化された思考」と未開社会の「野生の思考」を対比させ，前者も後者の一変種に過ぎないと主張した。だが構造主義もまた，パーソンズと同様にその理論的硬直性を指摘され，ポスト構造主義と呼ばれる20世紀末期の思考に席を譲ることとなる。

参考文献

T・パーソンズ，稲上毅・厚東洋輔訳『社会的行為の構造』（1-5）木鐸社，1976-1989年

Ⅲ 構造論の社会学史

5 21世紀社会の構図と構造論的まなざし

1 リスクと監視

　21世紀社会を展望する構造論的まなざしは，リスクと監視という新たな社会構造上の特性に向けられている。

　「リスク社会」と「監視社会」いう状況規定は，20世紀末からとりわけ強調されるようになった社会的特性である。先にも触れた U. ベックの『危険社会』，それに続く D. ライアン（David Lyon: 1948-）の『監視社会』（2001）の出版などを契機として，これまでの20世紀型の産業社会とは異なり，また，D. ベルが描いた「脱産業社会」や，J. ボードリヤールの「消費社会」と違った角度から新しい社会を見ようとするものである。

　リスク（risk）は，自然災害のような危険一般（danger）とは区別され，何らかの人為的操作・選択によってもたらされる将来的損害を指している。リスク社会の特徴は，もっぱらこのリスクの産出と分配に気を配る社会であるという点にある。それは産業社会のように富の生産と分配を重視する社会とは違う。

　リスクは，科学技術や環境の問題から，組織・集団・家族・個人の様々なレベルで発生し，これまでの近代社会の予想・予測の範囲には収まらず，しかもいったん発生してしまったら取り返しのつかない損害をもたらす。その点は，個人生活におけるリスク（失業，疾病，離婚，事故）も同様である。

　個人の生活から家族，学校，企業，地方公共団体，国家の政策，科学技術などのあらゆる分野において，20世紀型の社会運営とライフスタイルが制度疲労を起こしており，にもかかわらず情報化と科学技術の進歩，グローバル化による社会関係の組み換えとライフスタイルの多様化によって，「新しいリスク」はいたるところで発生している。

　このような情勢のなかで浮上してきたのは，皮肉にも「監視」（surveillance）の意義である。ライアンなどが提示する「監視社会」のイメージは，リスクの発生を事前に抑制し，社会全体を監視の網の目で覆いつくそうとする傾向である。近代タイプの予測や標準が想定しにくいリスク社会において，そのようなリスクをコントロールする最も効率的な手段は，監視カメラや情報モニターによってデータを収集し，危険要素を予め排除することにある。

　一見したところ息苦しい監視社会は，しかしながら，「安全・安心」社会のスローガンのもと一般的指示を得ており，むしろ人々はすすんで監視に身を委

ね始めている。

　「リスクと監視」というキーワードから見えてくるのは，デュルケームが構想しパーソンズが体系化したような，一つのまとまりをもって動態的に均衡する社会ではなく，諸個人はもはや規範的なものによっては連帯はせず，常に既存のルールや予測を超えようとする社会であり，リスクと変異を前提として，常に新たなるものを生み出し続けている社会であるということである。

　このような社会とそこに生きる個人を説明するには，20世紀型の社会学とは異なった，新しいタイプの説明の論理が求められる。そのような社会学理論のさきがけとして言及されることが多いのがN.ルーマン（Niklas Luhmann：1927-1998）の社会システム理論である。

2　ルーマンのシステム理論

　ルーマンはいわゆる「ポストモダン」的思想を拒否し，自らは近代が連続しているという立場をとっている。その意味では，穏健なポストモダン論であるギデンズやベックの「第二の近代」理論よりも近代派に見える。しかし現実にそこで展開されているのはきわめてポストモダン的な理論構成である。われわれは，彼の意図に反して，ルーマンをポストモダンの社会理論と呼んでもよいのではなかろうか。

　主著と見なされている『社会システム理論』（1984）をはじめとして膨大な著作を刊行しているが，ここで構造論的視点から特記すべきルーマンの特徴は，「中心と頂点のない社会」という社会観であろう。

　現在の社会は，デュルケームが考えたような規範的連帯によって成り立っているとは言いがたく，またパーソンズが構想したような，共有価値のもとで有機的な機能分化と統合が成し遂げられている訳でもない。現代は道徳や規範，共有価値によって個人と社会を統合できる社会ではなくなっているというものである。

　共有価値に代わって社会をつないでいるのは，コミュニケーションである。諸個人間の言語的コミュニケーション，貨幣を用いた経済的コミュニケーション，政治，法，教育，医療 etc. 様々なタイプのコミュニケーションが，そのつどの必要に応じて適切なネットワークを形成・改変し続けている。

　そこには予め決定された規範や構造はなく，それぞれに機能分化したシステムが，それぞれのメディアを用いて，可変的で流動的だが，しかし効率のよいコミュニケーション・ネットワークを形成して社会的課題を解決している。

（三上剛史）

参考文献

N・ルーマン，佐藤勉監訳『社会システム理論』（上・下）恒星社厚生閣，1993／1995年

D・ライアン，河村一郎訳『監視社会』青土社，2002年

第2部

個人のなかにある社会，判断行為にある相互作用，個人を支配する社会

「様々な国籍の人を乗せた客船が沈没しそうになった。船長は乗客に海に飛び込むように命じた。彼は，こう言った。アメリカ人には『飛び込めばあなたは英雄ですよ』，イギリス人には『飛び込めばあなたは紳士です』，ドイツ人には『飛び込むのがこの船の規則になっています』，イタリア人には『飛び込むと女性にもてますよ』，フランス人には『飛び込まないでください』，そして日本人には『みんな飛び込んでいますよ』」

この有名なジョークは○○人を一つの人格とみなしているのだが，それは同時に，○○人には，共通する性格があるということでもある。とするならば，社会のなかにも個人的なものがあり，個人のなかにも社会的なものがある。ここに注目した概念が社会的性格である。

個人は，自分だけの基準で判断し行為していると考えているのが普通である。Ａさんは，友達数名と旅行に行った。旅館で出た夕食は御馳走だったが，ご飯が少し硬かったのが残念だった。Ａさんは，翌朝のご飯もこれでは困ると思い，旅館に伝えようかと思い，一緒に行った友達に相談すると，同意する人もいたが，いやちょうどよかったという人も，逆に柔らかすぎだという人までいた。Ａさんは，旅館に不平を言うのをやめた。日常食べているご飯の硬さは，家庭によって少しずつ違う。はたして，Ａさんの判断と行為の基準は，自分自身にあるのか，それとも家庭か，あるいは友達たちのなかだろうか，これが準拠集団の問題である。

アメリカで起きた同時多発テロ事件（9.11）以来，人間は信ずることのために自己の命を投げ打つ生き物だということが，あらためてよく知られるようになった。個人が信じるものは一種の理念である。理念は個人を支配するばかりではない。国家を支える屋台骨ともなって，国家そのものを動かしていく。日本の高度成長期には，働けば働いただけ生活は豊かになり，今の苦労はきっと報われるに違いない，という希望を多くの人が抱いていて，それが国家の経済成長を支えた，と言われる。もしこれが本当だとするならば，こうした理念はどこからきたのか。また人間は，なぜ確証されえない理念を信じ，それに従うのだろうか。しかし，そう考えること自体がひとつの幻想ではないか，これがイデオロギーの問題である。

IV 社会的性格

1 文化とパーソナリティ研究

1 文化とパーソナリティ研究

　1930年代から40年代にかけてアメリカの文化人類学では，文化と性格構造の関係に対する関心が高まり，文化がそこに属する人々のパーソナリティにどのような影響を及ぼすかを明らかにする研究がさかんになった。こうした研究は「文化とパーソナリティ（culture and personality）」研究と呼ばれ，E. サピア[▷1]に始まり，R. ベネディクト[▷3]と M. ミードによって確立された。文化とパーソナリティ研究は，元来，未開社会の文化の特徴や，パーソナリティが文化に適応する過程（社会化〔socialization〕の過程）を明らかにするものであった。しかしその後，様々な文明社会をも研究対象とするようになり，国民性研究，社会学における地位＝役割理論や社会的性格論（Ⅳ-3）に大きな影響を与えていった。

2 文化の型と文化相対主義

　文化人類学者の R. ベネディクトは，文化とパーソナリティ研究における方法論の基礎を築いた。彼女は，研究対象たる一つの文化は個別ばらばらの文化的行為からなるのではなく，思考や行動に関わる一貫した文化の型（patterns of culture）が存在し，それらが全体として一つの文化統合（cultural configuration）をなしているとした。また研究に際しては，進化論的な見方を排し，文化と文化の間には優劣はないとする文化相対主義の立場から，偏見に囚われない文化の客観的観察が必要であると主張した。

　こうした方法と理念にもとづいて，アメリカ先住民の現地調査を行ったベネディクトは，その成果をもとに『文化の型』[▷4]を著した。それによると対象とされたアメリカ先住民の文化はアポロ型とディオニソス型に分類され，前者のアポロ型には秩序，慎み，まとまりをもった明るい性質があるのに対し，後者のディオニソス型には陶酔，興奮，奇矯，破綻の特徴があるとした。またベネディクトは，前者の例としてプエブロ文化を，後者の例としてドブ，クヮキゥトゥル文化を挙げた。

　さらに戦争中の日本研究にもとづき，日本文化の型（patterns of Japanese Culture）をテーマとした『菊と刀』[▷5]を執筆した。同著は限定された史資料にもとづく当時の敵国文化に関する研究であったが，戦後の日本人自身による日本

▷1　祖父江孝男『文化とパーソナリティ』（弘文堂，1976年）参照。

▷2　エドワード・サピア（Edward Sapir, 1884-1939）アメリカの人類学者，言語学者。

▷3　ルース・ベネディクト（Ruth Benedict, 1887-1948）アメリカの文化人類学者，コロンビア大学教授。戦争中は積極的に戦時体制に協力し，ワシントンの戦時情報局海外情報部で日本研究に従事。その成果が『菊と刀』である。

▷4　R. Benedict, *Patterns of Culture*, Houghton Mifflin, 1934（米山俊直訳『文化の型』講談社，2008年）

▷5　R. Benedict, *The Chrysanthemum and the Sword : Patterns of Japanese Culture*, Houghton Mifflin, 1946（長谷川松治訳『菊と刀』講談社，2005年）

人・日本文化論の一つの原型となった（Ⅳ-5参照）。

3 精神分析の影響

　文化とパーソナリティ学派の人々は，パーソナリティ形成のメカニズムを解明するために，積極的に心理学，とくにS.フロイトの精神分析（psychoanalysis）の成果を取り入れた。たとえば，M.ミードは，それぞれの文化のパターンや育児様式とパーソナリティ特性との相関関係を精神分析の知見を参照しつつ明らかにした。こうした文化人類学と精神分析との共同研究は，精神分析学者のA.カーディナーと文化人類学者のR.リントンによって進められ，性格形成に関する理論体系や地位＝役割に関するパーソナリティ理論が形成された。

4 文化のなかでのパーソナリティ形成

　文化に対するアプローチの基礎を確立したベネディクトに対し，M.ミードは，フロイトの影響を受けつつ，育児様式とパーソナリティ形成に注目した。ミードは，南太平洋のサモアでのフィールドワークを行い，『サモアの思春期』を著した。それによると，サモアの少女たちは，成長の過程で不安と動揺を抱えるアメリカの若者とは対照的に，葛藤やストレスのない大らかな発育過程をたどる。同じ肉体的な成長の過程であっても，その心理的な内実は属する文化によって大きく異なるのである。こうしたミードの調査結果には，のちに厳しい批判がむけられるが，思春期や性に対するアメリカ人の固定観念を相対化したという点で，ミードの研究が社会に与えた影響はきわめて大きい。

　さらに『男性と女性』において，男女に与えられる性格特性や役割分担も，彼らが属する文化の型によって規定されることを明らかにした。男性と女性の生物学的差異は，ある文化のなかで対立的に増幅され拡大されることによって，社会的な性別役割分業が形成される。こうした性別役割分業の相対性を主張したミードの研究は，のちのフェミニズム運動にも大きな影響を与えている。

5 国民性研究と最頻パーソナリティ

　その後文化とパーソナリティ研究は，第二次世界大戦という時代状況のなかで，戦争をより有利に遂行することを目的とした国民性研究（国民的性格あるいは民族的性格〔national character〕の研究）へと展開していった。A.インケルス（Alex Inkeles）とD.レヴィンソンは（Daniel Levinson），多くの成人国民に共通する性格を最頻的パーソナリティ（modal personality）と定義し，文明社会における国民性研究の対象とした。この最頻的パーソナリティの概念の登場によって，質的研究に重点が置かれていた文化人類学的研究に代わり，大規模な量的観察にもとづく社会学的，社会心理学的研究の理論的基礎が与えられた。

▷6　シグムント・フロイト（Sigmund Freud, 1856-1939）オーストリアの精神医学者，精神分析の創設者。

▷7　マーガレット・ミード（Margaret Mead, 1901-1978）アメリカの文化人類学者，コロンビア大学准教授，フォーダム大学教授。

▷8　エイブラム・カーディナー（Abram Kardiner, 1891-1981）アメリカの精神分析学者，精神医学者，文化人類学者。

▷9　ラルフ・リントン（Ralph Linton, 1893-1953）アメリカの文化人類学者。

▷10　M. Mead, *Coming of Age in Samoa*, W. Morrow, 1928（畑中幸子・山本真鳥訳『サモアの思春期』蒼樹書房，1976年）

▷11　D. Freeman, *Margaret Mead and Samoa*, Penguin, 1983（木村洋二訳『マーガレット・ミードとサモア』みすず書房，1995年）

▷12　M. Mead, *Male & Female: A study of the Sexes in a Changing World*, W. Morrow, 1949（加藤秀俊・田中寿美子訳『男性と女性（上・下）』東京創元社，1961年）

▷13　A. Inkeles & D. J. Levinson, National Character: The Modal Personality and Socio-cultural Systems, in G. Lindzey (ed.), *Handbook of Social Psychology*, vol. Ⅱ, 1954（高橋徹訳「民族的性格」『社會心理學講座8　政治と經濟2　民族的性格』みすず書房，1957年）

IV 社会的性格

2 権威主義的性格

① フランクフルト大学社会研究所

　アメリカで文化とパーソナリティ研究に注目が集まったころ，ナチスの支配が拡大しつつあったドイツでは，同じくフロイトの精神分析の影響を受けた権威主義に関する研究が開始された。研究の担い手となった人々は，当時，フランクフルト大学社会研究所に集まったドイツ系ユダヤ人の研究者たちである。同研究所は，1923年にフランクフルト大学に設置されたマルクス主義的社会研究の拠点であり，のちに批判理論（Kritische Theorie）として知られた社会哲学・社会理論や，フランクフルト学派と呼ばれる研究者集団を形成することになる。

　ナチズムの台頭をきっかけにはじまった権威主義の研究は，新フロイト派の精神分析や文化とパーソナリティ研究の影響を受けながら，社会的性格論と呼ばれる領域へと発展していった（IV-3）。

② 権威という心理現象への注目

　研究所が依拠したマルクス主義は，高度な資本主義発展によって資本家と労働者の対立が激化し，やがて社会主義革命を経て社会主義社会へ到達するとした。しかし，現実のドイツでは高度な資本主義の発達にもかかわらず，労働者は革命に立ち上がることはなく，ヒトラーという独裁者を支持するにいたった。こうした革命の不発や，独裁体制出現の要因を，M.ホルクハイマーに率いられた研究所のメンバーは，労働者，市民の内面に巣くう権威主義に由来するとし，社会哲学，経済学，文化論，社会心理学を含む学際的な共同研究によって，そのメカニズムを明らかにしようとした。

○権威と家族の研究

　学際的研究のなかでも，最も重要な位置を占めたのがE.フロムの担当した社会心理学的研究である。権威主義的性格とは，権威に依存し，独裁者や体制に服従する傾向をもつ一方，弱者に対しては逆に支配者として振る舞うサド＝マゾ的な性格構造である。こうした性格構造の持ち主は，意識の上では自由や平等を重んじながら，実際には権威に対する服従願望をもち，弱者に対しては逆に抑圧的態度をとる。フロムの社会心理学は，無意識における自発的服従のメカニズムをマゾヒズム，サディズム的傾向として分析する一方，そうした

▷14　第一世代としてホルクハイマーのほか，ヘルベルト・マルクーゼ（Herbert Marcuse, 1898-1979），テオドール・W.アドルノ（Theodor Wiesengrund Adorno, 1903-1969），エーリッヒ・フロム（Erich Fromm, 1900-1980, 亡命後，学派を離脱），第二世代のユルゲン・ハーバーマス（Jürgen Habermas, 1929-），第三世代のアクセル・ホネット（Axel Honneth, 1949-）がいる。

▷15　新フロイト派については50ページの注25参照。

▷16　マックス・ホルクハイマー（Max Horkheimer, 1895-1973）社会哲学者，フランクフルト大学教授，同研究所長。アドルノとともに批判理論の提唱者となる。アドルノとの共著『啓蒙の弁証法』がある。

▷17　注14参照。1930年代は，フランクフルト大学社会研究所で社会心理学部門の責任者として，権威と家族の研究に取り組む。研究所から離脱し，シカゴ精神分析研究所をはじめ，アメリカの大学で教鞭をとる。フロムの思想については出口剛司『エーリッヒ・フロム』（新曜社，2002年）を参照。

▷18　E. Fromm, Autorität und Familie,

サド＝マゾ的権威主義的性格が，家族による社会化の過程で再生産されるとした。

3 自由からの逃走

フロムは，学派から離脱したのち，『自由からの逃走』[19]を著し，いわゆる新フロイト派の立場からナチズム台頭のメカニズムを明らかにした。第一次世界大戦前のドイツ社会は，ドイツ皇帝が支配するきわめて強固な権威主義的秩序をもっていたが，敗戦によって崩壊し，自由な体制（ワイマール共和国）が成立した。しかし，戦後のインフレや高い失業率，政治的混乱のなかで，人々にとって新たな自由はかえって心理的な重荷となり，その結果，かつてのドイツ帝国の栄光を回復してくれる強力なカリスマ的指導者を熱望する風潮が蔓延していった。フロムは，こうした重荷と化した自由が人々に無力感，不安感，孤立感を呼び起こし，すすんで独裁者に服従する道を選ばせたと結論づけたのである。

4 権威主義的パーソナリティ

フロムが離脱したのち，研究所ではTh.アドルノ[20]が中心となり，亡命先のアメリカで権威主義や反民主主義に関する実証調査が行われた。調査の目的は，潜在的にファシズム的傾向をもつ人々，反民主主義的宣伝に流されやすい人々の性格構造を解明することにあり，カリフォルニア大学バークレー世論研究グループとの共同研究として進められた。この共同研究のなかで，個人の内面における反民主主義的な傾向を測定するファシズム尺度（F尺度）が考案された。また調査は，ファシズム尺度による量的分析だけではなく，精神分析的手法による面接調査も組み合わされて行われた。その成果は1950年に『権威主義的パーソナリティ』[21]として刊行されている。

5 現代における権威主義研究

ファシズムの当面の危機が去ると，権威主義の研究も反民主主義や独裁の潜在的可能性とは切り離されて実施されるようになった。アメリカ国立精神衛生研究所の研究グループは，自己—指令性（self-direction）という観点から，職業階層とパーソナリティの研究に取り組んできた[22]。自己—指令性とは，独自の基準にもとづいて行動し，自分自身に道徳的基盤をもつ志向性を指し，その対極にある同調性は，権威の示す道徳規準をもつとされる。吉川徹が指摘するように，権威主義的性格の研究における「権威主義対民主主義」という基本軸は，「同調性対自己—指令性」として読み替えることが可能であり，同調性や自己—指令性の研究は，権威主義的パーソナリティ研究の現代版に位置づけられる。それによると，職業階層が高いほど，自己—指令性が高くなり，逆に階層が低くなるほど，同調性が高くなるとされた[23]。

▷19 E. Fromm, *Escape from Freedom*, Farrar & Rinehart 1941（日高六郎訳『自由からの逃走』東京創元社，1951年）

▷20 テオドール・W.アドルノ（Theodor Wiesengrund Adorno, 1903-1969）社会哲学者，フランクフルト大学教授，同研究所長。『啓蒙の弁証法』の他に『否定弁証法』『ミニマモラリア』がある。

▷21 Theodor Wiesengrund Adorno, Else Frenkel-Brunskwi, Daniel J. Levinson and R. Nevitt Sanford, *The Authoritarian Personality*, Harper and Brothers, 1950（田中義久・矢澤修次郎・小林修一訳『権威主義的パーソナリティ』青木書店，1980年）

▷22 吉川徹編『階層化する社会意識』勁草書房，2007年

▷23 吉川徹『階層・教育と社会意識の形成』ミネルヴァ書房，1998年

IV 社会的性格

3 社会的性格研究の形成と展開

1 大衆社会の出現と社会的性格研究

　社会的性格（social character）とは，「個人のもっている特性のうちから，あるものを抜きだしたもので，一つの集団の大部分の成員がもっている性格構造の本質的な中核であり，その集団に共同の基本的経験と生活様式の結果発達したものである」[24]。そして社会的性格論とは，こうした人々の社会的性格が，社会構造や社会変動にいかなる影響を与えるか，そのメカニズムを明らかにするものである。

　社会的性格に関する研究に注目が集まったのは，1930年代から1950年代のことであり，その直接のきっかけはナチズムという独裁体制の台頭である。この時代の社会は，しばしば大衆社会（mass society）と呼ばれることがある。大衆社会とは，資本主義的な生産様式が高度に発展した結果，大量生産＝大量消費が実現したこと，民主主義化の進展によって身分や階級などの伝統的な中間集団の絆が弱体化し，流動化・孤立化した人々が大量に出現したこと，マス・メディアの発達により，文化の画一化が進展していったことによって，思考及び行動様式において画一的な大衆（mass）が爆発的に広がった社会のことを言う。このような社会では，多数の大衆の無意識的で非合理的なエネルギーが社会全体の運命を左右するようになる。そのため，社会の仕組みや変化を正確に把握するには，その時代の社会制度や経済システムだけでなく，人々の心的なエネルギーやそれを方向づける性格構造を理解しなければならない。こうした背景から生み出されたものが，社会的性格論である。そもそも社会的性格論の出発点は，前節で取り上げた権威主義的性格の研究にあり，新フロイト派[25]の社会心理学者の E. フロムが体系化し，その後アドルノ（49ページ参照），D. リースマン（52ページ参照）へと受け継がれたものである。またパーソナリティの形成過程に注目するという点で，文化とパーソナリティ研究とも相互に影響を与えあった（Ⅳ-1 参照）。

2 社会的性格の社会学的機能

　文化とパーソナリティ研究は主に未開社会を対象としたが，社会的性格論は，当初からドイツやアメリカといった高度に産業化した社会を対象とした。その結果，歴史の変化とともに社会的性格もダイナミックに変化する過程，社会的

▷24　E. Fromm, *Escape from Freedom*, 1941（日高六郎訳『自由からの逃走』東京創元社，1951年，306頁）

▷25　新フロイト派（neo-Freudian）とは，フロイトの精神分析を継承する人々のうち，社会学や文化人類学に関心をもち，社会や文化がパーソナリティに与える影響を重視する立場にあるグループを指す。A. カーディナー（注8参照），カレン・ホーナイ（Karen Horney, 1885-1952），ハリー・スタック・サリヴァン（Harry Stack Sullivan, 1892-1949）など。

性格が社会構造を維持，再生産したり，逆に社会変動を促進したりする過程に注目し，より社会学的研究に適するように精緻化されている。

○再生産と変革のメカニズム

社会的性格には，社会構造，すなわち社会の制度や経済システムを再生産する機能と，逆にその変革を促進する機能がある。

```
        社会意識・イデオロギー
          ↑      ↓
  家族 ⇒ 社会的性格 ⇒ 行為
          ↑      ↓
        社会制度・経済システム
```

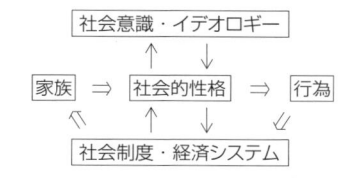

図Ⅳ-1　社会的性格の形成と機能

出典：日本社会学会・社会学事典刊行委員会編『社会学事典』丸善，2010年，79頁。

まず社会的性格が，家族内部の社会化過程で形成される。その際，図Ⅳ-1の⇒にあるように，社会制度や経済システムに適合的な性格構造が形成される。そうした適合的な性格構造をもった人々が，社会制度や経済システムの内部で行為することによって，当の制度やシステムが安定的に維持，再生産されることになる。フロムはこうした社会的性格の機能を，社会構造を固定化する「セメント」にたとえている。しかしその一方で，社会制度や経済システムにおける矛盾が増大すると，社会的性格は，セメントとして機能することをやめ，逆に「ダイナマイト」と化して，古い社会制度や時代遅れの経済システムの崩壊や変革を促進するように機能することがある。

○社会的性格の媒介機能

また社会的性格には，社会制度や経済システムといった社会のハード面とイデオロギーや社会意識などの社会のソフト面とを媒介する機能がある。たとえばマルクスは，ある時代の支配的なイデオロギーや社会意識は，その時代の経済的な生産様式によって規定されるとしたが，実際には生産様式という経済の審級がイデオロギーや社会意識といった観念の審級とどのように結びついているか，十分な説明がなされたわけではない。

それに対して社会的性格に注目すると，図の→にあるように，社会のハード面とソフト面を節合し，両者の間にある相互作用のプロセスを明らかにすることが可能となる。たとえば，第一次世界大戦以前のドイツ帝国主義のもとでは，権威主義的な社会制度が支配的であったが，そうした権威主義的な社会のもとで成長した個人は，権威に対して従属的な性格構造を形成する傾向にある。権威主義的な性格構造の持ち主は，独裁権力や排外的なナショナリズムを唱える政治思想や理念，すなわちイデオロギーを生み出しやすく，また受け入れやすい。逆に独裁やナショナリズムを称賛するイデオロギーは，人々の社会化の過程に影響を及ぼすことで，権威主義的な性格構造の形成を促し，さらには権威主義的な社会制度を維持するよう作用する。

○社会変動の決定因と社会的性格

社会的性格論が形成された時期の社会学は，社会変動を誘発する要因について，二つの立場が存在していた。一つはK.マルクスに由来するもので，そ

▷26 マルクスは、生産力と生産関係からなる生産様式を、社会全体の下部構造（土台）とし、その上に法律・政治制度、社会意識・イデオロギーなどの上部構造が形成されるとした。下部構造としての生産様式が社会全体の仕組みや変化を決定し、生産力と生産関係の矛盾によって、社会全体の構造変動が誘発される。
▷27 ただし、ヴェーバーも社会変動における経済的な利害状況の原動力としての役割は認めており、理念はあくまで歴史を方向づけるものとしている。
▷28 専門的なヴェーバー研究の間では、禁欲的プロテスタンティズムの宗教倫理と資本主義の精神とを単線的かつ直線的に結合する見方に批判的である。
▷29 口唇愛的性格とは、口唇の刺激に快楽を感じやすい性格構造で、その結果、必要な物資、感情経験、知識はすべて外部にあると見なし、それらを外から吸収するものと考え行動する傾向がある。性格特性としては、受動的で依存的（口唇愛＝受容的性格）か、あるいは略奪的、搾取的（口唇愛＝サディズム的性格）である。肛門愛的性格では、すべてを自分の内部に留めておく傾向が強く、性格特性としては規律正しさ、倹約、頑固さが挙げられる。
▷30 封建時代や略奪の支配する社会のもとでは、搾取的な性格構造が必要とされ、また資本主義の黎明期には禁欲的な宗教倫理や資本主義の精神がもつ性格特性（規律正しさ、倹約、頑固さ）を備えた貯蓄的な性格構造が要請されることに

の時代の経済的な生産力と生産関係との矛盾が、全体としての社会の変動を誘発するというものである。この場合、経済の審級が社会変動の優先的な決定因と見なされている。もう一つの立場は、M. ヴェーバーに由来するもので、歴史の方向性は理念によって定められるとするものである。この場合、理念は歴史の転轍手にたとえられ、社会変動を方向づける決定因と見なされている。

経済的な生産様式か、あるいは観念的な理念やイデオロギー（プロテスタンティズムの倫理）か、という対立的な見方に対し、社会的性格論は、両者の相互作用に注目することで、社会変動のプロセスをより詳細に記述することができる。つまり、先の社会的性格の媒介機能（図の→）で見たように、資本主義経済（経済システム）、社会的性格、倫理（イデオロギー）の循環過程を描き出すのである。たとえばヴェーバー的な見方によれば、プロテスタンティズムの倫理が、近代の合理的資本主義を生み出したことになる。しかしフロムは、中世末期に芽生えた新しい資本主義経済がそれに適合的な几帳面で貯蓄性向の強い性格構造（貯蓄的構え）を形成したのであり、プロテスタンティズムの禁欲的な倫理も、そうして先行して形成された新しい性格構造をもつ人々が生み出し、支持したイデオロギーだと考えた。そしていったん、教義の形で整えられたイデオロギーが、逆に人々の性格構造やその性格にもとづく禁欲的態度を強化し、全体としての資本主義経済の成立を加速させたと考えたのである。

③ フロムによる性格類型

フロムの性格類型は、フロイトの性格学をモデルに構想されている。もともと精神分析では、性愛的な快楽をうけとる部位に応じて性格構造や性格特性が形成されるとされ、口唇愛＝受容的性格、口唇愛＝サディズム的性格、肛門愛＝サディズム的性格といった類型が設定された。それに対してフロムは、性格構造や性格特性は、あくまで社会制度や経済システムからの要求によって形成されるとし、受容的構え、搾取的構え、貯蓄的構えの三つを対置した。

さらにフロムは、市場経済が拡大し、情報・サーヴィス業が発達した現代社会に広く見られる性格構造を市場的構え（market-oriented）とした。市場の論理が拡大し、対人サーヴィスが重視される社会では、人は自分自身の人格をも商品として見なし、人から評価され受け入れられやすい「感じのよいパーソナリティ」を身につけねばならない。市場的構えとは、こうした第三者の評価によって、自己の価値や思考、行動を決定する性格構造をいう。

④ リースマンの社会的性格論

文化とパーソナリティ研究やフロムの研究を引き継ぎ、社会的性格論を歴史や現代社会の分析に積極的に応用していったのが、D. リースマンである。リ

ースマンは社会の秩序が成立するためには，人々が同調性を保持せねばならないとし，社会的性格を，それを可能にする同調性の様式（mode of conformity）と定義した。また社会的性格の形成や変化を，人口統計学上のデータを一つの目安として説明した。

　それによると中世以来，西欧の人々の性格構造は，高度成長潜在的な社会における伝統指向型（tradition-directed）から，過渡的人口成長期の社会における内部指向型（inner-directed）を経て，初期的人口減退の段階の他者指向型（other-directed）へ変化する。伝統指向型とは，出生率と死亡率が均衡する前近代社会に多く見られる性格類型で，伝統的な秩序に従って行動する傾向が強い。それに対して人口成長と急激な社会変化が見込まれる近代社会では，内部指向型が多く見られる。彼らは伝統の自明性に頼らず，明確な目標によって導かれ行動する人々である。最後に出生率，死亡率ともに低迷する現代社会では，内部指向型に代わり，同時代の人間を行動の指針とする他者指向型の人々が多く現れる。リースマンによれば，内部指向型の人々が内面にジャイロスコープ（羅針盤）を備えているのに対して，他者指向型の人々はレーダーをもっている。◁32

5　社会的性格論の問題点

　リースマンの社会的性格論が世に出た1950年頃を境に，社会的性格論は急速にその勢いを失っていく。その第一の要因は，社会の複雑性が高まることによって，性格構造が形成されるメカニズムや，社会制度，経済システム，イデオロギー，社会意識を媒介するメカニズムが複雑性を増し，それらの統一的な説明が困難になったことがある。また個人の性格構造の柔軟性や人々の性格構造の間の相違点が拡大し，社会的性格という画一的な概念で捉えることができなくなったことも指摘できる。さらに社会的性格論は，幼少期に形成された性格構造を重視するが，人の性格は時間とともに，また活動する状況や場面ごとに変化するものであり，性格の一貫性を想定する社会的性格概念が，逆に人々の複雑な思考，行動様式を説明する上で大きな障害となる可能性もある。

▷31　デイヴィッド・リースマン（David Riesman, 1909-2002）アメリカの社会学者，シカゴ大学教授，ハーバード大学教授。主著に加藤秀俊訳『孤独な群衆』（みすず書房，1964年）がある。

▷32　リースマンは，それぞれの社会的性格の歴史的変化に注目するだけでなく，現代社会においては都市部の新しい中産階級（官僚や企業のサラリーマン）の多くが他者指向型であるのに対し，銀行家，商人，中小企業家，専門技術者などの旧中産階級には内部指向型が多く見られるとした（加藤秀俊訳『孤独な群衆』3-25頁）。

IV 社会的性格

4 戦後日本の権威主義研究

1 戦後日本における権威主義研究

フランクフルト大学社会研究所の権威主義研究は，ファシズムを経験した日本の社会学でも注目を集めた。日本の権威主義研究は，主に1950年代から70年代にかけて，社会意識論と呼ばれる領域でさかんに進められたが，フロムやアドルノの理論をそのまま適用するのではなく，日本の歴史的特殊性に合わせた分析が展開された。日本のファシズムは，封建遺制と呼ばれる特殊な現実によって生み出されたという認識から，単なる権威主義ではなく，前近代的な伝統主義的権威主義の解明が求められたのである。また当時の日本の社会意識論はマルクス主義の影響を受けており，人びとの社会意識のなかから民主化や社会変革に結びつく契機を見出そうという志向性を強くもっていた。

2 旧意識の残存

表面的な民主化が進展したとしても，それを支える人びとの意識や性格構造が前近代的，権威主義的であれば，民主主義は形骸化せざるを得ない。『自由からの逃走』の訳者でもある日高六郎は，ファシズムを支えた前近代的な意識形態を旧意識と呼び，そうした旧意識が戦後の民主主義体制のもとでも残存しつづけていることを指摘した。さらに日高は，当時の日本人の社会的性格を，(1)伝統的諸集団に埋没した前近代的な庶民的性格，(2)特殊日本的な絶対主義的天皇制の強烈なインドクトリネーションのなかで培われた臣民的性格，(3)部分的ではあるがいちおう日本の社会の資本主義化にともなって形成された市民的性格，(4)高度資本主義の展開のなかでいわゆる「大衆化」された民衆にあらわれつつある大衆的性格，(5)社会的変革あるいは一般的に進歩的な社会運動に強い関心をもったり，あるいはそれに直接参加する民衆のなかにあらわれつつある人民的性格の5つに分類した。また城戸浩太郎と杉正孝は，日本のファシズムの原因は戦闘的右翼思想ではなく，封建的な義理人情の精神と身分的な家父長的家族構造にあったとして，アドルノらが考案したファシズム尺度に対し，日本的な伝統的価値や態度を測定するための項目を加えた独自の権威主義的尺度（Aスケール）を考案した。

○労働者階級の政治意識

マルクス主義の影響が強かった1950年代の社会意識論では，社会変革の担い

▷33 日高六郎「『旧意識』とその原初形態」（初出1954年，『現代イデオロギー』勁草書房，1960年に所収）

▷34 日高六郎「イデオロギー・社会心理・社会的性格」（初出1958年，『現代イデオロギー』勁草書房，1960年に所収）

▷35 城戸浩太郎・杉正孝「社会意識の構造」日本社会学会編『社会学評論』（13・14）1954年

手としての労働者の政治意識に関心が集まった。しかし日高六郎，城戸浩太郎，高橋徹，綿貫譲治は，労働組合と政治意識に関する調査を行い，労働者階級のなかにも権威主義的態度が多く見られることを明らかにした。[36]

○農村と都市の社会的性格

権威主義に関する研究は社会意識論を超え，農村社会学では，福武直と塚本哲人が「日本農民の社会的性格」に関する調査を実施し，当時の農民層の社会的性格が全般的に保守的傾向を示しつつも，性格特性と階層や年齢の間には明確な相関関係が見られない矛盾傾向にあることを明らかにした。[37] 都市社会学では，倉沢進が「都会人の社会的性格」に関する調査を行い，結論の1つとして，都市社会では生産組織と家庭・近隣場面が切り離される傾向にあるため，家庭・近隣場面では都市化と権威主義からの脱却が相関する関係にあることが示された。[38]

3 高度成長と私化現象

人びとの政治意識が高かった60年代に対し，1970年代に入ると人びとの意識は政治的な公的空間から撤退し，私生活や私的領域に向かった。ただし私的領域への撤退は，権威主義的傾向の弱体化や近代的，主体的な権利意識の萌芽という積極的な側面をもっていた。田中義久や宮島喬は，1960年代後半の経済成長が生み出した私生活主義やマイホーム主義に注目し，そのなかに主体的市民への脱皮の契機を模索した。[39] しかしその一方で，労働者の社会意識の解明に取り組んだ庄司興吉は，労働者が企業と組合の双方に無関心になる二重退却を巻き起こし，その傾向が政治の領域に拡大し，政治的無関心や脱政党化という現象を生み出したことを指摘した。[40] また豊かな社会における社会病理にも関心があつまり，見田宗介は，当時主流であった統計学的，社会心理学的手法に対して，都市社会における実存やその疎外の実相を質的研究によって明らかにした。[41]

4 現代の権威主義的態度

豊かな社会が実現するなかで，伝統主義的権威主義への関心は薄れていったが，轟亮は1985年と1995年のSSM調査のデータを用い，反権威主義が現実的に拡大していることを実証した。[42] また1950年代の調査が階級や職業と権威主義的態度との相関関係を強調したのに対し，この間の先行研究を踏まえ，それが学校教育経験（学歴）に規定されることを明らかにした。[43] さらに権威主義的態度の親子間の相関関係は予想外に小さく，フロムが精神分析の知見にもとづいて主張した家族内での社会化による権威主義的性格の再生産という説明が当てはまらないことを示した。1990年代に入り，権威主義に関する研究が転換期を迎えるなかで，吉川は近年注目を集めている環境保護意識やヘルスコンシャスとの関係を調査するなど，権威主義的性格概念を再評価している。[44]

▷36 日高六郎・城戸浩太郎・高橋徹・綿貫譲治「労働組合と政治意識」岩波書店『思想』（No. 373）1955年7月

▷37 福武直・塚本哲人『日本農民の社会的性格』有斐閣，1954年

▷38 倉沢進「都市化と都会人の社会的性格」日本社会学会編『社会学評論』（36）1959年

▷39 田中義久『私生活主義批判』筑摩書房，1974年，宮島喬『現代社会意識論』日本評論社，1983年

▷40 庄司興吉「現代労働者の社会意識」福武直監修，見田宗介編『社会学講座12 社会意識論』東京大学出版会，1976年

▷41 見田宗介「まなざしの地獄」『現代社会の社会意識』弘文堂，1979年

▷42 轟亮「反権威主義的態度の高まりは何をもたらすのか」海野道郎『日本の階層システム2 公平感と政治意識』東京大学出版会，2000年

▷43 轟，前掲論文，208-209頁

▷44 吉川徹『階層・教育と社会意識の形成』ミネルヴァ書房，1998年。権威主義的態度の最近の研究としては，保坂稔『現代社会と権威主義』（東信堂，2003年）がある。

IV 社会的性格

5 日本文化論の系譜

1 日本文化論と社会学

日本文化論は，哲学，地理学，歴史学，人類学，心理学，社会学といった複数分野にまたがる学際的研究としての性格をもっている。そのなかで社会学と最も深い結びつきをもつ領域は，IV-1 で取り上げた文化とパーソナリティ研究である。とくに戦後すぐに発表された R. ベネディクトの『菊と刀』は，その後の社会学における日本文化の原イメージを形作っていった。さらに社会学では，『菊と刀』をはじめ日本社会論で論じられた日本文化の特徴は，社会的性格論，社会意識論においても，権威主義的パーソナリティや伝統的保守主義として実証研究の仮説や課題として引き受けられていった。

2 日本文化論の知識社会学

日本はアジアの小国でありながら，アジアでいち早く近代化に成功し，逆に朝鮮半島，中国大陸の植民地化を進めた。明治以降数多く執筆された日本文化論の動機の一つに，こうした欧米とアジアのはざまに立つ日本の曖昧さや両義性を克服し，日本文化や日本人のアイデンティティを確立することが挙げられる。その結果日本文化論は，日本文化の特質や日本人の国民性を客観的に解明しようとする学問としての側面だけでなく，日本文化や日本人について語ることそれ自体によって，日本の自己イメージやアイデンティティをより安定的で確実なものとして（再）構築しようという側面も有している。そのことから本節では，社会学（文化とパーソナリティ研究や社会的性格論）との接点に注目すると同時に，日本文化論そのものを知識社会学的対象として考察する。

3 文明開化期の日本文化論

文明開化の時代に活躍した明治期の知識人たちは，西欧諸国と直接交流をもつことによって，一方で日本文化の特徴や日本人の気質を日本人自身に示す必要（志賀）と，他方でアジアの小国日本の特性を積極的に欧米人に発信する必要（新渡戸，岡倉）を感じていた。

○志賀重昂『日本風景論』（初出1894年）

明治維新以来の欧化政策に対抗して，日本のナショナル・アイデンティティを明確にしようとしたのが，志賀重昂の『日本風景論』である。志賀は，日本

▷45 日本文化論を概観したものとして，大久保喬樹『日本文化論の系譜』（中公新書，2003年）のほか，注46の船曳『「日本人論」再考』，青木保『「日本文化論」の変容』（中央公論社，1990年）を参照。社会学では，井上俊・伊藤公雄編『日本の社会と文化』（社会学ベーシックス，世界思想社，2010年）を参照。

▷46 船曳建夫『「日本人論」再考』講談社学術文庫，2010年

▷47 志賀重昂（1863-1927）地理学者，衆議院議員。三宅雪嶺らと雑誌『日本人』を刊行し，国家主義の立場から植民地政策を擁護した。『日本風景論』（岩波文庫，1995年）。

▷48 新渡戸稲造（1862-1933）農政学者，東大教授，東京女子大学長。国際連盟事務次長，貴族院議員となる。敬虔なクエーカー教徒として知られる。『武士道』（岩波文庫，1938年）。

▷49 同じキリスト者で同級生あった内村鑑三（1861-1930）も『代表的日本人』（岩波文庫，1995年）を英語で執筆し，日本文化の紹介を行っている。

▷50 岡倉天心（1862-1913）美術家，ボストン美術館東洋部長。日本美術研究家で哲学者のフェノロサ（Ernest Francisco Fenollosa 1853-1908）とともに

列島全体が多くの火山に恵まれていることに注目し、そのダイナミックで力強い風土に強力な日本のナショナル・アイデンティティの根拠を求めた。後述の二つの著作が英語で執筆されたのに対し、本書は格調高い漢文調で著された。

○新渡戸稲造『武士道』（初出1899年〔英語〕）

日本文化を広く紹介することを目的とし、滞在先のアメリカで刊行された。新渡戸稲造は、武士道の起源を神道、仏教、儒教に求め、武士道が日本独自の歴史的、宗教的背景を色濃くもっていることを主張したが、その一方で武士道の精神がキリスト教的な普遍的人間性、道徳意識の観念に通じているとした。

○岡倉天心『茶の本』（初出1906年〔英語〕）

ボストン美術館での講演をもとにして執筆された。岡倉天心は本書のなかで、茶道が中国の道教や禅といった東洋の精神世界の影響下で成立したことを強調し、また喫茶という日常的な振る舞いのなかに芸術的な美を見出す点に欧米にない日本文化の特徴を見出した。

❹ 日清・日露戦争以降の日本文化論

文明開化の嵐が一段落すると、西欧の思想や学問の影響を受けながらも、日本の伝統的な価値に対する思索を展開する人々が現れた。ヨーロッパで哲学を学んだ九鬼周造や和辻哲郎は、フランス哲学やドイツ哲学の成果を吸収しながらもそれに飽きたらず、独自の日本文化論を展開していった。また民俗学に依拠した柳田國男、折口信夫、南方熊楠らは、哲学的思索からは距離を取り、庶民の生活や歴史を実証的に描き出した。

○九鬼周造『「いき」の構造』（初出1930年）

フランス哲学の影響を強く受けた九鬼周造は、文化文政期（江戸後期の町人文化）に見られる「いき」の構造を取り上げ、その哲学的分析を行った。「いき」とは、男女の間の媚態、意気地、諦めという三つの契機からなり、西欧に類似の美意識は存在するものの、日本独自に発展したものであるとした。

○和辻哲郎『風土』（初出1935年）

ドイツの現象学の影響を受けた和辻哲郎は、風土という自然環境やその歴史のなかで形成される具体的な社会文化や人間存在のあり方に注目した。和辻は、世界の風土を東アジアのモンスーン型、アラビア・アフリカの砂漠型、ヨーロッパの牧場型に分類し、それぞれの気候条件に即した人間学的考察を展開した。東アジアのモンスーン型の気候のもとでは、自然の脅威を感じつつも、その恵みに浴することが可能で、受忍的で忍従的な人間が形成されるとした。

○柳田國男『明治大正史世相篇』（1931年）

九鬼や和辻が西洋哲学を背景とした日本文化論を展開したのに対し、柳田國男は民俗学の立場から、近代化のなかで消滅しつつある日本文化の古層を発掘しようとした。『明治大正史世相篇』では、政治的な出来事に還元できない

▷ 日本美術の再評価に尽力した。のちに日本美術院を創設した。『茶の本』（岩波文庫、1967年）。

▷51 哲学の分野では、西田幾多郎（1870-1945）やその後継者の田辺元（1885-1962）など、京都学派と呼ばれる人々が日本独自の哲学を発展させた。

▷52 折口信夫（1887-1953）国文学者、民俗学者、国学院大学教授、慶應義塾大学教授。釈迢空の号で知られる。北原白秋らと雑誌『日光』を創刊する一方、柳田國男に師事し、民俗学を学ぶ。

▷53 南方熊楠（1867-1941）植物学者、民俗学者。大英博物館東洋調査部で活動、菌類を中心に植物の採集を行う。また鎮守の森保護の観点から神社合祀令に対する反対運動を展開した。

▷54 九鬼周造（1888-1941）哲学者、京都大学教授。リッケルト、ベルグソン、ハイデガーに師事。実存主義哲学の観点から日本の精神構造や美意識を分析した。『「いき」の構造』（岩波文庫、1979年）。

▷55 和辻哲郎（1889-1960）哲学者、京大教授、東大教授。ニーチェやキルケゴールなどいわゆる実存主義哲学を研究。『風土』（岩波文庫、1979年）。

▷56 日本はモンスーン型の気候のなかでも特異性をもち、その特異性がしめやかな激情、戦闘的な闘争という二重性を生み出すとした。

▷57 柳田國男（1875-1962）民俗学者。農商務省、内閣法制局を経て貴族院書記官長 日本の民俗学の確立者。『明治大正史世相篇』（中央公論社、2001年）。

明治・大正期の庶民の生活文化のありようを観察，データ収集を積み重ねることによって丹念に記述した。

5 第二次世界大戦と『菊と刀』

戦前の日本文化論が哲学や倫理学に基礎をもっていたのに対して，戦後は社会科学的なアプローチを志向するものが主流となった。アメリカ人R. ベネディクトは，母国でさかんであった文化人類学，とりわけ文化とパーソナリティ研究の観点から，当時敵国であった日本文化の研究を行った（Ⅳ-1 参照）。ベネディクトの研究は，多くの日本人研究者の賛否両論の対象となったが，アメリカにおいて当時は憎悪と偏見の対象であった日本文化を文化相対主義の立場から，客観的かつ冷静に観察することに成功し，その後の日本文化論の原型を形作った。

○R. ベネディクト『菊と刀』（初出1946年）

ベネディクトによれば，日本人の道徳意識は恩と義理という観念に支配され，日本人の独特の行動様式を形作っているという。それは，恥を基調としたものであり，罪を基調とする欧米文化と大きく異なっている。一方の罪の文化が内面に確固たる行動基準をもつことに由来するのに対し，恥の文化は自己の内面ではなく，他者からの評価やまなざしのなかに行動基準を見出すものとされた。[458]

6 相対化する日本文化論

終戦直後の日本文化論には，第二次世界大戦に至る戦前のファシズム体制を日本の前近代性に求める近代主義的傾向があり，ベネディクトが明らかにしたような他者への依存性や集団主義的特徴に対しても，日本の前近代性を示すものとして否定的な見解が主流であった。しかし，戦後の復興と経済成長のなかで，「欧米＝近代」対「日本＝前近代」という対立軸を相対化し，これまでの日本文化に対する否定的見解を再検討する傾向が見られるようになった。

○中根千枝『タテ社会の人間関係』（初出1967年）

社会人類学者の中根千枝は，『タテ社会の人間関係』[459]において日本の社会構造をタテの関係として描き出した。中根によれば，日本は集団所属が「場」によって決まる社会であり，その対極にあるのが，集団所属が「資格」によって決まる社会である。集団所属が場によって決まる社会では，場を共有する「ウチ」と共有しない「ソト」の関係が顕在化し，序列は場への加入時期によって決定されるために，先輩，後輩という閉じたタテの秩序が形成される。それに対して資格による社会では，個人は場を離れて複数の集団への所属が可能となるため，ヨコに開かれた人間関係が形成されやすい。因みにタテ社会の対極にあるヨコ社会として，欧米社会ではなくインドの社会が挙げられており，日本対欧米という構図は相対化されている。

▷58 当時はこうした日本文化の特徴が，日本の前近代性を示すものと否定的に受け取られたが，その影響力は大きく，作田啓一が1967年に『恥の文化再考』（筑摩書房，1967年）を著し，ベネディクトの恥に関する考察をさらに深めている。

▷59 中根千枝（1926-）社会人類学者，東大教授。インド，チベット，日本の社会人類学的研究を行う。主著『タテ社会の人間関係』（講談社新書，2006年）。

▷60 梅棹忠夫（1920-2010）民族学者，京大教授，国立民族学博物館長。世界各地のフィールドワークに基づき，「文明の生態史観」という独自の文明論を展開した。『文明の生態史観』（中公文庫，1974年）。

▷61 村上泰亮（1931-1993）経済学者，東大教授，国際日本文化研究センター教授，国際大学グローバル・コミュニケーションセンター所長兼教授。公文俊平（1935-）経済学者，東大教授，国際大学グローバル・コミュニケーションセンター所長，多摩大学教授。佐藤誠三郎（1932-1999）政治学者，東大教授，慶応大学教授，埼玉大学教授，政策科学大学院副学長。

▷62 その後のバブル経済と消費社会の勢いのなかで，本書で論じられた日本的経営や，日本型集団主義が日本の成功の要因の一つと見

○**梅棹忠夫『文明の生態史観』（初出1967年）**

梅棹忠夫は，気候条件や自然環境の観点からそれぞれの文明社会の特徴を説明しようとした。世界の文明は日本と西ヨーロッパの第一地域，中国，インド，ロシア，イスラムという四つの部分世界からなる第二地域に分けられる。第二地域は古代には，先進的な文明を発達させることができたが，砂漠という厳しい生態学的条件から，暴力や破壊力が絶えず噴出し，近代以降は第一地域に遅れをとり，高度文明を発達することができなかった。日本と欧米は同じ第一地域に含められ，日本対欧米という対立軸は相対化されている。

○**村上泰亮・公文俊平・佐藤誠三郎『文明としてのイエ社会』（1979年）**

著者たちは，従来のような欧米をモデルとした単系的かつ進化論的な発展論を批判し，多系的発展論の立場から，日本の集団主義的な産業化の特徴を欧米の個人主義的産業化と対比的に描き出した。それによると，日本の歴史はウジ社会とイエ社会という二つの集団形成の原理から捉えられ，長い歴史の過程で前者から後者へと移行していったとされる。そしてイエ社会の論理は，明治以降も残存し，集団主義やイエの特性を生かした日本的経営を生み出していったとされた。

7　精神分析と日本人論

中根，梅棹，村上らの研究が人類学的，文明論的な立場からなされたのに対し，心理学，とくにフロイトらの精神分析を応用した日本人論も見られるようになった。それらに共通する特徴は，欧米の個人主義的な自我やそれを生み出したエディプス・コンプレックスの概念を日本人の家族形態や親子関係を元に修正する点にある。

○**土居健郎『甘えの構造』（1971年）**

精神医学者の土居健郎によると，本来，母子関係に限定される幼児的依存願望（甘えの心理）が，日本社会ではその範囲を超えて社会全体に広がり，甘えを許すウチと許さないソトの区別や，恩，義理，人情という独特の人間関係の規範を生み出していった。土居は，甘えが世界共通の普遍的な心理でありながらも，それを表す言葉が欧米にはない点に注目し，日本の精神文化を理解する主要概念と位置づけた。

○**小此木啓吾「モラトリアム人間の時代」（初出1977年）**

精神分析学者の小此木啓吾は，E. H. エリクソンの心理社会的モラトリアムの概念に示唆を得て，当時の社会に広がりつつある人間類型をモラトリアム人間と名づけた。古典的な意味でのモラトリアムとは，成人への過渡期にある青年が社会的な義務を免除され，心理的な意味での支払い猶予にある状態を指したが，小此木はそうした青年期特有の猶予期間やそれを享受する社会心理が大幅に拡大し，社会全体にまで広がったとした。

（出口剛司）

なされるようになった。消費社会を背景に日本の個人主義を擁護したものとして，山崎正和『柔らかい個人主義の誕生』（中公文庫，1987年）がある。

▷63　フロイトがギリシアの英雄オイディプス王の悲劇に因んで提唱した概念。幼児が母親に対して近親相姦的欲望を抱き，それに伴って幼児が父親に対していだく敵意の感情を指す。フロイトはこうした葛藤を経て，強い自律的自我が形成されるとした。

▷64　古澤平作は，エディプス・コンプレックスの概念が日本の家族では妥当しないとし，母親と子どもの間に生じる葛藤に注目した阿闍世コンプレックスの概念を提唱している。小此木啓吾『日本人の阿闍世コンプレックス』（中公文庫，1982年）を参照。

▷65　土居健郎（1920-2009）精神医学者，精神分析学者，東大教授，国際基督教大学教授，国立精神衛生研究所長。『「甘え」の構造』（弘文堂，1971年）

▷66　小此木啓吾（1930-2003）精神分析学者，精神医学者，慶応大学教授，東京国際大学教授。日本を代表する精神分析学者で，その普及に尽力した。『モラトリアム人間の時代』（中央公論社，1978年）

▷67　エリク・H. エリクソン（Erik Homburger Erikson 1902-1994）アメリカの精神分析学者。アイデンティティ（自己同一性）という概念を広く普及させた。

▷68　小此木はモラトリアムの心理をフロムの概念を用いて，現代の社会的性格と呼んでいる。

V 準拠集団

1 準拠集団論の始まり

1 ハイマン
──比較点としての準拠集団

人間は自分一人だけでものを考えたり，態度を決めたりするわけではない。基本的に，まわりの他者たちや集団との関連のなかで，それらを行うのである。では，どういう他者や集団がどのように個人の意識や態度に関わってくるのか。準拠集団という概念は，このような問題意識からうまれた。「準拠」というのは「基準にする」という意味である。かんたんに言えば「自分の基準にする集団」のことである。

最初にこの概念を提案したのは，社会心理学者の H. H. ハイマン（Herbert H. Hyman）である。ハイマンは1942年に「地位の心理学」を研究するなかで，この概念を提案した。それまでは，個人の意識や態度は客観的地位によってだいたい決まってしまうものと想定されてきたが，詳しくインタビュー調査をやっていくと，じっさいには客観的地位というよりも主観的な地位の評価によって左右されていることがわかった。その主観的な地位の評価というのは，その人の友人・知人・職場の同僚・同郷人などと比較することで形成されるのである。客観的地位が国家や組織といった大きな文脈で決まるものであるのに対して，このような主観的な地位評価は，比較的小さな集団や特定の人を基準にして形成されることから，比較の基準点として「準拠集団」（reference group）という概念が提起されることになった。

たとえば，自分の経済的地位を評価するのに，故郷の友人たちを準拠集団にするのか，都会の仕事仲間を準拠集団とするのかによって，満足感も大きくちがってくる。自分の身体的魅力を評価するのに，身のまわりの友人たちを準拠集団とするのか，雑誌に載っているモデルたちを準拠集団にするのかによって，自慢やため息も大きくちがってくる。どの集団を比較の基準点にするのかが決定的に重要なのである。

2 シェリフ
──所属集団と準拠集団

準拠集団が必ずしも所属集団ではないということに気づいたのは，M. シェリフ（Muzafer Scherif）と Th. ニューカム（Theodore M. Newcomb）である。

シェリフは，光点自動運動効果実験で有名な社会心理学者である。この実験は，まっくらな部屋の中に被験者の学生を入れて，そこに置かれた箱の穴から

出る光点が移動したかどうかを確認させるというものである。学生は，一人で見た場合には自分なりに判断するのだが，集団で実験すると，他人との関係で判断するようになる。だれかが「動いた」と言うと，「そうかなあ」という感じで影響されて「たしかに動いた」と感じてしまうのだが，じっさいには光点は動いていないのである。注目すべきは，集団実験ののちに学生たちをそれぞれ単独で実験すると，今度はさきほどの集団実験の状況が影響することである。つまり，人間は，自分を関連づけたい集団とともに見聞きし感じるということである。そして，問題なのは，自分を関連づけたい集団はたいていは所属集団であるものの，所属集団ではないこともあるという事実である。それゆえ準拠集団概念が必要になってくる。

3 ニューカム
──積極的準拠集団

同じころ，ニューカムは，進歩的な雰囲気の女子大学に学ぶ学生の調査から，この問題に関わっていった。女子大生たちは大学の進歩的な雰囲気に影響されて，学年を挙げるごとに保守的態度から進歩的態度へと考え方を変えていく。ところが，一部の学生は一貫して保守的な態度をたもちつづける。それはなぜなのか。

分かれ目は彼女たちにとって重要な準拠集団は何かということである。多くの学生たちにとっては進歩的な大学の教員や仲間たちが準拠集団になる。ところが，一部の学生にとっては自分の育った家族こそが優先的な準拠集団になっており，そのため，進歩的な集団のなかにいながら，保守的な態度を維持するのである。そのような優先的な準拠集団のことをニューカムは「積極的準拠集団」（positive reference group）と呼ぶ。

4 社会学的源流との合流

このように，準拠集団の概念は社会心理学から始まったが，そのアイデアは社会学と社会心理学のあいまった領域において醸成されてきたものでもあった。

たとえば，C. H. クーリー（Charles H. Cooley）の「鏡の中の自己」（looking-glass self）概念や G. H. ミード（Georg H. Mead）の「一般化された他者」（generalized other）概念などは，何らかの「重要な他者」が鏡となって自己評価を形成することを強調する点で，準拠集団論の社会学側の源流とも見なされうるものである。それゆえ，社会心理学において鮮明にされた準拠集団論は，社会学に応答を呼び込み，受容されて展開されていくことになる。

V 準拠集団

2 相対的不満から準拠集団へ

1 ストウファーらの『アメリカ兵』の発見
──相対的不満

準拠集団論の社会学的展開のきっかけを与えたのは，1949年に刊行されたS. A. ストウファー (Samuel A. Stouffer) らによる実証研究『アメリカ兵』である。これは，アメリカ兵の感情と態度の研究である。たとえば召集に対する気持ちや昇進のチャンスについての見方を研究するのが目的であったが，結果的に，兵士たちの不満とその背景にある様々な要因との関連を実証的に研究した報告書である。兵士たちが「どのように」不満をいだくものなのかが判明するにつれて，ストウファーらが見いだした概念は「相対的不満」(relative deprivation) だった。これは「相対的剥奪」とも訳される。

たとえば，既婚の兵士は，一方で，軍隊内の未婚の同僚とくらべて大きな犠牲を求められたと思い，他方で，召集されていない既婚の友人とくらべて不公平だと不満をもつ。また，高学歴の者は，低学歴の者にくらべて願望水準が高いので，軍隊内でそれなりの地位を得られないと，それだけ損をしたように感じ，友人の目にもそう映っていると感じるので，不満が大きくなる。

このように，不満というものは，絶対的な基準によって生じるものではない。根本的に，かなり相対的なものなのである。とくに，どの人びととくらべるか，どの人びとを意識するかによって，大きくちがってくるのである。

2 マートンによる問題転換
──社会心理学から社会学へ

『アメリカ兵』のなかで準拠集団概念は使用されていない。しかし，R. K. マートン (Robert K. Merton) は，『アメリカ兵』の豊富なデータを統合的に説明する概念としては「相対的不満」よりも「準拠集団」のほうが有効であると論じた。というのは，相対的不満の基準となる集団は，所属集団のこともあるし，非所属集団のこともあるからである。非所属集団との関連があるとなると，従来的な「所属集団による規定性」とはまったくちがう局面があらわれる。

人びとは，自分が所属している集団から影響を受け，それを基準に自分の態度や意見を調整するだけでなく，自分が所属しない集団と自分を関連づけている場合があるわけである。言ってみれば，人びとは，自分の属さない，より広い社会をも生きているのである。

「相対的不満」という心理的な概念から「準拠集団」という概念への転換に

よって，社会構造との接点が見えてくる。マートンは『アメリカ兵』から思いがけぬ発見をしたという意味で「掘り出し物型」（serendipity pattern）と呼んでいる。すなわち，経験的な調査から，予想外の理論が汲み上げられることである。どのような理論が汲み上げられたのを詳しく見ていこう。しかし，そのまえに確認しておかなければならないことがひとつある。

3　中範囲の理論としての準拠集団論

　20世紀中期，アメリカ社会学が急速な進展を遂げようとした時期に研究を進めていたマートンは，科学としての社会学のあり方について自覚的に考えた人である。

　社会学が近代の科学であるかぎり，経験的調査研究と密接に関連づけながら理論構築をおこなっていく必要がある。これが第一の前提である。そうすると，近代自然科学のように，磁気論とか気圧論とか環礁形成論のように，単純なアイデアから出発して，経験的に確証を積み上げるような理論づくりがめざされるべきだとマートンは考えた。

　「中範囲の理論」は，当時，急速に進められていた T. パーソンズ（Talcott Parsons）による一般理論構築の試みに対する距離感の表明でもあった。いきなり社会全体に大きな網をかけてトータルな理論像を強引に組み立てるという企てには無理がある。もっと堅実に経験的研究を積み上げて「中範囲の理論」をたくさん構築して，その相互連関として社会学理論が存在するべきだというのである。

　マートンは，「中範囲の理論」の代表事例として，É. デュルケム（Émile Durkheim）の『自殺論』と M. ウェーバー（Max Weber）の『プロテスタンティズムの倫理と資本主義の精神』を挙げている。これらはいずれも社会全体の分析ではなく，個別のテーマをめぐって展開しているのであるが，視野はけっして狭くはならず，大きなスケールで社会と歴史の一局面を深く描いている。

　準拠集団論のほかにも，マートンは社会移動論，社会成層論，アノミー論，役割セット論，科学社会学，官僚制論などを「中範囲の理論」として，じっさい自分で手がけている。地に足の着いた，こうした堅実な研究スタイルは，その後，多くの社会学者たちに支持され続けている。

V 準拠集団

3 マートンの準拠集団論

▲ R. K. マートン

1 概念の問題

「中範囲の理論」として書かれた2編の準拠集団論論文のうち「準拠集団と社会構造の理論」という論文のなかから，マートンの準拠集団論の論点をいくつか見ていこう。

第一に，準拠集団には二つのタイプが考えられている。「規範型」と「比較型」である。もともとは他の研究者の発案だが，筆頭にこの論点を挙げている。規範型準拠集団は，個人に対して意見や態度の基準を設定する集団である。何が望ましいか，どう振る舞うべきかなどについて，ヒントを個人に供給する集団である。それに対して，比較型準拠集団は，自分や他人を評価するときの比較の枠組みを与える集団である。その集団が比較の基準となって自負や不満がでてくるような集団である。

第二に，そもそも「集団に所属している」とはどういう事態なのかについて。まず，集団というには，三つの条件を満たす必要がある。道徳的に確立された持続的な相互作用がそこにあって，自分がその集団のメンバーとして位置づけられており，しかも他の人びとによってもメンバーとして認められている。この状態がそろって，はじめて「所属集団」と言える。ただし，集団の境界は固定したものではなく，動的に変化する。たとえば，集団のなかに下位集団が形成されることはよくあることである。

第三に，準拠集団には，所属集団・非所属集団・集合体・社会的カテゴリーがふくまれている。所属集団が準拠集団になりやすいことは言うまでもないが，人は所属していない集団を準拠集団とすることがある。たとえば新米の兵士は将校たちの下位集団には属していないが，将校たちの集団の価値観や道徳を積極的に受け入れて「模範的兵士」になろうとする場合がそうである。そして，準拠集団は極端なケースでは「準拠人」（reference individual）である場合もあり，これは従来「役割モデル」（いわゆるロールモデル）と呼ばれてきたものに近い。また，集団とは言えないような社会的カテゴリー（性・年齢・既婚未婚・収入）を準拠集団とすることもある。

第四に，内集団と外集団との関連について。サムナーによって提案されたこの有名な一対の概念を所属集団と非所属集団のペアと同一視してはいけない。内集団は，一方では集団内部での忠誠と平和的友好関係をもち，他方では外集

団への憎悪と侮蔑をもつとされる。しかし，実態はもう少し複雑で，所属集団であっても，その規範に対して否定的な態度を取る場合も多いのである。

ある人が特定の集団（学校・大学・企業・教団・組合・政党・スポーツクラブ・サークル・ボランティア・非行グループなど）に所属しているから，その集団の価値を受け入れているはずだというのは，まちがいだということだ。さらに下位集団のレベルにおいて（たとえば教員集団・職場仲間・幹部集団・遊び仲間など）も同様である。

② 準拠集団の選択

人が準拠集団を選ぶときに重要なファクターは何か。マートンは所属集団の属性として26もの指標を列挙して，それを探っていくのであるが，なかでも注目しているのは「集団内部の観察可能性あるいは可視性」である。

これは要するに，集団の内部における規範や役割遂行がどのくらいかんたんに見えるかということである。同じ集団内でも，下の地位の者・同じ地位の者・上の地位の者それぞれが集団の規範や構造を見渡すことができるかということである。集団内で共有されている価値観や意見や感情が，必ずしも透明であるとはかぎらない。みんながじっさいに何をやっているのかも，わかりにくい集団もある。それをしっかり認識でき知識としてもつことができるかどうかによって，準拠集団の選択可能性は変わりうる。

③ 役割セット

準拠集団行動に構造的文脈を与えるのは「役割と地位」であるとマートンは述べる。地位は社会組織内での位置であり，役割はその地位に付随する，パターン化された行動への期待である。しかし注意しなければならないのは，地位と役割が単純な一対一関係ではなく，必ずしも調和的でもないことである。

たとえば医学生というひとつの地位には，教師に対する学生の役割だけでなく，他の学生やナースや医療技師などに対する役割をふくんでいる。公立学校の教師という地位であれば，生徒に対する先生の役割だけでなく，教師仲間との関連や校長・教頭に対する関連，教育委員会やPTAに対する関連で様々な役割が期待される。これらを「役割セット」（role-set）とマートンは名づけた。役割セットを束ねた地位があって，その地位がセットなっていて，それが時間とともに推移するパターンが「地位系列」となって，これらが社会構造を構成しているのである。

このように，社会構造を個人の位置から見上げてみると，現実的な葛藤が見えてくる。それほど社会構造は整合的ではない。役割は必ず役割セットになっているので，葛藤（役割葛藤）は必然的である。このように，マートンは準拠集団行動のありようをたんに社会心理学的な問題ではなく，社会学的な社会構造の問題へ連接しようとしたのである。

V 準拠集団

4 予期的社会化と予言の自己成就

1 予期的社会化

準拠集団論の重要なポイントは，人は自分の所属する集団以外の集団に自己を方向づけることがあるという事実である。このことが，集団の集積としての社会を複雑にするとともに，社会のダイナミズムを生む。

マートンはそういうもののひとつに「予期的社会化」(anticipatory socialization) を指摘する。平たく訳すと「将来を見越した社会化」ということである。

これは，その集団に属することを熱望しながら，まだそのメンバーになっていない個人が，非所属集団を準拠集団にすることによって，めざす集団のメンバーとしてふさわしい知識や規範を身につけていくことである。言ってみれば予習であり，予備軍になることである。

たとえば，ある平社員が上昇志向をもったとき，まだ所属していない幹部社員の集団を準拠集団として，進んで幹部の見方や考え方を取り入れ，その地位セットと役割セットに関する詳細な知識に接近しようとするだろう。そのとき，所属している同輩集団は消極的準拠集団になり，その集団から距離をとろうとするだろう。これが「予期的社会化」である。

開放的な社会では，個人にとっては「機能的」であり，社会移動の源泉となりうるが，反対に閉鎖的な社会においては「逆機能的」であり，外集団への志向を理由として（つまり所属集団になじもうとしないということで）所属集団からは排除され「マージナル・マン」（境界人）になってしまう。逆に言うと，集団内で孤立している「マージナル・マン」のなかには，じつは他の集団を準拠集団として行動している人がいるということである。

このように，「予期的社会化」をすることによって，たとえば平社員が昇進して幹部集団に所属できたとき，それは一種の「予言の自己成就」ということになる。

2 予言の自己成就

「予期的社会化」の示すロジックは「予言の自己成就」である。

「予言の自己成就」とは，予言をすることによって，人びとの現実認識が変わり，人びとが予言の想定通りに行為することによって，結果的に予言された事態が現出するという，一種の循環的なメカニズムのことを指している。予言

というと呪術のような世界の話だと思うかもしれないが，ここで「予言」と呼んでいるのは，現時点ではリアルでない想定のことである。社会学では「状況の定義」という。リアルでない想定も，人びとがそれをリアルだと信じれば，それは結果的にリアルになるというメカニズムが社会のなかにはあって，マートンは，社会学者 W. I. トマス（William I. Thomas）の研究にちなんで「トマスの定理」と呼んでいる。

　マートンは，わかりやすい事例で説明している。たとえば試験ノイローゼの場合である。受験生が「きっと失敗してしまう」と思い込んでしまうと，不安な受験生は勉強することに専念できず，くよくよして多くの時間を浪費してしまい，結果的に失敗してしまう。

　予期的社会化の場合は，これと対照的だ。つまり，自分が所属していない「あこがれ」の集団を準拠集団として，それについて知識を貯え，トレーニングし，接近することで，結果的に「あこがれ」の準拠集団のメンバーになるケースである。

　これに近い話でよく語られる話として，子どもに「君はよくできる」と言い聞かせると，子どもは「自分はよくできる」と思い込んで，一生懸命に勉強し，結果的に勉強ができる子になるというのがある。これは，当初は所属していない「エリート集団」（勉強のできる子たちの集団）を準拠集団として認識させることで，勉強する意欲をもたせ，結果的に「エリート集団」の仲間入りを果たしたと説明できる。

　いずれにしても，「自己成就的予言」は，ありのままの現実としては誤った「状況の定義」である。しかし，それをリアルだと受け取って，それに基づいて活動することによって，リアルなものにしてしまうというものである。

❸ 社会的な偏見の強化

　予期的社会化の場合は，Dreams come true 的なニュアンスが感じられるが，しかし，このメカニズムには悪循環の側面もあって，たとえば偏見の強化につながる場合もある。マートンが問題にするのは，じつはこちらの側面である。

　20世紀前半のアメリカ社会にそって，マートンは次のような事例を挙げている。当時の白人は黒人を労働組合から閉め出す政策を支持していた。なぜなら生活水準の低い黒人は安い賃金でも仕事にありつこうとするので，スト破りをするからである。だから黒人は「労働者階級の裏切り者」だから組合に入れてはならない，と。しかし，マートンは指摘する。当時の黒人がスト破りに参加したのは，白人によって組合から排斥されていたからである。つまり，黒人のスト破りは，白人たちの偏狭な信念によって生み出されたものなのである。ここでは原因と結果が逆に認識されている。この「悲劇的な循環」こそ，人種や民族や宗教をめぐる偏見と差別に見られるロジックなのである。

V 準拠集団

5 シンボリック相互作用論の視点

▲ G. H. ミード

1 ミードの「一般化された他者」

　マートンの準拠集団論には機能主義の見地が入っている。だから，それは準拠集団論の機能主義的社会学への導入と位置づけられる。それに対して，すぐのちにシンボリック相互作用論と総称される研究者のサイドからの導入もあいついだ。

　もともと準拠集団概念は，ミードの「一般化された他者」概念に近い。しかし，ミードの業績は十分に検討されることがないまま，20世紀半ばに再発見されるのである。ミードによると，身ぶりのかわしあいとしてのコミュニケーションにおいて，人間は他者の役割を取り入れる。つまり，相手の身ぶりや言葉を「意味のあるシンボル」として受け止めて，自己の一部とするのである。これを「役割取得」(role-taking) という。たとえば，子どもは「ごっこ遊び」(play) することで，たとえばままごとであれば母親の役割と父親の役割を学び，お医者さんごっこであれば医者の役割やナースの役割を学んで，自分の世界に取り入れる。さらに「ゲーム」の段階になると，たとえば野球であれば投手や捕手や打者の役割を系統的に学び，しかもゲーム全体を貫通するルールや約束事を自分のなかに取り入れる。つまり，ゲームに参加している参加者全員の態度と役割をそっくり取り入れるのである。それを「一般化された他者」と呼ぶ。

　これは所属集団が準拠集団である場合の議論にほぼ相当する。だから，ミードを知的源流するシンボリック相互作用論系の社会学者は，社会心理学の経験的研究から発した準拠集団論にすばやく反応して，理論的な議論を深めていったのである。

2 人間の主体的局面への注目

　シンボリック相互作用論の社会学者は，ミードが「一般化された他者」概念によって提示した「自己の根源的な社会性」という論点を継承するとともに，「一般化された他者」に対する反応として生じる「自己の主体的局面」にも注目した。ミードは，前者の「客我」(me) に対して，後者を「主我」(I) と位置づけている。この「主我」にあたる局面を人間の主体性や能動性として理解していこうとするのである。この場合，ともすれば社会心理学者や機能主義社会学者は「客我」の局面にとらわれがちだというのが，批判点になる。

たとえば，T. シブタニ（Tamotsu Shibutani）は，準拠集団を「そのパースペクティブが行為者によって受け入れられる集団」であると定義して，客観的実在としての集団というよりも，行為者サイドの認識の組織化されたものと考える。だからこそ準拠集団には，じっさいに相互作用があるわけではない「社会的カテゴリー」（年齢・性・階級・人種のようなもの）が入ったり，「想像上のもの」（たとえば宗教的なユートピアや芸術的な未来像）が加わったりするのである。

また，R. ターナー（Ralph H. Turner）も，準拠集団は個人の自己評価の基準として役立つ集団であって，個人が主体的に関連づけ意味づけている集団だとしている。その関連づけ意味づけは，受動的なプロセスではなく，自分なりに解釈し，修正を施し，ときには事実上変更してしまうのである。それはたんに「役割取得」というより「役割形成」（role-making）というべき創造的なプロセスである。

このように，シンボリック相互作用論においては，ミードの理論的原点を再確認しつつ，自己の主体的・解釈的・能動的側面を強調した。これは社会学の理論潮流のひとつの波頭のような位置づけをもち，60年代における社会学理論のパラダイム変換につながる流れの一部になっていく。

❸ 役割葛藤・アンビヴァレンス・逸脱

私たちはこれまで，準拠集団論が社会学と社会心理学の橋渡し的テーマであること，そして社会学のなかでも機能主義とシンボリック相互作用論とが対立する論点をもっていることを確認してきた。その意味では，準拠集団論は社会学史におけるピークのひとつに数えられるかもしれない。

さらに付け加えると，一連の役割理論とのつながりもある。すでに紹介したマートンの役割セットのアイデアは，役割葛藤の問題を準拠集団論の側から説明しようとしたものである。マートンはさらに「社会学的アンビヴァレンス」として役割葛藤の問題を再定義している。たとえば，臨床医としての医師の役割には，一方で感情にとらわれることなく冷静に診断・治療するという期待があるが，他方で患者と人間的な絆をつくっていかなければならないという期待もある。このような矛盾が社会構造には埋め込まれているのであって，それがどのように「解決」されているか（あるいは，されていないか）を研究するわけである。

逸脱という現象も準拠集団と関係がある。逸脱は，その集団から見ると逸脱なのであるが，逸脱行動をする人は別の準拠集団を志向していて，そっちを基準にして自分の態度と行動を決めていることがある。非行や犯罪や「ふつうでないこと」をする人たちは，必ずしも孤独にそれをしているのではなく，むしろ明確な準拠集団があり，その規範を積極的に受け入れていることが多いのである。

V 準拠集団

6 応用問題を考える

1 応用的局面へ

　準拠集団論が盛んだったのは1950年代とその前後である。1970年代でも研究書は複数出ているので，議論は一過的なものではなかったものの，近年では扱いも少なくなっている。概念や理論的な発想はすでに社会学的常識として定着しているので，昨今は応用問題を解く局面に入っていると考えてよいだろう。では，どのような応用問題があるのか。

　マートンは，人種や性や階級などの社会的カテゴリーも準拠集団になりうると論じていたし，あこがれのスターたちの世界も準拠集団になりうるとしている。そこまで広げてしまうと「集団」でなくなってしまうとの批判もあるが，社会心理学的にはそうであっても，社会学的には展開可能である。

2 エスニシティを理解する

　グローバリゼーションの波のなかにあって，日本も事実上「多民族国家」である。しかし，このことは今に始まったことではない。歴史的に日本は「多民族国家」であった。なかでも，とくに日本人にとって身近な在日コリアンのエスニシティ（民族的アイデンティティ）を理解することは重要である。

　在日コリアンは，複雑な文化的・社会的環境におかれている。在日2世・3世・4世は日本語を使い，日本名を名乗っている場合が多い。ハングルの使えない人は多い。日本国籍化が進んでいる。このような文化的に同化している反面，職業の壁や結婚の壁が日本社会にはあり，とくに在日コリアン男性と日本女性の結婚は少ないと言われている。このような状況を生きる在日コリアンの若者の意識調査がある。それによると，在日コリアンの若者たちは，様々な志向性をもっているという。

　第一に，共生志向（共に生きる）。社会を変革し，民族差別と闘うという姿勢をもつ若者たち。日本社会において地域を軸に在日としての誇りをもって生きていくという志向性をもつ。母国語を話せない人が多い。在日コリアンの社会運動的な集まりを準拠集団とする人たちと見なせる。この人たちはアイデンティティの葛藤の経験をもつ。

　第二に，祖国志向（在外公民）。朝鮮総連系，民族学校出身者など，祖国を準拠集団として（じっさいには具体的な在日社会の諸集団を準拠集団として），あくま

でも在日コリアン社会の内部で生きる人たちは，日本人との接触面が小さいために，かえって差別経験の頻度は少なく，アイデンティティの葛藤はない。日本への批判意識が強い。バイリンガルである。

第三に，個人志向（自己実現）。コスモポリタンとして生きる決意をした若者たち。上昇志向が強く，個人的成功の追求に価値をおく。この場合は，ビジネスや芸術や学問などの各分野で世界的に活躍する人たちを準拠集団とする。

第四に，帰化志向（日本人になりたい）。かなり大きくなるまで自分が日本人でないことを知らないで育ち，したがって，それまでの過程で内面化された在日コリアンのマイナスイメージがそのまま自分自身に適用されてしまうことになって悩む若者たち。解決策として日本名を名乗り，日本人として適応していくことが多い。この場合には，自分の育った日本人社会の諸集団が準拠集団になっている。

このように「在日コリアンの若者」と限定しても，その生き方や悩み方は様々であり，それは彼らがどのような集団を準拠集団とするかによって大きく異なるのである。そこにはそれぞれの物語（「準拠集団の選択過程」）があるわけで，それを理解することが社会学の役目なのである。

3 日本社会における「世間」

民族的アイデンティティの問題は，反転させるとナショナリズムの問題である。ナショナリズムは，国民国家を準拠集団として選択する生き方である。国家を準拠集団概念にふくめるのは，スケールが大きすぎて，ある意味では概念の無用な拡張と考えられなくもないが，それが「想像の共同体」としてコンパクトにイメージ化されていれば，戦中の日本人のように深い忠誠心を抱くことはあるのであり，国家の権力装置と連動する具体的な集団を準拠集団として説明することは可能であろう。

最後に，もうひとつ応用問題を提示しておこう。それは，日本社会における「世間」が準拠集団を表現しているのではないかということである。「世間体が悪い」とか「世間の目がうるさい」といった言い方は，自己評価の基準として，ある種の人びとの存在を想定している。それは一方では「身内」の人間ではなく，他方では「まったくの他人」でもない。両者の中間地帯にいる人びとの価値観や感情を指している。私たちは「世間」ということばを曖昧に使うことが多いが，突き詰めていけば，何らかの集団に分解できるはずである。それは，じっさいには近所付き合い（近隣集団）のことであったり，血縁のない姻戚だったり，とくに仲のいいわけではない離れた職場の同僚だったりする。複数の生活場面における複数の準拠集団の重なりを「世間」と呼んでいるのかもしれないと考えれば，準拠集団論の素材はそこら中にころがっている。

（野村一夫）

参考文献

R. K. マートン，森東吾・森好夫・金沢実・中島竜太郎訳『社会理論と社会構造』みすず書房，1961年

R. K. マートン，森東吾・森好夫・金沢実訳『社会理論と機能分析』青木書店，1969年

船津衛『シンボリック相互作用論』恒星社厚生閣，1976年

福岡安則『在日韓国・朝鮮人——若い世代のアイデンティティ』中公新書，1993年

井上忠司『「世間体」の構造——社会心理史への試み』講談社学術文庫，2007年

VI　イデオロギー

1　イデオロギーとは染まるものである

イデオロギーという言葉の使い方として社会学者に共通するのは「他の考え方もいろいろあるはずなのに，あたかも唯一真正のように思い込まれている信念」を批判的に言いあらわすという点である。

現代日本語の日常会話でも「イデオロギーに染まる」という言い回しが聞かれるだろう。「イデオロギーに染まる」とは，異論の余地が大きい極端な意見を，愚かにも唯一の真理であるかのように信じ込むことを言いあらわしている。

1　マルクスとエンゲルスにおけるイデオロギー概念

イデオロギーという言葉を社会（科）学のキータームとして初めて本格的に用いたのはK. マルクス（Karl Marx）とF. エンゲルス（Friedrich Engels）だった。その共著『ドイツ・イデオロギー』(1842)[1]において，イデオロギーとはまさに上に述べたような意味で「染まる」ものであり，何にも染まらない，真に唯一正しい科学的認識によって訂正され克服されるべき過ちだった。

マルクスとエンゲルス曰く，当時のドイツ哲学の主流だった観念論者（イデオロジスト）は，生身の人々の経験的な世界が観念（イデア）によって規定されていると考えていた。このような観念論者のイデオロギーは，真に正しい認識すなわち唯物論によって批判的に乗り越えられなければならない，そうマルクスとエンゲルスは主張した。唯物論にもとづくなら，観念はすべての現実を可能にする究極原因などではなく，逆に，そのように信じ込まれている観念のあり方こそが，現実によって説明されるべきなのである。

マルクスとエンゲルスはこうして得られたイデオロギー概念を，単に哲学批判にとどめず，さらに人間社会に対する批判的考察へと応用した。ある社会において標準的なものとして流通している知識は，その社会に生きる人々の現実的な勢力関係を反映している。法や宗教，文化などとして結晶する知識は，その社会において優位な立場を占める人々（支配階級）を利するイデオロギーとして機能している。こうして，正当性を主張する知識が背後に隠し持っている現実的な利害関係を明るみに出す操作を〈イデオロギー暴露〉と呼ぶ。

2　アルチュセールのイデオロギー装置論

ルイ・アルチュセールは「イデオロギーと国家のイデオロギー装置」(1970)[2]においてこの考え方を発展させ，特定の支配体制が自らを存続させるための仕

▷1　K. マルクス・F. エンゲルス，廣松渉編訳，小林昌人補訳『新編輯版　ドイツ・イデオロギー』岩波文庫，2002年

▷2　L. アルチュセール，西川長夫ほか訳『再生産について――イデオロギーと国家のイデオロギー諸装置』平凡社，2005年

組には〈抑圧装置〉と〈イデオロギー装置〉の2種類があることを指摘した。〈抑圧装置〉とは軍隊や警察のような物理的強制を行う国家機関のことである。〈イデオロギー装置〉とは学校やマスメディアのような，観念の刷り込みを行う国家機関のことである。

3　マンハイムのイデオロギー論

　しかし〈イデオロギー装置〉がどんなに優れていようと〈イデオロギー暴露〉の脅威は完全には払拭できないし，社会のなかの勢力関係は否応なく変化してゆく。ということは，今後，現状と異なる支配階級が生まれるのは必定である。19世紀後半におけるマルクスとエンゲルスの見通しによれば，まもなくブルジョワジーは，唯物論にもとづく科学的認識に貫かれたプロレタリアートによって退場させられる。今後はプロレタリアートが支配階級となり，どんなイデオロギーにも「染まる」ことのない社会へ向けて，人々を指導するはずだった。

　しかし歴史的現実としては，1917年ロシアで成功した世界初の社会主義革命は，時を経るにつれて次第に恐怖政治へと堕していった。それを目の当たりにしながら，K. マンハイム（Karl Mannheim）は『イデオロギーとユートピア』（1929）において，苦々しい思いでイデオロギー概念に新しい意味を刻みつけた。人間が制度的に生み出す諸事実に関わる限り，どうやらわれわれは何かに「染まる」ことから逃れられそうにない。

　ただしマンハイムは諦めに沈み込むばかりではなかった。むしろわれわれの知性の本当の病巣は，唯一真正な知識に到達できないことよりも，何ものにも「染まる」ことのない知識なるものの無いものねだりにあるのではないか。

　マンハイムは，イデオロギーの概念を〈部分的イデオロギー〉と〈全体的イデオロギー〉に分ける。部分的イデオロギーは，主張の一部をその人の現実生活における利害の反映として捉えるのに対して，全体的イデオロギーは世界観の全体をその人がよって立つ集団との関連で捉える。また彼は，〈特殊的イデオロギー〉と〈普遍的イデオロギー〉という区別も行う。この違いは，敵対者のみならず自らの思想をもイデオロギーとして捉える「普遍性」を持つかどうかである。この観点から，マンハイムはマルクス主義を全体的ではあるが特殊的なイデオロギーとして批判している。

　したがってマンハイムが提唱する知識社会学は，あらゆる知識を，その人を取り巻く歴史的，文化的条件に拘束されたものとして捉える。しかし，だから真理は存在しないとする相対主義は否定し，〈相関主義〉を主張する。相関主義とは，複数の知識体系がおのおの力動的に変化しつつ，互いに補い合う関係を構想する立場である。

▲K. マンハイム

▷3　K. マンハイム, 高橋徹・徳永恂訳『イデオロギーとユートピア』中央公論新社, 2006年。

VI イデオロギー

2 知識と社会

1 オーギュスト・コントの三段階発展説

マルクス＝エンゲルスとマンハイムでは，イデオロギーという同じ言葉を使いつつ，かなり違う意味を込めていたことがわかっただろう。しかし両者のイデオロギー概念が基本的な点で一致していることもわかっただろう。それは，人が抱く知識と，その人が置かれた社会的諸条件とのあいだに深い関係があるという着想である。

これは，じつは社会学という学問が，その創始以来現代まで持ち続けている最重要の着想のひとつである。社会学の始祖オーギュスト・コントは『実証哲学講義』（1830-42）において，イデオロギーという言葉こそ使わなかったが，すでにそのアイデアを示していた。

▷4　清水幾太郎責任編集，霧生和夫訳『コント　スペンサー　世界の名著46』中央公論社，1980年

A. コントによれば人間の集団構成は〈軍事的〉，〈法律的〉，〈産業的〉という3段階を経て発展してきた。人間の集団は量的に発展してきただけではなく，その構成原理の質も変化してきた。最初期の〈軍事的段階〉における人間は，少数の指導者の命令に大多数の人々を服従させることで集団を構成していた。〈法律的段階〉に進むと，人々は指導者の命令ではなく，書かれた法律を行動指針として重視するようになる。さらに〈産業的段階〉に進むと，人々は商品生産の分業とその効率的な交換により相互利益を増大させてゆく。

コントいわく，このような集団構成原理の変化に連動して，人間の抱く知識も〈神学的〉，〈形而上学的〉，〈実証的〉という3段階を経て発展してきた。この過程は，単に知識の量が増えてゆくだけでなく，それぞれの時代に存在した知識の断片を統合する枠組みあるいは原理が質的に変化してきた。〈軍事的段階〉の社会における知識は，神のような超自然的存在の仮定にもとづき統合されていた（〈神学的段階〉）。〈法律的段階〉になると，知識は観念を矛盾なく関係づける論理形式により統合される（〈形而上学的段階〉）。社会が〈産業的段階〉に至ると，人々の抱く知識は，単に矛盾しないだけでなく，現実とよく適合し，実用的になってゆく（〈実証的段階〉）。

2 コントの影響

こんにちコントに関心を寄せる社会学者は決して多くない。しかし社会のあり方と，その社会において生産され流通する知識のあり方とのあいだに相関と

連動を見る基本的な着想の起源，控えめに言ってもその主要部分はコントにある。このことは忘れないでおこう。

マルクスとエンゲルスは自らの史的唯物論とイデオロギー論を練り上げる過程で，間違いなくコントを参照していた。20世紀後半には一連の新しい知識史が一気に開花した──トマス・クーン『科学革命の構造』(1962)，ミシェル・フーコー『言葉と物』(1966)，ニクラス・ルーマン『社会構造とゼマンティク』(1980-95) など──。これらは必ずしもコントを直接参照しているわけではないし，コントに言及する場合でも多くは批判的な立場からだろうが，それでも彼ら自身の研究がコントの着想なしにあり得ないのは明らかだ。

３ ダニエル・ベルのイデオロギー終焉論

知識社会学が展開してゆくなか，特定の階級を利する知識体系としてのイデオロギーの概念は，20世紀半ばにはすでに社会学的関心の中心ではなくなっていた。D. ベル（Daniel Bell）の『イデオロギーの終焉』(1960) はそれを刻印した記念碑的著作である。

1950年代，第二次世界大戦の戦勝国のなかで突出した存在となったのはアメリカ合衆国とソヴィエト連邦だった。世界はアメリカを盟主とする自由主義陣営（西側）と，ソヴィエトを盟主とする社会主義陣営（東側）に分断され，両者は政治，軍事，経済，文化，あらゆる側面で厳しく対峙することとなった。

しかしそんな緊張の下で暮らすふつうの人々の意識には，体制の相違を超えて共通した特徴が現れていた。両陣営で堅調な経済成長と物質的な豊かさが実現し，総じて下層階級の中流化が進み，国民皆教育が実現し，社会保障制度が拡充された結果，政治参加の階級格差が縮小し，階級対立が以前ほどの関心事でなくなったのだ。かつてブルジョワ階級とプロレタリア階級の対立と直結していた自由主義と社会主義のイデオロギー対立も，その意味の大部分を失った。

そうなると今後の支配をめぐる最重要の課題は，国家体制のあり方をめぐる根本的な選択，イデオロギー選択ではあり得ない。今後重要なのは，産業が産み出すリソースを誰に，どのような按分で分配するかを，なるべく不満が少なくなるよう決定する社会工学である。大衆的消費の段階を迎えた産業社会の支配の主役は，イデオロギーで武装した政治的アジテーターと彼らに寄生するビューロクラートではなく，科学で武装したテクノクラートなのである。

このようなベルの主張には，大別して二つの批判があった。ひとつは〈ベルの主張は体制の根本的な変革を嫌う保守主義のイデオロギーだ〉という批判である。これはベルから見れば的外れだったろう。ベルは〈自由主義と社会主義のイデオロギー対立は従来の意味を失った〉と言ったのだから。もし批判者が〈ベルの主張は20世紀半ばの新興エリート層を利するイデオロギーだ〉と言ったなら，ベルは〈それこそ言いたかったことだ〉と膝を打ったかもしれない。

▷5 T. クーン，中山茂訳『科学革命の構造』みすず書房，1971年。ミシェル・フーコー，渡辺一民・佐々木明訳『言葉と物』新潮社，1974年。Niklas Luhman, *Gesellschaftsstruktur und Semantik*, Suhrkamp, 1980-95.

▷6 D. ベル，岡田直之訳『イデオロギーの終焉』東京創元新社，1969年。

▲ D. ベル

VI イデオロギー

3 科学社会学

1 R. K. マートンによる科学社会学の創始

イデオロギーの終焉と並行して，知識にかんする社会学的探究はコントの遺産とマンハイムの知識社会学を総合するようにして，科学社会学という新たな学問領域を創出した。

R. K. マートン（Robert K. Merton）は博士論文『17世紀イングランドにおける科学，技術，社会』(1938)において，科学の社会学的探求に乗り出した。科学という知識の形式は，事実の観察とその集積から，限定された条件下で普遍的に妥当する法則を導出することを特徴とする。この知識の形式が確立されたのは，他のどの時代でもなく近世，他のどこでもなく西欧においてだった。これはなぜか。

▷ 7 Robert King Merton, *Science, Technology & Society in Seventeenth-century England,* Howard Fertig, 1970.

科学的探究が単に一握りの知的巨人の手によって散発的に行われることなら，歴史上いくらもあった。しかし近世西欧に見られたのは，科学の制度的で体系的な発達だった。科学に関心を抱くだけでなく，科学的探究を行う能力ある人材が間断なく供給され，知識が受け渡され，新しい知見がもたらされる。いわば社会制度としての科学が確立されたのだった。

科学的探究において，事実を丁寧に積み上げる作業は単調でつまらないものだし，新たな法則の発見などそう滅多にできるものではない。そのような作業を継続するには，並々ならぬ強い信念と規範が必要だ。マートンによれば，社会制度としての科学は，科学活動とその成果に対する(1)普遍主義，(2)共有主義，(3)没利害性，(4)懐疑主義などの規範で科学者コミュニティを規律している。

近世のイングランドにおいて科学者たちにこうした規範を提供したのは，マートンによれば，当時メインカルチャーとなったピューリタニズムだった。17世紀のピューリタン諸宗派のあいだには教義や儀礼にかんする大きな相違があったが，その一般的な情操と信念のあり方，気風は共通していた。職業への禁欲的な打ち込みによる神への賛美，伝統・慣例の軽視と人間理性への信頼といった価値意識である。この当時のピューリタンにとって，脇目もふらず実験に勤しむことは単に科学的知見をもたらすから重要なのではなく，それが旧弊・因習を打破し，人間理性の優秀性を証し，神の栄光を増すからこそ重要だった。

２ トマス・クーンのパラダイム論

　科学社会学は，その後クーンの『科学革命の構造』（1962）によって，さらに多くの人の耳目を引きつけた。マートンは科学という営為が制度的，体系的に確立されるための前提条件，言わば外枠としての社会的要因を考察したのだった。それに対して，クーンは科学者コミュニティが形成するパラダイム——標準的な思考範型——と，新しい情報や考え方とのあいだの関係に対して，社会的な諸要因が果たす役割に注目した。

　ニコラス・コペルニクスの提唱した地動説（16世紀前半）は，現代から見るとガリレオ・ガリレイやヨハネス・ケプラー（17世紀前半）の先駆と見えるため，その事績は〈コペルニクス革命〉として称賛されている。ふつう，コペルニクスの地動説はあまりに先駆的すぎたがゆえに，当時の，不合理で権威主義的な学者たちに却下されたのだと理解されているだろう。

　しかしクーンによれば事実は逆であった。当時コペルニクス説は，科学者コミュニティに支持されていた精緻なプトレマイオス的パラダイム以上に観測事実に適合していたわけではなかった。コペルニクス説は観測事実によく適合してはいなかったからこそ，支持されなかったのだ。これに加え，科学者コミュニティとしてはコペルニクスの動機も容認できなかった。コペルニクスは「観測事実に適合する理論体系を探究したい」という合理的な動機ではなく，「天体の運行に完璧な円運動を見いだしたい」という時代錯誤的な衝動にもとづいて地動説を主張したのだった。

　けっきょく科学者たちが大挙して地動説パラダイムに乗り換えるのは，ケプラーの楕円軌道説が，天動説パラダイムよりコペルニクス説よりもシンプルで，かつ観測事実によく適合することが確認できたためだった。

　クーンによればこれはコペルニクス革命にだけ見られる特異な事実ではない。一般に科学の発展にはしばしば同様のことが認められる。科学の発展は，より多くの，より精確な観測事実が，より妥当性の高い理論のなかに統合されてゆくという直線的な過程ではない。あるパラダイムが生まれ，科学者コミュニティに共有されると，そのパラダイムに依拠して事実が収集されてゆく。新パラダイムの提唱は必ずしも既存パラダイムと観測事実との乖離にもとづくものではなく，それ以外の様々な動機や意図にもとづいてなされる。それが標準となるかどうかは，科学者コミュニティという社会集団のコンセンサスに依存する。

VI　イデオロギー

4　日常知の社会学

1　バーガーとルックマンの日常知の社会学

　さて，ここまで概観してきた，知識にかんする社会学的探究は，社会の上層で一握りのエリートたちが作り出す高度知識をもっぱら対象にしてきた。しかし，こうした高度知識と並んで，ふつうの人々が日々の営みのなかで編み出し，参照し，修整し，統合し，廃棄している常識的知識もまた，同じくらい社会のあり方と深く関わっているはずだ。これも社会学的考察の対象になる。

　もっと踏み込んで次のように言ってもよい。人が社会のなかで生きているということは，社会において何が現実・真実なのかを知っており，その知識を踏まえて行動しているということだ。要するに，社会と知識があるのではなく，社会とはそれ自体が知識なのである。ここから P. バーガー（Peter L. Berger）と T. ルックマン（Thomas Luckman）の『現実の社会的構成』（1966）[48]は社会学理論に新局面を開いた。

▷8　P. バーガー・T. ルックマン，山口節郎訳『現実の社会的構成──知識社会学論考』新曜社，2003年

　私たちは他者と関わるとき，それが初対面であっても，しばしばその人を完全に未知の人としては扱わない。たとえば大学のキャンパス内で行き会ったある人を「男性」として，「日本人」として，「老人」として，「教授」として瞬時に理解することがあるだろう。その人はもしかすると本当は「女性」かもしれない。じつは「外国人」，「白髪の若者」，「散歩中の近隣住民」かもしれない。にもかかわらず対面した瞬間，私たちはその人を，一定の既知の類型に押し込めて理解するのである。もちろんこうした類型的理解は相互的なものであって，あなたによって「日本人の爺ちゃん教授」とされた人は，あなたのことを「留学中の女子大学院生」として見ているかもしれない。

　人は生身の他者との関わりを積み重ねてゆく過程で，こうした知識を少しずつ形成してゆく。まずは母親をはじめ身近な生身の他者，次に近隣の大人や同年輩の他者，そしてもっと広い社会的世界のなかで様々な地位や役割を担う人々。かくして関わりの範囲を少しずつ拡大し，試行錯誤を積み重ねてゆく果てに，やがて人は，「総じて人はこういうもの」という一般的知識を獲得してゆく。人がふつう社会と呼んでいるのはこのような一般的知識のことである。

　しかしこうして私たちが獲得する社会の〈第1次的知識〉は常に揺らぎのなかにある。なぜなら社会の知識は，じっさいには広大な可能性に開かれているはずの現実をあたかも一握りの選択肢しか存在しないかのように要約している

のだからだ。そこで、この揺らぎを抑制するのに、社会の知識は自らを規範として正当化（justify）する。この知識を〈第2次的知識〉と呼ぶ。

社会の知識は、他者との関わりにおいて単に便利だというだけではなく、従わないと制裁を受ける、つまり規範的な力をもつ場合がある。たとえば「知人と会ったらあいさつするものだ」という知識は「知人と会ったらあいさつすべきだ」という規範へと容易に転化するだろう。「男性はスカートをはかない」は「男性はスカートをはくべきでない」へ、「成熟した女性は子を産む」は「成熟した女性は子を産むべきだ」へと転化するかもしれない。

そうした強制を可能にするのが伝統や科学、広告、イデオロギーなどの〈第2次的知識〉による正当化である。正当化とは、規範に根拠を与えることである。伝統は「昔から長らくそうしてきた」として規範を根拠づける。科学は「それが普遍妥当的な真理だ」として、広告は「それがあなたの利益になる」として規範を根拠づける。ここでイデオロギーとは、ある社会集団が、別の社会集団との闘争において、互いの相違を際立たせながら自らを優位に置こうと明確化してゆく規範である。

バーガーとルックマンらが開拓した日常知の社会学は、エスノメソドロジーや会話分析、それらにもとづく各種の生活誌・生活史などに継承され、こんにちの社会学研究のひとつのフロンティアをかたちづくっている。

② ガーフィンケルのエスノメソドロジー

エスノメソドロジーは、〈人々（ethno）のやり方（method）の研究（logy）〉であり、まさしく日常知の社会学を標榜している。その創始者 H. ガーフィンケル（Harold Garfinkel）は『エスノメソドロジー――社会学的思考の解体』（1967）などにおいて、自らの企図をあらまし次のように説明している。

これまでの社会学は研究対象とする集団の単位を、当事者たちの思いを必ずしも反映せずに、家族や組織、職場や国籍などの所与の指標に頼って決めてきた。しかし社会が知識にほかならないとすれば、研究対象とすべき集団の単位は、当事者たちが、そこでの正しい振る舞い方を知っている範囲における人間関係である、ということになるだろう。人は同時に多様な集団、組織に属したり、あるいは属さないまでも関わったりしており、各々の場面に応じてかなり固有の〈人々のやり方〉を知り、それを参照しながら行動している。たとえば私は家では「夫」や「父」、「猫の飼い主」として、路上では「歩行者」、病院では「患者」、大学では「教員」、選挙になると「選挙民」として、その都度その場の正しい行動、事物の理解や配列の仕方を、試行錯誤しつつ探り当て、何らかの程度で成功し失敗している。それら知識の総体が社会だ。エスノメソドロジーはこれを捉えようとする。

▷9　H. ガーフィンケルほか、山田富秋・好井裕明・山崎敬一編訳『エスノメソドロジー――社会学的思考の解体』せりか書房、2004年

▲ H. ガーフィンケル

VI イデオロギー

5 近代の終焉と，それ以降

▷10 J.-F. リオタール，小林康夫訳『ポスト・モダンの条件——知・社会・言語ゲーム』書肆風の薔薇，1986年。

1 リオタールの大きな物語の終焉論

　J.-F. リオタール（Jean-François Lyotard）の『ポスト・モダンの条件』(1979)◁10 はベルのイデオロギー終焉論の延長線上で，より深刻な問題提起を行った。リオタールによれば，20世紀の半ば以降，大衆的消費の進展と高度知識の商品化に連動して終焉したのは，自由主義と社会主義のイデオロギー対立だけではなかった。両イデオロギーがともに正当性の根拠としていた自由，解放，人間性の完成といった，近代市民社会の究極理念が根こそぎ失効したのである。リオタールはこの事態を〈大きな物語の終焉〉と呼び，それ以降の時代を近代から区別して〈ポスト・モダン〉と呼ぶよう提案した。

　近代市民社会の究極理念が失効した，とは，自由，解放，人間性の価値が否定されたというのではない。自由よりも拘束が，解放よりも抑圧が，人間性よりも非人間性が顕揚されるようになったというのではない。そうではなくて，究極理念はある意味において実現されてしまった結果，理念が人々を現状の変革へと駆り立てるエネルギーとして働かなくなってしまったのである。しかも理念を実現するための現実的な手段であったはずの資本の自己増殖も共産党一党独裁も，理念の実現によって作動を停止しなかった。言わば，17世紀以来の近代の究極理念が，20世紀後半の政治経済的な現実によって追い越された格好になったのだった。

2 21世紀初頭の生存状況

　これ以降こんにちまで，近代市民社会の究極理念に匹敵するような〈大きな物語〉は出現していないように思われる。その代わりに私たちが確かに持ち得ていると言えそうなのは，生じたと思えばたちまち消えゆく〈小さな物語〉の群れだけである。

　ある意味，〈大きな物語〉の終焉は近代社会それ自身が最初から内蔵していた一要素である。近代社会の最大の特徴は，唯一客観的に正しく，安心して準拠できる価値観や社会規範といったものが幻想であって，それらがじつは成員たち自身の社会的諸関係そのものにほかならないことを暴露してしまう点にあるのだから。言わば，信頼できる行動基準を与えてくれる超越者を探し求めて，毎度毎度，自分自身を見いだしてしまうのが近代人の悲喜劇である。

▲ J.-F. リオタール

かつて近代人にとって，幻想の暴露を推し進める作業は積極的な意義のある，一種快い経験だったはずだ。暴露をとおして一気呵成に確かな行動基準を獲得できないまでも，間違いを少しずつ確実に解消できるのだから。しかしあらゆる幻想が一通り暴露され尽くし，近代が本当に終焉してしまったこんにちでは様相は異なる。人びとは行動基準を得るために，容易に暴露されることがわかっている弱々しい幻想であっても，とにかく参照しないことには，行動の根拠が得られなくなってしまっているのである。

だから人は遠大な目標を立てて突き進むより，その場限りで雲散霧消することがわかっている「空気を読む」ことを大事にする。自分の直観を信じて本屋で衝動買いするより，オンライン書店が知らせてくれる「あなたへのお勧め」——これは目下もっとも洗練された自己準拠的行動様式である——を参照する。

３ フクヤマとハンティントン：近代の終焉以降

リオタール以降も，近代の終焉という主題は，少しずつ焦点を変えて繰り返し論じられてきた。なかでも注目を浴び，賛否両論を巻き起こしたのはフランシス・フクヤマの『歴史の終焉』(1992) である。[11]

フクヤマはヘーゲルの弁証法的歴史観を踏まえて東西冷戦の終結を考察した。ヘーゲルによれば歴史とは，定立（テーゼ）に対して反定立（アンチテーゼ）がなされ，総合定立（ジンテーゼ）が両者の矛盾を克服してゆくプロセスであり，それをとおして，理性が自己を完成させてゆくプロセスである。

この歴史観にもとづいて冷戦の終結，それによる東側・社会主義陣営の解体を見ると，リベラルデモクラシーの政治イデオロギーと諸制度が，最も人間性に適った，究極的で最終的な統治形態であると見えてくる。20世紀，ソヴィエトやナチスドイツに典型的に見られたような少数者による絶対的な指導は，結局のところ外部環境の変化や内部対立をうまく処理できずに自滅せざるを得なかった。これに対してリベラルデモクラシーは，対立を排除するのではなく，むしろ問題解決制度のなかに内蔵させる——議会主義，責任内閣制——ことによって，外部環境の変化に対しても迅速かつ柔軟に対処できる。総合定立としてのリベラルデモクラシーの勝利によって，イデオロギーの歴史は終焉する。それ以降はこの統治形態が漸次的に普及し，地表を覆い尽くしてゆくだろう。

なお，サミュエル・ハンティントンは『文明の衝突』(1996) において，冷戦後の世界が，フクヤマが言うほど安定したものにはなり得ないことを主張した。往年の自由主義＝対＝社会主義のイデオロギー対立は確かに終焉した。しかし知識体系の相違に起因するコンフリクトは収まる気配がない。東西対立の下で半世紀にわたり抑制されていた民族対立や宗教対立が再燃し，リベラルデモクラシーにとって大きな脅威となっている，と。[12]

▷11 F. フクヤマ，渡部昇一訳『歴史の終わり』（上・下），三笠書房，2005年

▷12 S. ハンチントン，鈴木主税訳『文明の衝突』集英社，1998年

VI イデオロギー

6 知識と社会と社会学

1 コントのポジティヴィズム

　18世紀後半に始まった産業化は、こんにちから振り返れば、人びとの生活を総じて物質的に豊かにしたと評価できるかもしれない。しかしそれは後知恵というものである。産業化の最初期を生きた当時の人々にとって、産業化は旧来の安定状態の喪失であり、伝統的日常知の無効化であり、方向感を欠いたカオスそのものだった。もともと都市に生きてきたブルジョワジーは、自分たちの古き良き秩序がよそ者たちに蹂躙されていると感じ、焦燥を募らせていた。そのような都市に職を求めて流れ込み、プロレタリアートとなった人びとは、故郷から離れたことで確かな行動基準を失い、孤独と不安に苛まれていた。

　19世紀前半、コントの社会学（ソシオロジ）、組織と知識の3段階発展説は、産業化がもたらした寄る辺なさを何とかして理解可能なものに置き換えたいという人びとの切実な願いへの応答の試みだった。「たしかに以前の安定状態は失われ、今現在は混迷している。しかしこの混乱は永続するものではなく、次の、より高次の安定状態に向かうための、産みの苦しみなのである。だからそう不安がってばかりいないで、前向き（ポジティブ）に生きようではないか」、コントはそう呼びかけた。

2 バウマンのカンパニー

　社会学だけではない。Z. バウマン（Zygmunt Bauman）の『包囲される社会』(2002) [13]によれば、19世紀、社会（ソサイエティ）という言葉そのものが、産業化の渦中を生きる不安な人々を慰撫し鼓舞する役割をもっていた。

　社会という言葉はそれまでさほど重要な言葉ではなかったのに、18世紀末以降に突如、時代を読み解くキーワードとして浮上した。それから社会は大躍進を遂げ、19世紀に入ると、社会学や社会主義、社会政策や社会福祉といった、こんにちおなじみの重要な語彙を生み出していった。これはバウマンによれば、社会という言葉が16世紀にもっていた意味の核心としてのカンパニーが再発見され、人々の心を捉えた結果だった。

　カンパニーとは「共に（com）パン（pany）を食う」、つまり食事を分かち合うほど親密で気心の知れた、親子・兄弟や仲間の人間関係のことである。19世紀の人々は、この、カンパニーとしての社会のイメージをよりどころにして、自ら置かれた寄る辺ない状況を理解しようとしたのだった。こんにちでは想像

▷13　Z. Bauman, *Society under Siege*, Polity, 2002.

しにくいかもしれないが，この時，「見知らぬ他人であっても，カンパニーにおける仲間たちのように，共感できる，同情に値する側面があるに違いない」というふうに互いのあいだの絆を想像することは，人びとにとって大変重要な意味をもっていたのである。

③ 今後，社会学は何をなすべきか

もちろん人びとが置かれていた状況は，じっさいにはカンパニーとしての社会そのものではありようはずもなかった。コントが言ったように〈法律的段階〉から〈産業的段階〉への移行期だったのかどうかも，その時その瞬間には誰にも確かめようがなかった。しかし，だからと言って，カンパニーとしての社会を語ったり，社会学を論じたりした当時の知識人の努力を，単なる「虚偽」として断罪したり，「幼稚」として嘲笑したりするのは失当だろう。私たちは，彼らが提出した答案はもちろんのこと，そのような答案を要求した「問い」にこそ，耳を澄ませるべきなのであり，「問い」に立ち戻って考えなおすことにこそ，全力を注ぐべきなのである。

バーガーやガーフィンケルをはじめ，20世紀後半の日常知の社会学が明らかにしたように，社会とは知識にほかならない。しかし私たちはそれに加え，上の考察を踏まえて，次のように言うべきだ。社会学とは，知識としての社会にほかならないのだ，と。

社会学は社会についての知識である，と言うのは，間違いではないが十分に正確でない。社会なるものがあらかじめ存在し，それを観察するのが社会学なのではない。コントや，その同時代にカンパニーとしての社会を唱道した人びとがそうだったように，社会学が，社会を産み出したのである。それが人びとの支持を得，人びとに守られ育まれたからこそ，その後，社会学は社会についての知識である，と言えるまでになったのだ。

だとすれば，近代の終焉以降のこんにちにおいて，私たち社会学徒が何をなすべきかは明らかだろう。目下の混迷を生きる人びとを慰撫し，鼓舞する知識を提案すること，これに尽きる。コントをはじめ過去の社会学者たちが懸命に格闘してきたこの問いは，いまもまったく変わることなく，あらゆる社会学徒の前に平等に開かれているのである。

（左古輝人）

▲ P. バーガー

第3部

人間の成長につれて

　日本社会において一般的な人間の一生について語ろう。
　彼／彼女は，家族のなかに産み落とされた。赤ん坊にとってベビーベットが自分の世界であり，自分の顔をのぞいたり，乳をくれたり，尻をふいたり，男や女が入れ替わり立ち替わり現れる。寝てればよいのは楽だが退屈だ。
　赤ん坊は，子どもと呼ばれる段階に成長する。子どもの何よりの楽しみは外遊びである。自転車に乗れるようになって，直接感じ取れる自然環境の範囲は格段に広がる。しかし，子どもの楽しみはそればかりではない。家に帰ってからのテレビと漫画も，ぜったい，欠かせない。
　やがて子どもは若者と呼ばれるようになる。そろそろ自分の将来を考えねばならない。耳にするのは，「今の若いやつは」という大人からの悪口ばかり。あーやだやだ。しかし，異性はとても気になる存在だ。何といっても，どういう職業につくかということと，どういう人と結婚するかは，人生の重大事だと思う。
　少し身体を酷使して心配された。「もう若くないんだから」。そうか。自分では，まだまだ若いと思っていたが，もはや世間で言う「いい歳」＝大人であることに気づく。たしかに，日常の仕事に追われる日々を送っているのは事実だ。こういう日常から抜け出したいと，ふと思う時がある。とはいえ，家族のためにそれはできない。
　最近は，子育ての付き合いのなかで，地域社会のことに詳しくなった。それにしても，子どもの頃に遊んだ野山が荒れたり減ったりしているのはさびしい限りだ。今度，市議会議員の選挙があるそうだ。ごみ袋の有料化に賛成したやつには絶対入れてやるものか，と思っている。
　私の仕事もあと少しで一段落。子どもの世話も卒業だな。自由時間が増えたら，自分ができるボランティアをして社会に恩返ししたいと，最近考え始めた。
　さて，こういう日本人の一生について社会学的に考えてみることにしよう。

Ⅶ　家　族

1　家族研究をめぐって

❶　常識と学問の狭間で

　家族生活を体験しない人はほとんどいないであろう。家族についてまったく何も知らない，言えないという人もほとんどいないと思われる。だから，評論家やテレビ番組のコメンテーターなどでも，家族について「自由に」発言している。そのような発言には，家族についてのトータルな見方・考え方がほとんどなく，家族についての歴史や研究史の展開なども念頭に置かれてはいない。そのような「常識的」家族意識はそれぞれの体験や見聞によるものだが，まったく間違っているわけではないので，「自由に」発言することができるのである。しかし，大学やその他の学習・研究機関ではそれでは済まされないはずである。以前（1970年代頃まで）は家族社会学が専門でない社会学者でも家族の歴史や研究史への目配りがあったことが社会学者の単著には認められたが，最近ではこの当然のことが甚だ疑わしくなっているようにも思われる。そこで，本章では，単に学生だけではなく，家族に関心があるあるいは家族研究に取り組んでいる人をも射程に入れて，必要最小限のことを展開しようと思う。

　必要最小限について若干付け加えると，日本の家族の全体としての把握，家族の社会的位置づけ，直面している家族問題への有効な対応，そして好ましい家族の未来が見えてくるかどうかといったことを挙げることができる。これまた最小限の視点として，歴史的視点，全体的視点，ジェンダー視点などがある。本書の狙いからして，歴史的視点を重視して展開するが，紙数の制約上，かなり絞り込むことしかも簡略に述べること，をあらかじめことわっておこう。

❷　なぜエンゲルスから始めるか

　何事を学ぶにしてもその発端が大事である。家族の「科学的な」研究の発端をどこに求めるかについてはいろいろな見解があるが，ここでは F. エンゲルス（Friedrich Engels: 1820-1895）に求めることにする。彼の基本的な見解は『家族・私有財産および国家の起源』（1884）に示されている。「家族論」全体のなかでは，全面的に依拠する立場，進化論的位置づけ，過去の遺物としての否定あるいは無視する立場など多様な見解があるが，なぜエンゲルスから始めるか。まずは彼の基本的な見解を確認し，そこからいくつかの論点と継承に値するものについて示すことにする。彼によれば，歴史における究極の規定要因

が「直接的生命の生産と再生産であり」この生産自体が生活資料の生産と人間そのものの生産という二通りに分かれるというのが彼の考え方である。そのような考えにもとづいて，「家族の秩序」が社会を制約するという視角と「所有の秩序」が家族を条件づけるという視角が示される。家族の具体的な歴史的推移としては，原始集団婚から始まって，血縁家族，プナルア（交叉婚）家族，対偶婚関係から単婚家族への移行について叙述されている。この移行過程は性交関係から血縁者を次第に排除していることを意味する。たとえば，プナルアとは性交関係から血縁者を兄弟姉妹を排除した後の兄弟姉妹の呼び方を意味する。そのような推移に結び付く両性関係については原始の母系制から私有財産制による（家父長的な）父系制への転化，そして「女性の世界史的敗北」などについて述べられている。

　当時の資料的制約による不十分性もあって，彼の進化論的思惟も含めていろいろな批判があり，現在ではそのままでは受け継ぐことができないが，ここではエンゲルスの見解の二つ特質に注目しておこう。一つは歴史的視点を挙げることができる。具体的な推移はともかくとして，原始集団婚から始まって単婚家族へと変化すること，しかも私有財産制のもとでは女性にとってのみの単婚であるというかたちで家族の歴史的変化について述べたことは，大事な見方として押さえておく必要がある。もう一つは，家族だけではなく「全体的視点」を提示した点に着目して取り上げていることである。換言すれば，社会の歴史との関連で家族を捉える視点あるいは家族の社会的位置づけを示していることである。[1]

　すでに触れたように，エンゲルス見解についてはいろいろな批判があり，過去の遺物として葬り去ってもよいという評価もある。原理的にはともかくとして，そのままでは現在にはあまり意味がないかもしれない。しかし，家族について（神話にもとづかないで）科学的にメスを入れようとしたという意味で，論点あるいは継承点を確認しておきたい。一つには，家族の起源問題である。この問題は資料的制約もあってかならずしも決着しているとは言えない。二つには，家族の史的推移問題である。家族が歴史的にどのように推移して現在に至ったかを明確にすることは，起源問題を含めて家族の未来への展望につながる論点である。三つには，両性関係問題を挙げることができる。「女性の世界史的敗北」は根本においては未だに存続しており，エンゲルスは私有財産制という表現で基本的な見方を示している。現在的にどのように具体化するかが問われるであろう。四つには，これらは「家族と社会」問題に結びつく問題であり，両者の関係について家族の社会にたいする受動性・能動性・相対的独自性を具体的に究明することが求められている。

▷ 1　F. エンゲルス，村井康男・村田陽一訳『家族，私有財産および国家の起源』国民文庫，1954年

Ⅶ 家　　族

2 現代家族研究の源泉

1 マードック，パーソンズなど

　ここでは外国の諸見解で日本に影響を与えたものに絞って示し，それとの関連で，日本の諸見解にも言及する。現代的な家族を捉えるにあたって避けて通ることができない見解としてマードックとパーソンズを挙げることができる。夫婦と子どもから成る家族が現在の日本ではまだ相対的に多いことを考えると，核家族論の代表的見解としてきちんと知る必要がある。

　G. P. マードック（George P. Murdock: 1872-1985）は，現存の250の社会の通文化的サーヴェイによって，核家族の普遍性という見解を示し家族研究に多大な影響を及ぼした。彼の著書の題名が示しているように，彼の分析は家族集団・親族集団・地域集団，そして性関係など多岐な生活分野に及んでいるが，ここでは〈核家族の普遍性の主張〉に限定して述べる。実際の家族集団は１組の夫婦と子どもからなる家族だけでなく集団婚・一夫多妻婚・一妻多夫婚などによる家族があるが，いかなる家族であろうとも核としての１組の夫婦が存在するというのが彼の核家族論の主張である。もう一つは，核家族が性的・経済的・生殖的・教育的という活性度の高い機能を有するという主張である。[42]

　T. パーソンズ（Tarcott Parsons: 1902-1985）の核家族論については，アメリカの「中産階級」の家族の認識によって主張されたものであるとともに，理論的基礎には彼のいわゆる「構造―機能分析」がある。彼の核家族論としては，家族の機能，家族の構造，そして家族内の役割の三つを確認しておく必要がある。家族の機能については，歴史的にはいろいろな機能をそなえていたが，商業化などによって家族機能の外部化が進み，子どもの社会化と成人のパーソナリティの安定化に縮減されたとされる。ここで子どもの「社会化」とは，子どもが生まれついた社会の文化を内面化することを意味する。家族の構造については彼の「社会システム」の下位システムとして位置づく構造（いわゆるAGIL図式）の家族への適用として性格づけられることは言うまでもない。家族内の役割はそのような構造に照応して，男性（＝父親）と女性（＝母親）の役割分担が措定されている。男性は家族の物質的財貨を獲得するという道具的役割が付与されており，女性は家事・子育てに従事する表出的役割が付与されるというかたちで，両者の専門分化の傾向があるというのが基本的な見方である。[43]

　両者の違いについて述べれば，マードックの場合は核家族の普遍性を主張し

▷2　G. P・マードック，内藤完爾監訳『社会構造　核家族の社会人類学』新泉社，1978年

▷3　T. パーソンズ・R. F. ベールズ，橋爪貞雄ほか訳『家族』黎明書房，1981年

たのにたいして，パーソンズの場合は産業社会に適合的な核家族への趨勢を主張した，ということになるであろう。上の二つの見解は日本では比較的知られているが，両者がいわゆる核家族論の代表的見解であるにしても，それぞれが導き出した理論的・現実的根拠が違っていることに留意する必要がある。なお，その他の諸見解としてアメリカの構造—機能分析の立場にある2人を指摘しておく。R. L. ヒルは家族研究の全般的枠組みを追求したが，とりわけライフコースの提唱者として日本に影響を与えている。J. W. グードはアメリカの家族社会学におけるオーソドックスな見解として，家族研究についての一定の理論モデルを提供していることを付言しておきたい。

2 日本における諸見解

　社会学史と言えばおおむね欧米の諸見解が取り上げられることが圧倒的に多いが，家族がそれぞれの国民性の特質と密接に関わっていることを考えるならば，日本における家族社会学の展開を重視した方がよいと思われる。ここでは日本の家族社会学の草分け的な二つの見解を取り上げる

　戸田貞三（1887-1955）は『家族の研究』（1926）においてすでに基本的な見解を述べているが，『家族構成』（1937）において，国勢調査なども含めた実証研究を加えて彼の家族論が展開されている。戸田によれば，家族とは親族関係のうちでも近親者から構成される小集団である。彼の家族論はそのような家族の内部的諸側面が重視されているのが特徴である。具体的には血縁連鎖としての結合，感情融合という構成員関係の心理的側面，機能面としての生活要求の安定，そして日常生活における共産的関係という特質が挙げられる。家族の内部的諸側面についてはほぼ全面的に考えられているが，他方では「家族構成」が歴史的・社会的な諸条件によって規定されている面をも考慮していることに留意する必要がある。戸田の見解は，喜多野清一，小山隆に継承されるが，これについては後の項で触れることにする。

▷4　戸田貞三『家族構成』（「名著の復刻」）新泉社，1970年

　有賀喜左衛門（1897-1979）の立場は上記の諸見解とはある意味では対置される位置にあると言えよう。有賀は，いわゆる「イエ・ムラ」論との関連で日本の家族の捉え方を展開している。有賀においては日本の家族は家であり，夫婦関係にもとづく生活共同体であるとしていることは戸田と同じであるが，戸田やその他類似の見解と大きく違うのは，生活協同体であると捉えることによって，家族構成の範囲を親族関係に限定しないことである。家族生活に参加している者は非血縁であっても家族の構成員とされるのである。この見解は主として農村家族の実態調査から導き出されたものであるが，ここで戸田も含めて確認しておく必要があることとして，社会的諸条件（主に農村）が考慮されていることである。日本の家族社会学の発端では，家族（の内部）だけを研究するスタンスではなかったのである。

▷5　『有賀喜左衛門著作集』全11冊，未來社，1966-71年，とりわけ Ⅸ，Ⅹ に注目。

Ⅶ 家族

3 関連科学への目配りが必要

1 社会（文化）人類学について

　ごく当たり前のことであるが，社会学はいろいろな人文・社会科学を活用しながら展開されている。とりわけ家族は学際的な研究領域なので，多くの人文・社会科学で取り上げられている。すでにエンゲルスについて述べたことによってもわかるように，家族と社会との関連，家族の歴史的変化などによって家族の性格を考えるにあたっては，社会人類学からの摂取が大事である。

　B. K. マリノフスキー（Bronislaw K. Malinowski: 1884-1942）は実態調査を重視し，とりわけメラネシアのトロブリアンド島の調査が有名であるが，調査を通してそれまでの（資料による）比較法を批判して機能主義理論を主張した。彼の機能主義は（未開人の）文化現象を生活全体において捉えることであり，社会・生活における広義の文化的諸要素の相互関係を有機的に組み立てることである。彼のそのような見解もむろん大事であり，さらには心理学的傾向も確認できる。そのような立場には賛否両論があり得るが，どのような立場であるにせよ，なんらかの立場からの詳細な現地調査の最重視は，継承に値するであろう。

　A. R. ラドクリフ＝ブラウン（Alfred R. Radcliffe-Brown: 1881-1955）もほぼ同じ時期に機能主義の立場を表明している。彼は，アンダマン諸島など南太平洋エリアの実態調査にもとづいて機能主義的見解を表明したと言ってよいであろう。彼は，欲求ではなく「存在の必要条件」という言葉を使っているように，言葉の曖昧さを排除することに努めた。「関係のセット」という表現にも示されているが，「機能」概念や「構造」概念をマリノフスキーよりも明確に示し，ある時期の一つの社会（文化）を認識するにあたっての比較法の大事さを強調した。そのような意味でも社会調査の方法に大きな示唆を具体的に与えている。

　そのほかについては指摘にとどめるが，進化論的見解と原始乱婚説に強力に反対したのが E. A. ウェスターマーク（Edward A. Wastermark: 1862-1939）である。C. レヴィ＝ストロース（Claude Lévi-Strauss: 1908-2010）には交叉イトコ婚，構造主義，交換理論などの見解があり，この分野では欠かすことができない存在であるが，それぞれの見解を簡単には説明できないので文献に直接当たることを勧めたい。日本では，マードックの影響を受けているとも思われる中根千枝が家族についての独自な見解を示しており，また東南アジアの研究にも取り組んでいる。次の民俗学と同様の実態調査と家族・家についての見解を示した

▲ B. マリノフスキー

▷6　R. K. マリノフスキー，泉靖一・蒲生正男・島澄訳『未開人の性生活』新泉社，1971年

▷7　ラドクリフ＝ブラウン，青柳まちこ訳『未開社会における構造と機能』新泉社，1975年

村武精一を挙げておこう。[48]

❷ 民俗学について

　社会人類学とともに関連科学としてぜひとも押さえる必要があると考えられるのが，とりわけ日本の家族に迫る場合には，民俗学である。日本の民俗学では家や親族組織と密接に結び付いている村の慣行などの実態研究が多い。以下で示すような慣行は21世紀の現在では，過去の遺物と思われるかもしれないが，家族における両性関係について考えるならば，過去の遺物とは決して言えないであろう。日本の民俗学では，家族・地域と生活が未分化という事情のもとでの実態研究であるが，次節で言及するいわゆる「イエ・ムラ」論とも密接に関連している。ここでは二つの研究を取り上げる。

　竹田旦『日本の家と村』（岩崎美術社，1968年）は，家族を取り上げた民俗学の代表的な研究と言ってよいであろう。民俗学の性格からして膨大な調査研究にもとづくものであり，若干例示するならば，大分県国東半島，愛媛県宇和地帯，島根県西岩見地方，岡山県美作地方，愛知県渥美半島，青森県下北半島，その他，ほぼ日本全国にわって調査されている。竹田によれば，家族が夫婦・親子関係を中心とする血縁的な最小の集団単位であるのにたいして，家は家族によって営まれる生活共同体にもとづく文化的・社会的な組織単位であるとして，両者が概念的に区別されている。この違いから，家族が短命であるのにたいして，家は永続を願望されている，と述べられている。なお，機能や外社会との関係についても述べられており，そこから何を継承するかが大事である。

　もう一つとして，大間知篤三『婚姻の民俗学』（岩崎美術社，1968年）を取り上げることにしよう。上の研究とほぼ同様に，伊豆大島，白河近郊，富山県，その他多数の地域が調査されている。いろいろな婚姻慣行が「家」に結び付く「嫁」・「婿」をめぐって豊富な習俗が述べられていて興味深い。たとえば正式の結婚前に同居するアシイレの習俗などは，最近では同棲→結婚届→披露宴という順序がかなり見られることを考えるならば，はたして過去の遺物であろうか。富山県のツケトドケという習俗もまた興味深い。婚礼以前からはじまっての「嫁側」からのかなり一方的な贈答がなされる風習が紹介されている。むろん若干の「お返し」がないわけではないが，そこから何をくみ取るかが問われるであろう。なお，簡単な「日本婚姻風俗史」についても具体的な跡づけがなされていることも，歴史的に考えるにあたっての参考になるであろう。

　家族に関わる民俗学の研究はこれにつきるものではないが，このような諸研究については，21世紀の現在と決して無縁ではないということに注意をうながしたいと思う。私の体験的事実であるが，富山県のツケトドケは単に婚姻習俗にとどまらず，家と家・家と地域・その他の人間関係（たとえば冠婚葬祭の習俗）にも大きく影響しており，現在も残存しているのである。

▷8　E. A. ウェスターマーク，江守五夫訳『人類婚姻史』社会思想社，1970年
C. レヴィ＝ストロース，馬淵東一・田島節夫監訳『親族の基本構造』（上・下）番町書房，1977，1978年，荒川幾男他訳『構造人類学』みすず書房，1972年
中根千枝『家族の構造――社会人類学的分析』東京大学出版会，1970年
中根千枝『社会人類学――アジアの諸社会の考察』東京大学出版，1987年
村武精一『家族の社会人類学』弘文堂，1973年

Ⅶ 家　族

4　日本における家族社会学の展開

1　日本の家族社会学の流れ

　家族社会学では外国の諸見解もさることながら，日本の家族社会学の展開に着目することがとりわけ大事である。すでに簡単に示唆したように，世界の諸国では国民性が違うと同じように，家族ほど異なる特質をもつ生活分野はないであろう。先に取り上げた日本の民俗学からもこのことが容易にうなずけるのではないかと思う。

　さて日本の家族研究については，個別的に語られてはいるが，学史的な展開はかならずしも十分にはなされてこなかった。最近，日本家族社会学会でようやく研究史の研究が緒につき始めたというのが現状である。そこで，具体的な展開に先立って，家族社会学のおおまかな流れに触れておこう。

　日本の家族研究は，1930年代における農村を対象とした「イエ・ムラ」論として始まったと言ってよいであろう。具体的には実態研究が主であったが，押さえておく必要があるのは，家と村（＝地域社会）を相互関連させて捉えようとしたことである。その後，戦後の「民主化」の風潮にともなって，農村に残存する「封建遺制」としての把握と農村の変化をいかに捉えるかが目指された。やがて高度経済成長にともなう家族の急激な変化のもとで，いわゆる制度論的把握から家族の内部分析へと研究が移行していくことになる。その場合に主役を演じたのは核家族論と構造—機能分析である。これは高度経済成長にともなう家族構成と家族関係の変化の進展に照応する研究動向と言ってもよいであろう。しかし他方では，家族問題・病理と思われる現象が多発し次第に深刻化していくという現実に照応して家族問題・病理への着目が現れるが，それまでの家族の内部分析ではなく，社会問題としての把握に示されているように，制度論とは異なるかたちでの家族と外社会との関連あるいは家族の社会的位置づけが問われることになる。と同時に実態としての「家」制度の衰退と残存とも関わって両性関係についても社会との関連で新たな視点が提示される。1980年代以降にはいわゆる「個人化」の進展とも関わっての家族の新たな変化とりわけ家族意識の多様化のもとで，しかも家族の行方が定かでない状況とあいまって，いくつかの独自理論が展開されることになる。家族研究の以上のような流れの簡単な確認の上で，代表的見解に絞って具体的に展開する。

2 戦前の諸見解

戸田貞三，有賀喜左衞門にはすでに触れたので，日本の家族研究史では押さえておく必要がある諸見解を加えておこう。喜多野清一（1900-1982）と小山隆（1900-1983）は戸田を継承しながら，それぞれ独自の研究に取り組んだ。喜多野は『家と同族の基礎理論』（未來社，1976年）という書名にも示されるように日本の家族の歴史的形態を家と同族を軸にして捉えている。とりわけ注目すべき特徴は同族結合についての見解である。同族はごく一般的には封建的な村落と結びつけて考えられているが，喜多野によれば，M. ウェーバーのピエテート関係を援用して，結合関係の原則が封建制よりも家産制に近いとされる。いわゆる家父長制が封建的性格に見えながらもそれにとどまらないという見解は，家や家族の現実を考えるにあたっての一つの課題を投げかけている。

▷9　ピエテート関係とはいわゆる強権的な上下関係ではない恭順関係を意味している。

小山は後述の『現代家族の研究』に示されるように，戦後の家族社会学の流れを形成するとともに，家族役割，家族意識，その他家族の内部についての調査研究を長きにわたって継続している。彼において大事なのは〈現実の家族〉であり，だからこそ実態調査を重視したと言えよう。たとえば期待される家族役割と実際の役割遂行とのずれに着目することにそのスタンスが典型的に示されている。「家」が次第に希薄化していく現実的趨勢のもとで，彼は「現代家族」の内部の把握を追求したのである。また，彼は家族問題にも強い関心があった。

▷10　1955年に家族問題研究会を設立したことにそのことが示されており，この研究会は現在も存続していて，多くの後継者を出している。

鈴木榮太郎（1894-1966）は，どちらかと言えばいわゆる「自然村論」に示されているように村落（あるいは地域）研究を主要な分野としていたが，たとえば有賀の家族研究にも示されているように，家族と村落と結びつけて捉えるいわゆる「イエ・ムラ」論として性格づけられる。彼には当時支配的であった直系家族が念頭にあったが，「家父長制」を家長の強権とはかならずしも結びつけていなかった。彼において特記する必要があるのは，家族律動という見方によって家族周期論が提唱されたことである。

▷11　『鈴木榮太郎著作集』全8冊，未來社，1968-75年，とりわけⅢに注目。

家族論の史的展開においてあまり触れられない貧困研究について追加してその重要性に注意をうながしたい。経済的貧困問題は理論的には経済学あるいは社会政策論に主に委ねられる問題ではあるが，家族社会学にとっても決して無縁ではなく，最近では取り上げる必要が出てきていると思われる。日本の貧困の実態はよく知られている横山源之助『日本之下層社会』をはじめ多数あるが，問題は貧困との関わりで（家族）生活研究の理論化である。原因論については日本資本主義分析と関わって主に経済学でなされたが，社会学的研究としては状態論の理論化ということになる。これについては永野順造に端を発して籠山京によって生活構造論として整備された。家族社会学にとって現在大事なのは，そのような知的遺産を活用して，家族生活とりわけ家族における人間形成と家族関係をどのように捉えるかが問われていることではないだろうか。

▷12　籠山京『国民生活の構造』長門屋書房，1943年

Ⅶ　家　族

5　日本の家族社会学理論

1　戦後家族社会学の出発

　1945年の敗戦後の課題は，言うまでもなく「民主化」課題であった。これにどのように迫るかということは，理論問題としての性格をもつものであり，ここでは2つの見解を取り上げてその理論的性格を確認したい。「民主化」をめぐって一つの立場を代表するのが川島武宜（1909-1992）である。川島は『日本社会の家族的構成』（日本評論社，1950年）および『イデオロギーとしての家族制度』（岩波書店，1957年）でこの課題について全面的に展開している。川島によれば，「家族制度」は権威主義的な家族生活だけでなく，日本社会の人間関係のあり方と結びつけて考える必要があり，「民主化」課題に迫るとは，実際の家族生活を民主化することによる民主的人間像・人間関係を求めることである。川島の立場が「家族制度」の廃止（＝社会的変化）と家族生活の現実を相互関連において捉えようとしたところに特徴がある。

　小山隆（1900-1983）は，日本の家族社会学においては戸田，有賀，喜多野などと並ぶ存在であるが，日本の家族社会学のその後を方向づけたという意味で編著『現代家族の研究——実態と調整』（弘文堂，1960年）に注目したい。この研究は，山村，都市近郊，都市の3標本地区を選んで家族の形態，家の意識，家族関係などについて比較する実証研究である。「家」制度の廃止を一つの与件として，意識を含めた家族集団の内部に注目するという性格である。

　戦前の「イエ・ムラ」論の延長線上に位置づきながらも，やや異なる見方を示した福武直について，簡単に追加しておく。この見方には二つの特徴がある。一つは，封建遺制という発想に示されているが，〈民主化＝近代化〉という見方である。現在も存続している「近代化」を考えるにあたっての論点の一つである。もう一つは階層・階級の違いに着目することによって家族を一様に捉えないことである。なお，この時期には三つの「講座」が出されているが，上のような諸見解も含めて，いくつかの研究課題や方向提示が認められるが，まとめて言えば「模索の家族社会学」という時期として位置づくであろう。

2　山根常男と森岡清美

　その後の家族社会学の展開では新たな視点や家族の新たな性格づけそして多様な実態研究が次々に出てくるが，理論と言えるものはかならずしも多くはな

い。課題と継承という点から絞り込んで言及する。

山根常男（1917-2007）の立場を核家族論と見なすか非核家族論の立場と見なすかは簡単には確定しがたい。このことは彼の家族の見方に示されている。彼の理論的特徴は二つある。親族に一定の境界を設けて家族とするとしつつも，関係，集団，過程，生活様式，制度，システム及び機関としてという6つの視点を提示して家族の定義をしないこと，これにはキブツ（イスラエルの農村共同体）研究が背後にあると推察される。もう一つの特徴は「家族力動論」にある。フロイトからの影響も若干あると思われるが，家族的要素の相互作用と変化を全体的に捉える視角として措定されている。なお，山根は家族病理について独自の見解を展開しているが，後の項で取り上げる。

森岡清美（1923-）は日本における核家族論の代表的存在といってよいが，外国の核家族論をそのまま取り入れたものではなく，〈森岡―山室〉論争に認められるように理念型という独自の核家族論を主張している。彼の家族社会学は家族研究のほぼ全域にわたっており，必要に応じて外国の諸見解も取り入れられている。とりわけ家族研究の理論面においてほぼ全面的な論及がなされており，そのすべてについて具体的に言及する余裕はないので，とりわけ注目するとともにどのように継承するかが問われるのものとして，家族周期論と家族変動論を挙げておこう。家族周期論は最近の家族の変化に対応してどのように発展させるかが問われている。家族変動論は社会・家族・人間のあり方の変化を考慮して総合的に展開されている。森岡は『発展する家族社会学』で彼の生きた学史としての展開を示すとともに，彼にたいする批判への反批判を丁寧に言及している。

3　エンゲルスからの継承

上では，日本の家族および家族理論を学習・研究するに当たって不可欠な見解として，代表的な理論的見解について述べた。ここではエンゲルスを継承している立場にも触れておこう。飯田哲也（1936-）は，エンゲルス以降の「マルクス主義」における諸論議と日本の家族社会学の検討の上で，起源問題についての新たな見解およびエンゲルスの2つの基本視角に〈集団分化〉という第三の視角を加えて，非核家族論としての独自の理論構成を試みている。次に布施晶子（1937-）は，エンゲルスの現代的適用という試みとして，実証的研究を積み上げている。独自の家族概念にもとづく彼女の研究の特徴として両性の平等を求めて共働き家族とその社会的保障の問題があり，まさに今日的課題と言えよう。

20世紀末から最近にかけては，家族の変化動向に照応して，新たな諸見解の多様化が進展している。それらの諸見解はいずれは「学史」に位置づけられるであろう。

▷13　山根常男『家族の論理』垣内出版，1972年
山根常男『家族と人格 家族の力働理論を目指して』家庭教育社，1986年
山根常男『家族と結婚 脱家父長制の理を目指して』家庭教育社，1990年
▷14　〈森岡―山室〉論争。山室周平が具体的な現実分析から核家族の自立性に疑問，核家族（＝近代家族）の永続性への疑問という趣旨で核家族論批判を展開したのにたいして，森岡清美は独自の核家族論の立場から，核家族を理念型として性格づけ，切れ味のある概念としていかに有効に駆使するかが大事だと論じている。
▷15　森岡清美『家族周期論』培風館，1973年
森岡清美『現代家族変動論』ミネルヴァ書房，1993年
森岡清美『発展する家族社会学』有斐閣，2005年
森岡清美・望月嵩共著『新しい家族社会学』培風館，1983年

▷16　飯田哲也『家族と家庭』学文社，1994年
布施晶子『新しい家族の創造』青木書店，1984年

Ⅶ　家族

6　日本の家族についての諸問題

1　「家」制度と家族の変化

「家」は日本型家父長制として家族という領域での重要テーマである。高度経済成長過程で日本の家族がいわゆる「近代家族」へと変化したと言われており，さらには「近代家族」の揺らぎまでが語られるようになっているが，はたして過去の遺物であろうか。近代日本の家族は家（イエ）であった。そこで日本型家父長制としての明治民法の規定について簡単に確認しておこう。

その特徴の一つは，戸主権・親権・夫権の規定によって両性の不平等がはっきりしていたことであり，もう一つは，〈本家—分家〉関係といったかなり広い親族にまで及んでいることである。その後，上で指摘した変化動向の下で，「家」はほぼ消滅したのであろうか。法律的に「近代家族」としての規定に変わったが，またそれを超える現実と家族意識も若干現れているとはいえ，家父長制が消滅したわけではない。

上野千鶴子は家父長制（の存続）には物質的基盤があることを指摘し，物質的生産（＝市場）と人間の「再生産」の二つの領域を統合する理論の必要性を提起している。他方では，「近代家族」の揺らぎとか終焉が語られることが多くなっているが，日本における家父長制の代名詞ともいえる「家」を過去の遺物として葬り去るのはまだ時期尚早ではないだろうか。したがって，「家」制度を考えるとは，日本の家族および家族研究の過去・現在・未来を考えることをも意味する。家族の未来について比較的早期に言及した青井和夫によれば，家族の未来論には核家族存続論，家族多様化論，核家族解体論，人間変質論が想定される。その是非はともかくとして，現実にはどれか一つには収斂されていないようである。現実にはそれぞれの兆しがあることも含めて考えると，それらの論説は誤りではないが，そこで考える必要がある見解に触れておこう。

個人化論やシングル論がはなやかな昨今ではあるが，その一つが目黒依子の『個人化する家族』（勁草書房，1987年）である。目黒の言う個人化とは，制度としての家族の存続と個人にとっての生活単位としての家族を峻別し，後者における個人化を選択の自由，つまり家族をつくるかどうか，つくるとしたらどのような家族をつくるかを個人（とりわけ女性）の選択に委ねるという意味での個人化なのである。と同時に社会にたいする家族の能動性についても示唆されている。「個人化」，「多様化」などはその中身を具体的に論じる必要がある。

▷17　青井和夫・庄司興吉編『家族と地域の社会学』京大学出版会，1981年

❷ 家族問題・病理をめぐって

　1945年の敗戦以前は社会の隅々まで「家」制度による精神的雰囲気が浸透しており，日本の家族は「家」であった。さらには，「家族と地域」生活は不可分に関連していた。だから家族の諸問題は「家」と「共同体的」地域に包含されており，経済的貧困があったとはいうものの，家族問題は独立した範疇ではなかった。日本社会の上のような条件が急速に変化していく1960年代の高度経済成長期に家族問題は独立範疇化する。具体的には経済的貧困に限定されない家族独自の諸問題を意味する。1970年代以降の家族問題には経済的貧困には解消されないいくつかの新たな特徴が現れ，諸見解も多様である。[18]

　家族病理という見方については光川晴之（1922-1977）の基本的見解は以下のように言える。「不安定な異常な家族」が病理家族であるとされている。夫婦と未婚の子女からなる家族で，人間関係がスムーズで固定した葛藤・対立・緊張がなく，外社会によく適合していることが，正常と異常の基準である。つまり，核家族形態と社会への適応を重視する見解である。

　山根常男は制度次元と集団次元に分けて家族病理現象を見る，つまり現存の制度と集団を基準とするという性格である。具体的には前者に重点があり，非家族的現象と非家族化現象に分けられ，制度の犠牲としての現象，制度の補完としての現象，制度にたいする挑戦としての現象という三つのパターンが挙げられている。この見方は後者についてもある程度適用可能であり，それらを社会システムと関連させる必要性が主張されているところに特徴がある。

　家族問題という見方については，山手茂（1932-）の〈社会問題としての家族問題〉を挙げておこう。山手は家族病理的アプローチにたいする批判としての家族問題の把握を主張する。彼は資本主義社会そのもののなかに矛盾が深まっており，すべての家族のなかに矛盾が浸透しているので，矛盾をかかえた家族を基本として理論を再構成する必要があること，そして価値判断を取り入れること，その基準を基本的人権さしあたっては憲法第24条および第25条に求めることを主張し，歴史的な現実分析を行っている。

　豊富な具体的データにもとづいている，湯沢雍彦（1935-）の家族問題についての独自な見方にも触れておこう。彼によれば，「家族に因果関係をもって発生し，庶民一般に関心を一時的または長期的に呼んだ社会問題」であり，時事的話題としての家族問題，大勢変動としての家族問題，継続的家族病理問題，病理事例研究対象としての家族問題という四つの分類を示している。なお，飯田哲也はこれらの諸見解についての検討の上に，現象としての家族問題・病理の把握もさることながら，家族問題と社会のあり方との関連を視野に入れて，「(休火山的)問題状況」という見方を示していることを加えておく。これらの諸見解にはそれぞれ一定の意義があると考えられるので，個別的な問題現象の

▷18　光川晴之『家族病理学』ミネルヴァ書房，1973年
山根常男「社会階層と家族病理」那須宗一他編『家族病理学』「家族病理学講座第1巻」(誠信書房，1980年)
山手茂『現代日本の家族問題』亜紀書房，1973年
湯沢雍彦編『家族問題の社会学』サイエンス社，1981年
飯田哲也『家族社会学の基本問題』ミネルヴァ書房，1985年

性格の把握と家族と社会との関連について、どのように活用して深めていくかが問われるであろう。

③ 高齢者問題をめぐって

最近の焦眉の家族問題を挙げるならば、青少年問題、両性関係を含む女性問題、高齢者問題であろう。前二者については他の章にゆずって、ここでは高齢者問題を取り上げる。「高齢化社会」から「高齢社会」への移行にともなって、高齢者問題はいまやいろいろな学問分野から取り上げられているが、家族問題にとっては独自なテーマとしての歴史的展開に注意をうながしたい。生活科学調査会『老後問題の研究』（ドメス出版、1961年）は「老人問題」をいちはやく総合的に捉えようとする試みである。主要な対象が老人であっても、「老人という年齢的特殊層の問題ではなく、生まれて死ぬまでの人間を私たちの社会がどう生かさなければいけないか、という文脈のなかで、老後問題に光りをあててみる」という捉え方は、現在でもその意義を持ち続けていると思われる。その後は高齢化の進展と問題性に応じて（福祉）政策論的、精神的、医学的な諸論が次々と現れるが、生活科学調査会の「トータル性」[19]（高齢者のみを視野に収めない見方）を継承しているものはそれほど多くはない。そこで相対的に新しくトータル性をもつと考えられる二つの見解を取り上げることにする。

青井和夫（1920-）は1970年代には早くも高齢者問題に注目しており、その後の実態調査や政府の高齢化政策および彼の社会学理論にもとづいて『長寿社会論』（流通経済大学出版会、1992年）で述べている。彼は単に高齢者のみを視野に収めないで、人口学的な少産少子という社会的変化、それにともなう家族のライフサイクルの変化などとも関連させて展開している。さらには対策としての「福祉コミュニティ」の提起、彼の社会学理論にもとづくと考えられる死生観の応用的論及などは興味深く、多くの課題を投げかけている。

もっとも新しい論考として、両性とりわけ女性に注目する袖井孝子（1938-）を挙げておこう。袖井もかなり早い時期（1970年代）から家族と高齢者問題に取り組んでおり、家族と女性（両性関係）を軸に多様な見解を展開している。その論述にはさらりと指摘されていることが多いが、家族や個人だけでなく制度・政策と社会の支配的あり方にまで及んでいる。『高齢者は社会的弱者なのか』（2009年）を取り上げて付言すると、大事な事として3K＝健康・家庭経済・心が挙げられている。また別の本では〈人は生きたように老いる〉[20]と。高齢者問題を考えるにあたっての必要な視点はほぼ出ており、それらをどのように継承・発展させるかが、超高齢社会にさしかかっている現在、ますます重要になっている。いささか絞り込み過ぎた上の諸見解からではあるが、今後の継承問題としては、高齢者問題が高齢者だけの問題ではないこと、身体・心の対症療法の必要性もさることながら、トータルな把握の追求が問われることである。

▷19　那須宗一・湯沢雍彦編『老人扶養の研究』垣内出版、1970年
笠原正成『老人社会学』駿河台出版社、1962年
大道安次郎『老人社会学の展開』ミネルヴァ書房、1966年

▷20　袖井孝子『家族・第三の転換期』亜紀書房、1985年
袖井孝子『高齢者は社会的弱者なのか』ミネルヴァ書房、2009年

4 家族社会学の新たな動向をめぐって

　価値観の多様化にともなう家族意識の多様化が進行していることに照応して最近の家族社会学における考え方と現実認識もまた多様な様相を示している。家族生活の変化をめぐっては，いわゆる近代家族のゆらぎあるいは終焉という論述，そしてすでに触れた個人化する家族や多様化する家族，ジェンダーという視点からの家族論，政策論との関わりで家族単位ではなく個人単位で考えるという見解など，挙げればきりがないほどに多様に論じられている。また家族生活の問題性をめぐっても，現在，重要と思われる理論問題を挙げておこう。

　「個人化」に結び付く問題としては，そのプラス面とマイナス面を見極めて未来を展望すること，「多様化」に結び付く問題としては，家族意識の多様化と実際の家族生活（家族構成など）の現実と両者の関連を明らかにしていくこと，「近代家族」の行方についても家父長制の残存などとの関連で同様に検討することなどが挙げられる。高齢化に関わる問題は多様であるが，前項の問題も含めていかに総合的にしかも歴史的に考えていくかが問われるであろう。

　変化や問題性をどのようにみるか，あるいは逆にある視点からの変化と問題性といった立場によって，家族社会学のあり方が違ってくる。具体的に言えば，現在の家族は諸側面では激変していることもあれば，「家」制度がかたちを変えて存続していることもある。また，家族意識は価値観の多様化に応じて多様化していることは確かだが，実際の家族構成，家族関係，家族に関わる諸活動が家族意識の多様化にかならずしも照応して多様化しているわけでもない。たとえば，夫婦別姓が政府の審議会で提起されてからすでに20年近くが経過しているにもかかわらず，法制化には至っていないこと，「家」の墓問題，親族関係の問題などは存続している。家族構成にしても一定の多様化傾向は認められるが，夫婦家族は日本では相対的に多数を占めている。したがって，変化と残存のどこに着目するか，どのような家族理念（＝家族意識）にもとづくかによって，家族社会学は百花繚乱の観がある。

　敗戦後に家族研究のあり方に模索期があったように，現在は「第二の模索期」ではないだろうか。日本家族社会学会で研究史の検討がはじまったのもそのためであろう。ここではいくつかの方向があり得るということの展開であり，どのような方向を追求するかを考えることになるが，おそらく複数の立場の可能性があるように思われる。繰り返しになるが，家族および家族社会学の歴史的展開のトータルな把握にもとづく（これのないものは論外である）家族の現在と家族社会学の現在についての認識によって，それぞれが独自に追求することが望ましいであろう。したがって，行方については，早急に結論を出さないで，実際の家族と家族意識の変化動向を見定めて，これまでの研究史の継承と新たな方向を試論的に提起する時期に来ているのではないかと思う。　　（飯田哲也）

VIII 環　境

1 環境社会学の始まり

1 「日本の」環境社会学

　本章では環境社会学の学説史を紹介していくのだが，これはそう簡単なことではない。というのも，環境社会学という分野が確立したのは1970年代のアメリカなのであるが，日本ではこれより前から，「環境社会学」という名称こそ使われていなかったものの，今日的観点から見れば環境社会学の研究と捉えるべき研究が積み重ねられてきており，その延長線上に「日本の」環境社会学があるからである。つまり，アメリカにおける環境社会学と日本で展開した環境社会学とは，その出発点や方向性において大きく異なっているのだ。欧米における研究を「輸入」することからスタートするのではなく，日本社会に独自のテーマを追い求めていくなかから，いわば内発的に発展してきたのが，日本における環境社会学なのである。

　このような事情があるため，この章では「日本の」環境社会学の学説史を主に取り上げることとする。欧米における環境社会学研究については，まずこの節でその成り立ちについて，アメリカにおける展開に焦点を当てながら紹介するほか，Ⅷ-5 でも環境正義研究について触れることにする。

2 アメリカ社会学における環境社会学の成り立ち

　アメリカの社会学者によって，社会問題としての環境問題を対象とする研究が始められたのは，1970年代に入ってからのことである。この「環境問題の社会学」ともいうべき研究に対して1978年，The American Sociologist 誌の「環境社会学――新しいパラダイム」と題した特集号において，農村社会学者のW. R. キャットン（William R. Catton）と R. E. ダンラップ（Riley E. Dunlap）は，従来の社会学が社会と自然環境との関係に無関心であったことを指摘し，この前提には他の生物種との関係において人間を優先し，人間を特例視する「人間特例主義パラダイム」（Human Exemptionalism Paradigm: HEP）があると批判した。そしてこれからの社会学は，人間は生態系の一生物種にすぎず，社会や文化の発展も自然界の法則を超えることはできないと考える「新エコロジカルパラダイム」（New Ecological Paradigm: NEP）へと移行しなければならず，環境社会学はまさにこの新しい社会学であると主張し，いわゆる「HEP/NEP論争」を展開した。

このようにアメリカの環境社会学は，従来の社会学における人間社会の捉え方それ自体を問いなおすものとして誕生したのである。そして80年代にはいると，チェルノブイリ原発事故や地球環境問題への関心の高まりを受けて，すべての生物の命を等価視するディープエコロジーの影響を強く受けたラディカル環境主義へと接続していくことになる。

しかしこれらの議論は，個々の環境問題の詳細な実証研究にもとづいて形成されたものではなかった。これに対して日本の環境社会学は，公害に端を発する様々な環境問題の実証的な研究を進めていくなかで，地球規模での環境問題への関心の高まりや，アメリカにおいて環境社会学が先述のようなかたちで立ち上げられたことにも刺激を受けながら，1980年代の半ばに誕生したのである。アメリカの環境社会学が「環境問題の社会学」を批判するなかで誕生したのに対し，日本の環境社会学は「環境問題の社会学」を出発点とし，そこを掘り進めていった延長線上に誕生したのだと言えよう。

3 公害研究の系譜

日本の環境社会学の原点というべき研究は，農村社会学や地域社会学，保険社会学の研究者たちが行っていた公害に関する一連の研究である。その最初の研究と位置づけられるのが，農村社会学者島崎稔らによって1955（昭和30）年になされた群馬県安中地区における公害問題の研究である。ここで島崎らは，亜鉛精錬工場による環境の破壊が地域社会に及ぼした影響について，徹底した地域調査にもとづいて分析している。環境破壊と社会との関係性に焦点を当てた実証的な研究のあり方は，今日の環境社会学につながる先行業績であると言えよう。

▷1　島崎稔・金子栄・高橋洸・浜島朗「安中地区調査」人文科学会編『近代鉱工業と地域社会の展開』東京大学出版会，1955年

その後1960年代から70年代を通して，四大公害をはじめとする多種多様な公害問題が発生し社会問題化したことを受けて，散発的にではあるが環境社会学的研究成果が生み出されていく。その主な研究について見ていこう。

まず，当時の日本の社会学界において大きな影響力を保持していた福武直を中心とする研究グループが，四日市市（石油化学コンビナート）と富士市（岳南工業地帯）における公害の事例をもとに，工業化の進展と地域開発の思想が住民にもたらした被害を描き出している。福武らは，地域開発が地域社会にもたらした農業をはじめとする地元産業への影響，地域の政治構造の変容，公害被害者を中心とする住民運動などについて詳細な分析を行った上で，地域開発は国家が国民の福祉を犠牲にしつつ資本の蓄積をはかろうとしてなされるものであり，もともと住民の福祉の増進につながるものではないと断じている。なお，公害という用語は使っていないが，建築学者であり都市計画家でもある西山夘三は，この「地域開発」を都市化の進展という側面から捉え，地域開発が経済的利益追求ばかりを追い求めた結果，宅地開発や観光開発により自然環境や歴

▷2　福武直編『地域開発の構想と現実Ⅲ　工業都市化のバランスシート』東京大学出版会，1965年

▷ 3 西山夘三『西山夘三著作集3 地域空間論』勁草書房，1968年

▷ 4 庄司光・宮本憲一『恐るべき公害』岩波新書，1964年

▷ 5 田村紀雄『渡良瀬の思想史 農民運動の原型と展開』風媒社，1977年

▷ 6 神岡浪子編『資料 近代日本の公害』新人物往来社，1971年

史的文化財が危機にさらされていることを指摘している[43]。

　これらの研究に共通しているのは，公害をはじめとする環境破壊の元凶を，資本主義経済体制に求めている点である。ここには少なからずマルクス主義の影響があるといってよい。ほかにも，たとえば環境衛生学者の庄司光と地域経済学者の宮本憲一の共著『恐るべき公害』では，公害を資本主義社会の社会的損失として解明することの必要性や，公害による被害の階級性が強調されているなど，この当時の公害研究の多くは資本主義体制にその原因を求めていた。

　一方でこの時期には，日本の公害問題の源流ともいうべき鉱山による鉱害問題を改めて取り上げた研究も生まれている。なかでも足尾銅山鉱毒事件についての研究は多く，たとえば田村紀雄『渡良瀬の思想史　農民運動の原型と展開』[45]では，鉱害の是正を求める農民による運動や，運動を支援する田中正造をはじめとする政治家，知識人に焦点が当てられている。また，神岡浪子編『資料　近代日本の公害』[46]には，足尾銅山鉱毒事件，日立鉱山煙害事件，別子銅山煙害事件などに関する，当事者の日記や記録，当時配付されたビラなどの資料が収められている。なお編者である神岡が，本書の冒頭におかれた「日本公害史」において，産業公害が発生する原因を資本主義に求めている点は指摘しておく必要があるだろう。

　このほかにも，当時東京大学助手であった宇井純によって開催され，多くの環境社会学研究者が輩出した公開自主講座「公害原論」や，水俣病についての諸研究など，取り上げなければならない活動や文献は枚挙にいとまがないのだが，紙幅の都合上，ここまでにしておこう。ここでは，社会学をはじめとする様々な学問分野において探求されてきた公害研究の系譜が，日本の環境社会学の出発点であり，そして土台であるということを確認しておきたい。

❹ 環境社会学会の発足

　しかし，社会学における公害研究を牽引してきた福武が社会保障研究に研究の軸足を移したこともあり，日本の環境社会学研究の推進力は次第に減速し始める。一方で欧米では，1970年には第1回アースデイが開催され，1972年にはローマ・クラブが『成長の限界』を刊行したり，国連人間環境会議がストックホルムで開催されるなど，地球規模での環境問題への関心が高まっていた。そのようなときに，既述のとおりキャットンとダンラップによって環境社会学が提唱されたことは，やや停滞気味であった日本の環境社会学研究にとって大きな刺激となる。

　さらに80年代後半には南極上空のオゾンホールに象徴されるオゾン層の破壊や地球温暖化が話題になるなかで，環境問題を社会学的に研究する必要性を強く感じていた日本の若手の社会学研究者たちが，1988（昭和63）年から2期4回にわたって日本社会学会大会の公募部会に環境セッションを設置する。第1

期のコーディネーターは，アメリカ環境社会学研究の日本への伝達者の役割を果たしてきた満田久義と，先に紹介した神岡編『資料　近代日本の公害』において巻末の公害年表をまとめており，また自身も『公害・労災・職業病年表』を編集し，『環境問題と被害者運動』を発刊している飯島伸子，第2期は新幹線の騒音についての研究を進めてきたメンバーの一員である舩橋晴俊がつとめている。

このセッションにおける議論の盛り上がりを受けて，1990（平成2）年に環境社会学研究会が発足，1992年には環境社会学会へと改組する。なお，初代の会長は飯島がつとめており，翌年には飯島が中心となって，日本の社会学者が執筆した最初の環境社会学の教科書である『環境社会学』が発刊されている。その内容は，環境問題の社会史に始まり，環境破壊の社会的メカニズムを解明したものや，被害者や社会運動に着目したもの，生活環境や生活文化との関係，開発途上国の環境問題を扱ったものなど，多様な分野の研究が集まっていることが見て取れる。

5　日本の環境社会学研究の特徴

このような経緯で日本の環境社会学は誕生をみた。環境社会学者の堀川三郎は，日本の環境社会学の全般的な研究動向を，①公害問題への取り組みのなかで徐々に形成されてきた，②明確な加害—被害関係をもつ公害を研究対象とすることの独自性をもって独立した連字符社会学であり，事例研究，問題究明志向が強い，③被害の社会的メカニズムへの着目，④被害者への補償や環境破壊の責任主体の確認を迫る社会運動への着目という4点にまとめている。

この堀川の整理からも明らかなように，日本の環境社会学研究は，公害研究の系譜の延長線上に構築されたものだと言えよう。かつて日本が「公害大国」とまで言われ，世界的な非難を受けた歴史に鑑みれば，これは当然の帰結だといえるだろう。

ただ，だからといって日本の環境社会学が，環境問題研究に特化して展開していったというわけではない。Ⅷ-4で紹介する生活環境主義やコモンズ論は，人間社会が環境とどのように関わってきたのかということに焦点を当て，そこに環境との共存の知恵を導きだそうと試みるものであるし，古くから残されてきた街並みや風景，あるいは地域に伝承されてきた踊りや祭りなどの歴史的遺産を対象とする歴史的環境保全も環境社会学の一領域を占めている。公害研究から始まった日本の環境社会学は，環境問題研究をベースにしながら，環境との共生や環境保全についての社会学的研究にも展開していったのである。

▷7　飯島伸子『公害・労災・職業病年表』公害対策技術同友会，1970年

▷8　飯島伸子『環境問題と被害者運動』学文社，1984年

▷9　舩橋晴俊・長谷川公一・畠中宗一・勝田晴美『新幹線公害』有斐閣，1985年

▷10　飯島伸子編『環境社会学』有斐閣，1993年

▷11　堀川三郎「戦後日本の社会学的環境問題研究」『環境社会学研究』5号，1999年

▷12　片桐新自編『歴史的環境の社会学』新曜社，2000年

Ⅷ 環　　境

2　環境社会学の主要な問題領域

1　環境社会学の定義

　環境社会学という比較的新しい研究分野を社会学のなかに位置づけるため，飯島伸子や舩橋晴俊といった草創期の環境社会学者たちは，互いに議論をしながら，環境社会学についてそれぞれ定義してきた。それらの議論を踏まえた上で，ここでは環境社会学を「自然的環境と人間社会との相互関係において，特にその社会的側面に注目して実証的かつ理論的に研究する社会学」であると定義しておくことにしよう。

　この定義に表れている環境社会学の特徴を確認しておこう。まず，従来の社会学が主に研究対象としてきた社会的環境，文化的環境だけでなく，自然的環境と人間社会との関係性を研究の対象としている点が挙げられる。この点は，従来の社会学が社会と自然環境との関係に無関心であったとするキャットンとダンラップによる批判と通底するものがある。次に挙げられるのは，自然的環境と人間社会の相互関係について，主に社会的側面から論じていこうとしていることである。ここにこそ，環境社会学が社会学であることの特徴があらわれている。そして最後に，環境社会学的研究は実証的であることがまず求められ，そこから独自の分析装置や理論枠組みを生み出すという帰納主義的な側面をもっていることが指摘できる。これは，「環境社会学」という学問分野が正式に立ち上げられる前に，公害研究をはじめとする事例研究が先行していたという日本の環境社会学の経緯による部分が大きいが，別の側面から見れば，環境問題が起きている現場から逃げないという学問的姿勢のあらわれであるとも言えるだろう。

2　環境社会学の主要な問題領域

　ではそのような特徴をもつ環境社会学の分野では，具体的にはどのようなテーマが研究され，そしてどのような枠組みに位置づけられているのであろうか。飯島伸子は，日本および世界各国における環境社会学の研究成果を参考にしたうえで，環境社会学は〈環境問題の社会学研究〉と〈環境共存の社会学研究〉を二大研究領域とし，これらと交差する形で〈環境行動の社会学研究〉と〈環境意識・環境文化の社会学研究〉の2つの研究領域があるとまとめている。これを図示すると，図Ⅷ-1のようになる。

▷13　飯島伸子「環境問題の歴史と環境社会学」舩橋晴俊・飯島伸子編『講座社会学12　環境』東京大学出版会，1998年

VIII-2 環境社会学の主要な問題領域

それぞれについて説明しておこう。まず〈環境問題の社会学研究〉は，環境問題を発生させる社会構造上の問題点，被害を受けた人たちの階層，地域，人種的特徴，および環境問題によって生じた様々な被害の内的な関連性，そしてその被害を増幅するような社会的しくみなどを研究する分野である。

〈環境共存の社会学研究〉は，自然環境と調和して共存してきた社会にはどのような特徴があったのかについて，時代，文化，地域に着目して検討することに力点を置いている。そして，環境問題が発生した地域における環境再生の取り組みや省資源型・循環型の地域づくりについての取り組みから，グローバルなレベルにおける人間社会と環境との共生を構想するに至るまで，人間社会がいかにすれば環境との共存を実現しうるのかを研究する分野でもある。さらには，歴史的環境・景観の保全に関する研究もここに含まれる。

この二大領域に，環境を守るための行動について，いわゆるエコ活動から反公害運動に至るまで広く研究する〈環境行動の社会学研究〉と，環境に関する価値意識を形成するための方法や，その意義について検討する〈環境意識・環境文化の社会学研究〉がクロスして，環境社会学の研究領域がおおむね示されているのである。

この四つの研究領域のうち，日本では圧倒的に〈環境問題の社会学研究〉と〈環境行動の社会学研究〉に研究が集中していた。これは公害研究がその源流にあることを反映したものであると言えよう。これに対してアメリカでは，貴重な自然環境を保全するための大規模な運動組織が多数形成されてきた歴史を反映して，日本とは逆に〈環境共存の社会学研究〉と〈環境意識・環境文化の社会学研究〉が主流であり，〈環境行動の社会学研究〉についても，自然保護団体を対象とした研究がほとんどであった。

しかし現在では，日本でもアメリカでも，四つの研究領域すべてにおいて多様な研究が生み出されている。そしてそれぞれの領域は，**図VIII-1**からも明らかなように排他的な関係にはなく，それぞれが重なり合い，関係し合いながら研究がなされている。そのことが，環境社会学という研究分野をより豊かなものにしているのである。

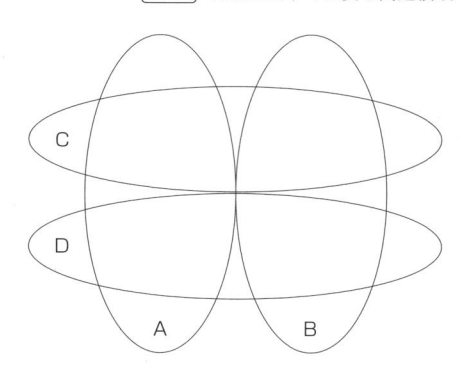

A 環境問題の社会学研究
B 環境共存の社会学研究
C 環境行動の社会学研究
D 環境意識・環境文化の社会学研究

図VIII-1 環境社会学研究の主要テーマ群の関係図式

出典：飯島伸子「環境問題の歴史と環境社会学」舩橋晴俊・飯島伸子編『講座社会学12 環境』東京大学出版会，1998年。

Ⅷ 環　　境

3 環境問題の社会学研究

▷14　舩橋晴俊「環境問題の社会学的研究」飯島伸子・鳥越皓之・長谷川公一・舩橋晴俊編『講座環境社会学　第1巻』有斐閣，2000年

　ではここから二つの節にかけて，環境社会学の二大研究領域である〈環境問題の社会学研究〉と〈環境共存の社会学研究〉について詳しくみていこう。まずこの節では〈環境問題の社会学研究〉について紹介していくのだが，舩橋晴俊によれば，〈環境問題の社会学研究〉には①加害論・原因論，②被害論，③解決論の3つの問題領域が存在するという。この舩橋の整理にもとづいて，この研究領域においてどのような議論がなされているのか見ていこう。

1　加害論・原因論

　加害論・原因論は，環境問題がどのような社会課程を通して発生するのかを解明しようとする。環境が悪化し，住民に何らかの被害が生じることがわかっているのに，なぜ環境を破壊するような加害行為がなされるのか，その原因を社会制度や社会意識などに着目しながら分析していくことになる。

　ここに位置づけられる代表的な理論が，梶田孝道，舩橋晴俊，長谷川公一を中心とする研究グループによる，新幹線騒音の公害紛争や清掃工場建設問題についての事例研究を通して生み出された「受益圏・受苦圏論」である。受益圏とは，一定の事業の実施や施設の建設，および政治的意思決定によってなんらかの受益を享受する人びとや組織の総体であり，受苦圏とは，逆にそれらの事業，施設，意思決定によって損害や苦痛を被る人びとの総体である。そしてここで重要なのは，受益圏や受苦圏の空間的な形状（広い・狭い）や分布のしかた（重なっている・分離している）が，問題の展開や解決の過程を大きく規定しているということである。

　たとえば家庭ゴミなどの一般廃棄物の処分場建設問題の場合，自区内処理の原則により処分場は原則として市区町村に1つ建設されることになる。そのため，ゴミを出すことで受益を享受する自治体内のすべての住民（受益圏）の内部に，大気汚染や悪臭などの被害にさらされる処分場周辺住民（受苦圏）が存在しており（重なり型），そして受益圏も受苦圏も，それほどに広くはない。そのため，受苦圏からの被害の主張が受益圏にも届きやすく，また受益圏の住民に加害者としての責任の自覚も生まれやすいため，処分場の処理技術向上や悪臭対策のための予算計上についての理解や，リサイクルの推進などのゴミ排出量の削減に向けた個々の住民の協力を得やすい。ただしこの一般廃棄物問題については，特に都心部において自区内処理原則の空洞化が進んでいる。たとえ

ば東京都の三多摩地区のゴミは，最終的には東京都の山間部にある日ノ出町の最終処分場に集められて埋め立てられている。ここには受益圏と受苦圏の間に格差，階層性がある（格差を伴った重なり型）ことに注意しなければならない。

これに対して新幹線騒音問題の場合は，受益圏が新幹線の利用者，すなわち大多数の国民という広大な規模である一方で，新幹線建設により家屋の移転などを強いられる用地所有者や，新幹線の騒音・振動の被害を受け続ける沿線の住民によって構成される受苦圏はごく少数の住民に過ぎず，しかも両者はほとんど重なり合うことなく分離している（分離型）。そのため，新幹線利用者は自分たちの行為が沿線住民に被害を与えていることに無自覚になりやすく，また新幹線の建設主体である国土交通省・JRは，「公共性の高さ」を盾にとることができるため，受苦圏からの被害の主張が届きにくく，問題解決もなされづらいのである。

この「受益圏・受苦圏論」は，「社会的ジレンマ論」と接続して「環境負荷の外部転嫁論」に昇華することになる。G. ハーディン（Garrett Hardin）の「コモンズの悲劇」[15]をその原型とする社会的ジレンマとは，個々人が自身の利益追求に走ることが，最終的には全体にとってマイナスの結果を生み出してしまうというジレンマのことで，端的には「集合財をめぐる合理性の背理」と説明することができる。集合財とは，一定の範囲にいる人びとによって共用することができ，かつ，それが悪化するとすべての人びとにマイナスの影響を及ぼす財のことであり，環境もまた集合財に位置づけられる。

この社会的ジレンマ論が明らかにしたのは，「環境」という集合財を共用するすべての人びとの利己的な環境利用が過剰に累積することによって環境破壊が引き起こされること，しかも，人びとが自らの利益を得るためにという意味では即時的には合理的な行為である個々の環境利用が，長期的には集合財の悪化，すなわち環境破壊を引き起こすというジレンマの存在である。「自分で自分の首を絞めている」という環境問題についての直感的な理解に，論理的な説明を与えたのが，この社会的ジレンマ論なのである。

さらに現在の社会が，「この選択肢を選ぶよりほかはない」という「構造化された選択肢」[16]に囲まれているという理解を組み入れることで，社会的ジレンマ論は環境破壊のより具体的なメカニズムを描き出すことができる。たとえば，あらゆる電気製品に囲まれている私たちは，電気を使わずに生活をするという選択肢をほとんど持ち得ない。しかし発電の過程では，火力発電所においては大量の二酸化炭素が，原子力発電所においては危険な放射性廃棄物が排出され，環境に悪影響を及ぼしている。つまり発電所による環境破壊の原因は個々人の電気利用にあるのだが，電気の利用という行為は，特に非倫理的でもない「普通の」行為なのである。このように考えていくことで，「普通の」人びとによる日常的な行為が環境破壊に荷担していることになるという社会的ジレンマの

▷15 Garrett Hardin, "The Tragedy of the Commons," *Science*, 162, 1968

▷16 舩橋晴俊「環境問題への社会学的視座――『社会的ジレンマ論』と『社会制御システム論』」『環境社会学研究』第1号，1995年，5-20頁

存在が，環境問題の解決を困難にしていることが見て取れるだろう。

舩橋晴俊は，この社会的ジレンマ論と受益圏・受苦圏論とを組み合わせ，「重なり型」のケースにおいては自己回帰型ジレンマが，「格差を伴った重なり型」のケースでは格差自損型ジレンマが，そして「分離型」の場合は加害型ジレンマが生じているとしている。その上で舩橋は，自己回帰型ジレンマの場合は，環境破壊による被害が自分自身にも及ぶため自己抑制が働くが，格差自損型および加害型ジレンマの場合には，環境に負荷を与えるものが受益圏の外部にあるため，受益圏内部ではジレンマが認知されにくく，自己抑制が働きづらいとする「環境負荷の外部転嫁論」を展開している。この外部転嫁における「外部」とは，空間的には中心部に対する周辺部であり，時間的には現在世代に対する将来世代である。そして，この外部への環境負荷の押しつけが，先進工業諸国の行為原理の特色であり，これが環境危機をもたらすメカニズムであるとしている。

▷17 舩橋晴俊「環境問題の未来と社会変動」舩橋晴俊・飯島伸子編『講座社会学12 環境』東京大学出版会，1998年

2 被 害 論

被害論では，環境破壊や環境の悪化が，直接的または間接的にどのような人びとにどのような苦痛や損害をもたらしているのかについて，被害の発生した地域社会が受ける被害にまで視野を広げて考察がなされている。ここでは，被害者を「生活の総体」において把握しようとする社会学的な視点がいかされている。たとえば健康被害が生じている場合，被害者を医学的な観点からだけではなく，家族，職場，地域社会などの社会集団に所属する社会的な主体として捉えることで，被害者の「生活」がどのような損害を被ったのかまで把握しようとする姿勢である。

▷18 飯島伸子『環境問題と被害者運動』学文社，1984年

この被害論を代表するのが，飯島伸子による「被害構造論」である。飯島は被害を①生命・健康，②包括的意味における生活，③人格，④地域環境と地域社会という四つのレベルに分け，各家庭内で密接に関連しあって発生した①から③までの被害が図VIII-2のような構造連関によって「生活設計の変更」，「生活水準の低下」，「人間関係の悪化」という形で顕在化し，それらが集合して④の地域社会の水準における被害が発生するという相互関係を示した。

さらに飯島は，これら4水準の被害の程度は，①健康被害の度合い，②健康を

図VIII-2 健康被害の受害に始まる被害構造図式

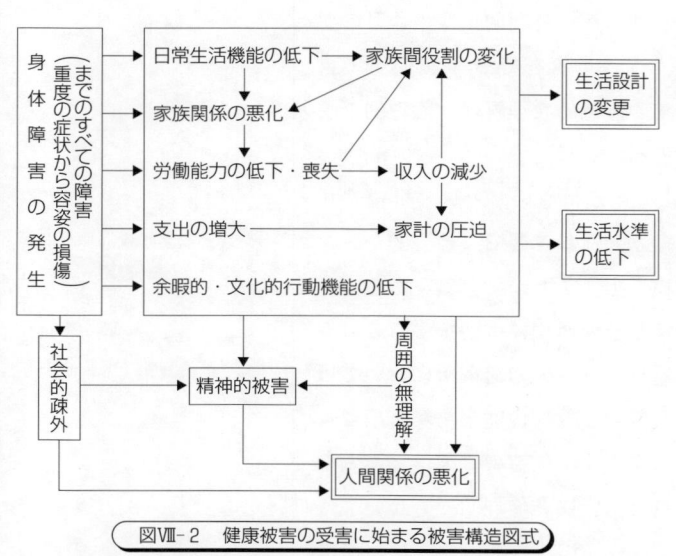

出典：飯島伸子「環境問題と被害のメカニズム」飯島伸子編『環境社会学』有斐閣，1993年。

損傷された者の家庭内での役割分担や家庭内での地位，③被害者自身あるいはその家庭の社会的位置・階層，④被害者本人および家族の所属集団という四つの要因によって内的に規定され，⑤加害源企業，行政，医療関係者，学者，一般市民，マスメディアなどの外的要因によっても影響を受けるとした。

被害者をめぐる社会的な関係性に着目して被害の構造を理論化した理由として，飯島は，公害による被害が，加害企業からも行政からも，そして学問研究一般からも等閑視されてきたことを挙げている。被害者が公害によって受けた健康被害から派生する様々な被害を最小限に食い止めるためには，このような被害構造を理解したうえでの対処がなされなければならないことを，被害構造論は明らかにしたのである。

3 解決論

解決論とは，環境問題の解決策について，社会的要因に注目しながら探求する研究を指しており，さらに解決過程論と解決方法論との二つに分かれる。解決過程論は，どのような過程を通して環境問題が解決に向かうのか，あるいは逆に，どのような要因によって解決への道が閉ざされてしまうのかを探求するものである。一方，解決方法論では，「環境問題が解決した状態」をあらかじめ定めた上で，その解決した状態に至るためにはどのような方法がとられなければならないのか検討がなされる。

舩橋晴俊の「環境制御システム論」は，解決過程論と解決方法論の双方を解明するために構築された理論図式である。環境問題が発生すると，被害者と加害者の間に構造的緊張が生まれる。この構造的緊張が解決圧力に転化されることで，環境問題の解決に向けた努力を引き出すような社会制御システムのことを，舩橋は環境制御システムと定義した。そして環境制御システムが政治システムの文脈に深く介入することで解決圧力が表出することによって，経済システムの内部に環境制御システムが内面化されることが，環境問題を解決するためには不可欠であることを明確に示している。なお，この舩橋による環境制御システム論は，1993年に社会制御システム論として提示されて以来，継続的に進化・発展している。

この解決論では，環境問題の解決とは何かという問いに対する一定の価値判断が前提とされている。その点において環境社会学は，他の社会学的研究領域とは一線を画しているといえよう。

▷19 舩橋晴俊「環境問題の未来と社会変動」

▷20 舩橋晴俊「社会制御としての環境政策」飯島伸子編『環境社会学』有斐閣，1993年

Ⅷ 環　　境

4 環境共存の社会学研究

1 生活環境主義

　この節では〈環境共存の社会学研究〉について見ていく。まず取り上げるのは，鳥越皓之，嘉田由紀子らを中心として展開した生活環境主義である。この生活環境主義を〈環境共存の社会学研究〉に位置づけることについては，学会のなかでも異論がある[21]。ただ，環境と人間社会との共存のあり方に関する環境社会学的研究を考察するうえで，生活環境主義が独自の研究を積み重ねていることは否定できないだろう。

　琵琶湖をフィールドに，水と人間との関わりの歴史を描き出した研究グループに集まった社会学や民俗学の研究者たちによって展開された生活環境主義[22]は，近代技術を用いることによって環境問題を解決することができると判断する近代技術主義と，人間の手が加わらない自然がもっとものぞましいと考える自然環境主義という，環境問題への対処をめぐる二つの主流的な立場に対して，そのどちらも現場に住んでいる住民の生活を見ようとしていないと批判する。その上で生活環境主義は，純粋に客観的な研究の立場などないという前提のもとに，自らの立ち位置を「居住者の生活の立場」に定め，「居住者の生活の保全」を実現することが環境を保護するうえでもっとも大切だと主張する[23]。

　では，居住者の生活の立場に立つとは具体的にはどのようなことを指すのだろうか。これについて嘉田由紀子は，生活上の知識や，地域に固有の伝統，個人に蓄積された経験や社会的相互作用を分析することを通して，環境問題への対処法を見つけ出そうという立場であるという[24]。つまり生活環境主義では，地域の自然との関わりについての「ローカルな知」を蓄積しているのは，その地域に住んでいる居住者であり，それゆえに居住者の生活を保全することで，環境を守ることができると考えているのである。

　さらに生活環境主義は，居住者の生活の立場に立つためには「地域の生活」を把握する必要があるという。この「地域の生活」を把握するための方法論に通底するのが「経験論」である。経験論は，居住者の行為を理解するためには，行為の背後にある経験——ある人や集団にとっての，過去の記憶されている時間の蓄積のこと——にまで降りていく必要があると考える。なぜなら居住者は，自身や祖先たちの経験にもとづいて，どのような行為をとるのかを選択しているからである。

[21] 関礼子「環境社会学の研究動向——2001年から2003年を中心に」『社会学評論』第60巻第1号，2004年，514-529頁

[22] 鳥越皓之・嘉田由紀子編『水と人の環境史』御茶の水書房，1984年

[23] 鳥越皓之『環境社会学の理論と実践——生活環境主義の立場から』有斐閣，1997年

[24] 嘉田由紀子『生活世界の環境学——琵琶湖からのメッセージ』農山漁村文化協会，1995年

このように生活環境主義は，居住者の生活の立場に立ち，居住者の行為の意味を彼らの経験にまで降りていって捉えることで，人間社会と環境との共存の方策を探っている。こうした意識は，次に紹介するコモンズ論にも共有されている。

② コモンズ論

コモンズとは，最大公約数的に定義すれば，「地域住民を中心とした人びとが共同で所有・利用・管理している自然環境およびそのための制度」とまとめることができよう。日本の村落地域で昔から存在した入会地（いりあいち）がコモンズの典型である。なお Ⅷ-3 で紹介したハーディンによる「コモンズの悲劇」においては，コモンズを誰に対しても開かれているオープンアクセスな環境と定義していたが，実際のコモンズにおいては，多かれ少なかれ排他的な占有が行われており，利用者は限定されている。またハーディンは，コモンズを利用する個々人が何の制約もなく利己的に活動した結果，コモンズが枯渇してしまうことを悲劇として描き出したが，実際には利用に関する厳格なルールや慣習が存在している。つまりコモンズには，自然環境を持続的に利用するための制度や仕組みが組み込まれているのである。

このようなコモンズに組み込まれている制度や仕組みは，ローカルな地域のなかで経験を通して蓄積され，共有されてきた自然に対する深い知識である。このような知識のことを「伝統的な生態学的知識」（Traditional Ecological Knowledge：TEK）と呼び，自然を管理の対象とする近代的な知識のあり方である「科学的な生態学的知識」（Scientific Ecological Knowledge：SEK）と対比される。東南アジア諸国の農山村のように，自然資源からの収穫を生活の糧としている地域において，天候不順などのリスクを回避・軽減するために地域社会で形成されてきた「在地リスク回避」の知識はTEKの典型である。

しかし，TEKのような知識は，地域の自然との関わりが薄れるにつれて，そして地域社会の共同性が弱まるにつれて失われていくものである。それゆえに近代化の進んだ先進諸国では，SEKにもとづいた環境保護政策が主流となる。しかしSEKは，普遍性のある科学的知識であるため，地域の個別性に対応することは得意ではない。一方，TEKも万能ではない。今後は，TEKとSEKとを融合した環境保護政策の実施が進められていく必要があると言えるだろう。

▷25 関礼子「生業の近代化とグローバル化」関礼子・中澤秀雄・丸山康司・田中求著『環境の社会学』有斐閣，2009年

Ⅷ 環　境

5 社会的不公正への視点

　本章もいよいよ最後の節となった。ここでは，環境を社会学的に考察するうえで不可欠である，社会的不公正への視点に焦点を当てて整理することで，環境社会学史をめぐる議論を締めくくりたい。

1 環境正義

　Ⅷ-1で触れたように，アメリカの環境社会学研究はラディカル環境主義へと接続していったが，実はもうひとつ，別の潮流を作り出していった社会学者たちがいた。環境問題を社会的不平等や社会的差別との関連で捉えるソーシャルエコロジーの立場に立つアメリカの社会学者たちが，環境保全と社会的公正との同時達成を求める環境正義の研究を進めていったのである。

　環境正義が広く認識されるようになったのは，80年代のアメリカにおいて，人種的マイノリティを中心とする社会的弱者が多く生活する地域に有害施設が集中している状況を環境不正義であると規定し，告発する環境正義運動が台頭してきたことが大きい。[426]この環境正義運動においては，特に人種差別と環境問題とを結びつける主張が強く，「環境人種差別」を訴える運動も多く見られる。さらにこの人種差別への視線は Big10 と呼ばれる既存の伝統的環境運動にも向けられる。会員の多くが上層中産階級の白人男性であるこれらの団体は，自然環境保護には積極的に取り組むが，有色人種が多く住んでいる地域周辺の有害施設の存在には無関心であった。それを環境正義運動はエリート主義として批判したのである。

　環境正義運動はその後，毒物排除運動，キリスト教会，研究者などのサポートを受けながら拡大していく。1991年10月にワシントンで開催された「第1回全米有色人種の環境リーダーシップサミット」(the First National People of Color Environmental Leadership Summit) では，政策の実施に際しての公正性の要請など17の原則によって構成される「環境正義原則」が採択され，1994年2月には，連邦各省庁が行う計画，政策，活動が，マイノリティや低所得者層の健康や環境に不利に，不平等に影響していないか状況を把握し，法の許す範囲でできる限り問題に適切に対処することを明記した「環境正義に関する大統領令」が発令されるなど，環境正義運動は様々な具体的成果を収めていった。

　一方，人文地理学の研究者たちからは，ここで紹介したような社会運動中心の環境正義研究は迷惑施設の分配面における正義の実現ばかりを追求しており，

▷26　原口弥生「マイノリティによる『環境正義』運動の生成と発展——アメリカにおける新しい動向」『社会学論考』第18巻，1997年，107-131頁

そのことによって構造的な問題を抱える環境正義問題の複雑性がかえって見えにくくなっているとの指摘がなされている。そして重要なのは，有害施設の建設に関する政治的意思決定過程に地域社会が実質的な決定権をもって参加するという手続き的正義の実現であると主張している。[27]

② リスク社会論

環境問題をめぐる社会的不公正について考えるうえでもう一つ触れておかなければならないのが，U. ベック（Ulrich Beck）のリスク社会に関する議論である。[28]ベックは，人類の技術生産力と社会福祉国家的な保障と法則とがある水準に到達した社会においては，社会の主要な課題は富の分配からリスクの分配へと移行するという。ここでいうリスクとは，「近代が生みだしたものによって生じている害悪」と広く定義されており，有害施設もここに含まれるのだが，重要なのは，リスクは下方へ集中して分配されるというベックの指摘である。環境正義運動が有害施設をめぐる現状分析から導き出した社会的不公正は，近代化論を主導する社会学者の一人であるベックによっても指摘されていたのである。

③ 環境をめぐる社会的不公正を捉えるために

このような，有害施設を代表とする迷惑施設に対して多くの人たちが抱く感情を示す言葉に，"Not In My Backyard（私の裏庭にはいらない）" の頭文字をとった NIMBY（ニンビイ）がある。社会的な必要性は認めるけれども，自分の家の近くにくるのはごめんだという感情で，「総論賛成，各論反対」，あるいは端的に「住民エゴ」とも言われ，主に迷惑施設の受け入れを拒否している地域住民を非難する言葉として用いられる。

これに対して土屋雄一郎は，NIMBY は迷惑施設を押しつけられる地域社会からあがった，「なぜ自分たちが受け入れなければならないのか」という抗いの声でもあるという。[29]そしてその声に託された意味を理解するためには，声を上げた地域社会のローカリティや場所性に着目しなければならないと主張する。この「地域の文脈」を読み解きながら，社会的不公正を訴える住民の抵抗を捉えていく手法は，まさに社会学が得意とするところである。そしてそれは，日本の環境社会学の源流である公害（鉱害）研究が行ってきた作業とも重なる。これからの環境社会学も，この「抗いの声」を丹念にくみ取りながら，実証的な調査に根ざしつつ，独自の理論形成を図っていく必要があると言えるだろう。

（熊本博之）

▷27 石山徳子『米国先住民族と核廃棄物—環境正義をめぐる闘争』明石書店，2004年

▷28 Ulrich Beck, *Riskogesellshaft: Auf dem Weg in eine andere Moderne*, Frankfurt am Main: Suhrkamp, 1986（東廉・伊藤美登里訳『危険社会——新しい近代への道』法政大学出版局，1998年）

▷29 土屋雄一郎『環境紛争と合意の社会学——NIMBY が問いかけるもの』世界思想社，2008年

参考文献

飯島伸子「総論 環境問題の歴史と環境社会学」舩橋晴俊・飯島伸子編『講座社会学12 環境』東京大学出版会，1998年

飯島伸子「環境社会学の成立と発展」飯島伸子・鳥越皓之・長谷川公一・舩橋晴俊編『講座 環境社会学 第1巻』有斐閣，2001年

IX マスコミュニケーション

1 マスコミュニケーション社会学前史から世論，ジャーナリズム

1 印刷物がもたらしたコミュニケーションの変化

　テレビ番組や新聞記事の影響など現代のマスコミュニケーションをとりまく現象は情報技術のみでなく社会学的分析に関する問題でもあるといえる。その意味で，この分野を社会学史の側面から検討するのは現代のマスコミュニケーションを学ぶ際にも意味のある作業である。なお，本論を述べる前にマスコミュニケーションに関する簡単な社会学的概念を述べておこう。まず「マスメディア」は「新聞，放送などの情報媒体（メディア）」，「マスコミュニケーション」は「マスメディアに受け手や送り手，メッセージ，効果も含めた全体」，ジャーナリズムとは「時事的，継続的に情報を伝達する活動」としておく。

　さらにマスメディア登場以前の歴史的な変遷についても概説的に記しておく。先ずはBC59年のローマでの「アクタ・デ・ファルタ」（議会の決議の広報）が記録性，公開性，現実性（アクチュアリティ，新しさ），定期制の面から世界最初の新聞とされている。一方，印刷物は中国で唐の時代（618〜917）に木版印刷が始まり，仏教経典が世界最古の印刷物として東アジア各国に残り，さらに13〜14世紀に製紙術が中国から中近東を経て西欧へ伝わった。そして15世紀頃にイタリアのベネチアなど地中海貿易の中心地に集まった世界各地のニュースを手書きで書写し，情報を伝える『手書き新聞』が発生した。また，『書簡新聞』として各国の支配者や商人などに手紙の形で送付した手書き新聞もあったが，これらはいずれも書写であり，量産ができず高価で購読者も限られていた。

　このようなメディア・コミュニケーションの状況に大きな変化を与えたのが1455年の印刷術の発明である。それは技術史的な革命変化であると同時に，印刷されたアルファベットなどの文字が人間のコミュニケーションの本質に大きな影響を与えることになった。M.マクルーハン（Marshall McLuhan）は印刷物の出現が均質的な文字を発生させ，読書という個人的な作業によって，これまで「話」を共有していた個人をとりまく様々な集団の絆を解体してばらばらの個人の集合にし，個人主義を生むことになったことを指摘する。また W. J. オング（Walter J. Ong）もアルファベットという活字部品の組み合わせによる印刷が，認識の決定権を声の文化（「見るものはしばしば人を欺くが，耳で聞くものならまちがいがない」）という聴覚の優位から近代の視覚の優位へと変化させたと

▷ 1　Marshall McLuhan, *Understanding Media: The Extensions of man*, McGraw-hill, 1964（後藤和彦・高橋進訳『人間拡張の原理——メディアの理解』竹内書店新社，1967年）

▷ 2　Walter J. Ong, *Orality and Literacy: The Technologizing of the Word*, Methuen & Co., 1982（桜井直文・林正寛・糟谷啓介訳『声の文化と文字の文化』藤原書店，1991年，245頁）

いう。視覚の優位は目で見た言葉を活字という空間的に固定させたもの（テクスト）に変化させ，索引やタイトルによる知識の管理を可能にし，黙読という読書行動を生み，人間の文学的，哲学的想像力の質を変えるとともに発達させた。このことによってマスコミュニケーションは文字の文化とともに変化するきざしを見せた。

② 言論の自由とジャーナリズム

マスコミュニケーションのはたらきが認識されるようになったのは文字の複製である印刷物の出現によるものであった。17世紀になり近代新聞が出版され始めたがその読者として位置づけられたのが「公衆」である。公衆の中心は「ブルジョア」であり，公衆の特徴をJ. ハーバーマス（Jürgen Habermas）は「審判する」意味をもち，その批判にゆだねられる事柄は「公開性」を得ることを述べている。公開された情報が公衆によって自由に批判されるという言論の自由の獲得である。ハーバーマスによると各種芸術文化が貴族から公衆のものになったのは17世紀半ばから18世紀末とした。ほぼ同時期に紅茶，コーヒー，チョコレート飲料と菓子を提供し新聞，雑誌を読める喫茶店であるコーヒーハウスが登場する。このコーヒーハウスで当時は高価であった複数の新聞を読む習慣ができた。客は新聞を読み，客同士で政治的な論議を行い，さらには文字が読めない者も議論を聞いて理解した。このように政治的に議論をする人々をガブリエル・タルド（Gabriel Tarde）は「公衆」と呼び，異なる地域に居住していても同一紙の読者である人々を想定している。彼らは離れていながら同じ感情や考えで新聞を読み，その意見を共有していることが想定された。

③ マスコミュニケーション論の前提としての知識社会学

マスコミュニケーションの社会学史を述べるとき，その社会学的思考は知識と情報を扱う「知識社会学」と関係がある。知識社会学は20世紀初めにK. マンハイム（Karl Mannheim）などによって主張されたもので，広い意味の知識と社会との関係，社会と知識，思考，認識や知識人のあり方を検討した。特にマンハイムは『イデオロギーとユートピア』のなかで知識人を「浮動するインテリゲンチャ（知識人）」と名づけ，その存在拘束性を問題にした。マスコミュニケーションの知識社会学的な見かたは知識人としてのジャーナリストの問題としても捉えることができるが，社会における知識の存在，および限定効果論の調査方法の問題として後にR. K. マートン（Robert K. Merton）によって「知識社会学とマスコミュニケーション」として扱われることになる。

▷3　ブルジョア「官吏，法律家，医師，牧師，将校，教授，資本家，貿易商，銀行家，出版業者，製造業者，マニュファクチュア業者，工場主，それらが集まった都市住民層など」Jürgen Habermas, *Strukturwandel der Öffentlichkeit*, suhrvetlag 1962（rev1990）（細矢貞雄，山田正行訳『公共性の構造転換』34-36頁）」
▷4　ハバーマス『公共性の構造転換』未來社，1973年，2版1994年，38頁）
▷5　Gabriel Tarde, *L'opinion et la Foule*, 1901（稲葉三千男訳『世論と群集』未來社，1964年）Paris, Félix Alcan
▷6　Karl Mannheim, *Ideologie und Utopie*, Bonn, 1929（鈴木二郎訳『イデオロギーとユートピア』未來社，1968年，高橋徹・徳永恂訳『イデオロギーとユートピア』中央公論新社，2006年）
▷7　マートンはマスコミュニケーション研究を「アメリカ種の知識社会学」と呼んだ。R. Merton, *Social Theory and Social Structure : Toward the Codification of Theory and Research*, Free Press, 1949（森東吾訳『社会理論と社会構造』みすず書房，1961年）

❹ 現実とマスメディアによる情報との相違

　マスコミュニケーションがつくり出す情報の影響力と，その現実との相違については，事実を誇張して報道するイエロー・ジャーナリズム[48]の隆盛などから19世紀末には多くの人が知ることになった。そのようななかで，W. リップマン（Walter Lippmann）は『世論』[49]のなかで1914年の第一次世界大戦時の小さな島の例を挙げた。そこは多様な国籍の人々が親密に暮らしていてる離島で，2ヶ月に1度だけ来る船の情報を人々は待ちわびていたが，船が着いた時に初めて6週間も前に第一次世界大戦が起こり，お互いの国が敵国になっていたことを知ったのだった。リップマンはこの例の説明として「疑似環境」という言葉を使用するが，これはいわゆる自然環境のことではない。この新しい考え方についてリップマンは人間とその人にとって意味を持つ周囲の世界（環境）との間に疑似環境と呼ばれるものが入ってきていて，人間の行動は環境ではなく疑似環境への反応とした。このことは交通・通信手段の発達によって行動主体である自分が自分自身の生活や行動にとって関連のある事象や事物，つまり環境（その人の社会的環境）全体のうち，自らの目や耳で見たり聞いたり体験したりできる環境の部分は限られてきたことに関連している。リップマンの時代からすでに多くの事情（環境を体験するのにあまりに遠い，時間がないなど）から，環境の多くの部分は体験した他人の経験を記号化（言語化）したもので構成された「疑似環境」で環境を補わざるを得なかった。そして，彼の時代から現代に至るまでその疑似環境を構成している大きな部分が，自らの代わりに目や耳となり情報を伝えるマスコミュニケーションになった。疑似環境への依存はやがて問題をもたらす。疑似環境によって環境を代替化すると，言いかえればマスメディアの情報によって自らの体験を代替化したりその情報を自分自身が体験したものとして無批判に取り込むと，矛盾が生じてくる。この矛盾はマスメディアからの情報を信頼して行動したばかりに欺かれたという現代人にとっても共通の問題であり，リップマンはこのことを1920年代にすでに「疑似環境」という概念として示した。彼はさらに新聞と疑似環境について，人々が公共の事件（パブリックアフェアー──Pubulic Affear──と言われその時代，地域の人々の共通の関心事）について知るための時間が少ないこと，事件を記事として短い文章に要約しなければならないことなどから疑似環境が生まれ，それをもとに世論が形成されることを述べている。彼はこのことからマスコミュニケーションの世論形成に及ぼす問題点を指摘し，その疑似環境概念はマスコミュニケーション研究にとって「情報環境」という重要なキーワードを示したものになった。

▷ 8　多くの読者を得て売り上げを伸ばすためにスキャンダリズムやセンセーショナリズムによった報道の総称。

▷ 9　Walter Lippmann, *Public Opinion*, 1922, 4th Printing, 1954, Macmillan（掛川トミ子訳『世論』岩波書店，1987年）

Ⅸ-1 マスコミュニケーション社会学前史から世論，ジャーナリズム

15世紀	「手書き新聞」「書簡新聞」
1455年	グーテンベルグの印刷術発明→15世紀後半「フルークブラッド」などの印刷ちらし
17世紀初め	印刷された新聞の発行
1704年	英国で特許検閲制度廃止
1771年	英国で議会報道の自由獲得
1791年	米国で憲法修正第1条「言論の自由」
19世紀初め	米国で新聞の大量印刷
1844年	モールス，有線電信実用化
1865年	大西洋横断海底通信ケーブル
1876年	ベル，電話機の発明
19世紀末	米国で安価な大衆新聞の部数競争
1892年	マルコーニ，無線電信の実用化
1901年	『世論と群衆』
1920年	米国でラジオ放送，数年で各国に普及
1922年	『世論』
1929年	『イデオロギーとユートピア』
1938年	「宇宙戦争」→『火星からの侵入』
1940年	エリー研究
1941年	米国でテレビ放送実用化
1943年	ケイト・スミスのマラソン放送→『大衆説得』
1945年	J・ノイマンがプログラム内蔵型計算機提案
1948年	『ピープルズ・チョイス』
1948年	シャノンの情報理論。トランジスタの発明
1950年	『孤独な群衆』
1954年	米国でカラーテレビ放送開始
1955年	『パーソナル・インフルエンス』
1962年	通信衛星テルスター打ち上げ
1964年	『人間拡張の原理』『幻影の時代』
1969年	研究調査用インターネットの開発
1971年	電子メールプログラム開発
1972年	『アジェンダ・セッティング』
1973年	@（アットマーク），チャット，ネット国際接続
	『公共性の構造転換』
1974年	『沈黙の螺旋』
1975年	パソコン開発，メーリングリスト（同報配信）
1978年	『テレビを読む』
1981年	『コミュニケーション・モデルズ』
1989年	『メディアリテラシー』
1991年	米国，WWW（ワールドワイドウェブ）開発
1993年	米国，情報スーパーハイウェイ構想
1995年	WINDOWS95にインターネット・エクスプローラ
1998年	米商務省「ネットからこぼれ落ちる」

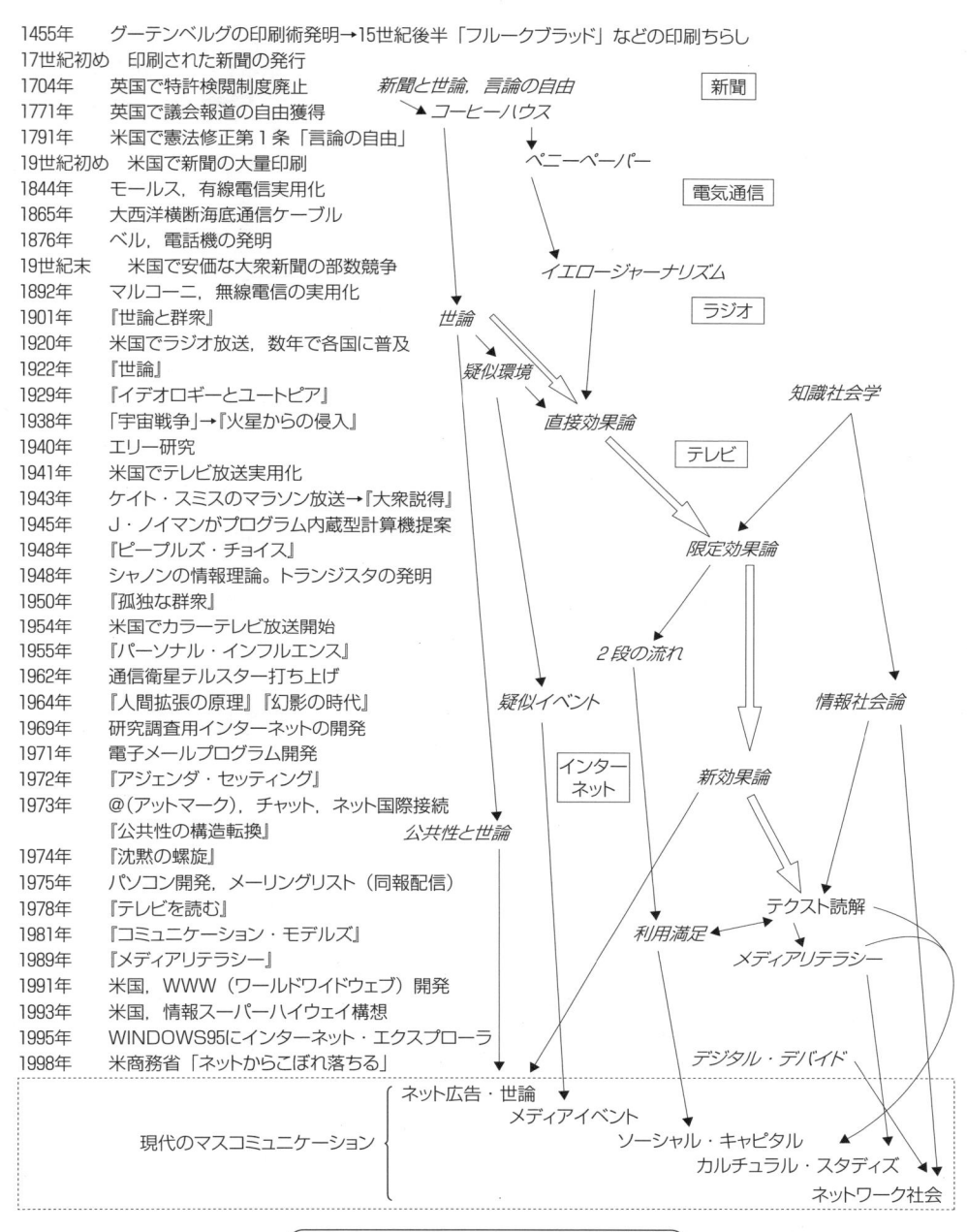

現代のマスコミュニケーション：ネット広告・世論，メディアイベント，ソーシャル・キャピタル，カルチュラル・スタディズ，デジタル・デバイド，ネットワーク社会

新聞と世論，言論の自由 → コーヒーハウス → ペニーペーパー → イエロージャーナリズム

新聞／電気通信／ラジオ／テレビ／インターネット

世論 → 疑似環境 → 直接効果論 → 限定効果論 → 2段の流れ → 新効果論 → テクスト読解
疑似イベント／公共性と世論／利用満足／メディアリテラシー／知識社会学／情報社会論

図Ⅸ-1　マスコミュニケーションの社会学史

第3部　人間の成長につれて

IX　マスコミュニケーション

2　マスメディアの発達と直接効果論

1　ラジオの放送開始と直接効果

　西欧において大衆新聞が出現し，さらに1920年にラジオ放送が発足すると，マスコミュニケーションが生起させる大きな効果が注目された。これが「刺激―反応モデル」[10]「魔法の弾丸理論」[11]などと呼ばれる直接効果論である。
　1938年にアメリカCBS放送のラジオドラマ「宇宙戦争」[12]が放送され大きなパニックが引き起こされた。H. キャントリル（Hadrey Cantril）はこの番組が引き起こした結果について分析し，なぜこの番組だけが人びとをパニックに陥らせたのかについて，ニュースのような番組のリアリズムがあったことを認めるいっぽう，この番組でパニックにならなかった人もいるのはなぜかについて調査した。そして番組のなかで矛盾点をみつけた「内部チェック」，他の情報で確認した「外部チェック」，安易なチェックしかしなかった「外部チェック失敗」，驚きのあまりチェックせずあきらめた「チェックなし」に聴き手を4分類した[14]。そして，これらの分類の聴取者のうちパニックに陥った人びとは主に後の二者であることを示したうえで，必要なのは与えられた情報を鵜呑みにせず批判的に接することができるかという「批判能力」の問題であるとした。

2　ラジオ・キャンペーン

　ラジオの普及にともなってそのマスコミュニケーションとしての広告効果も広く知られるようになった。1943年のCBSラジオ放送において歌手でMCのケイト・スミスは朝から翌日の夜中過ぎまで18時間にわたって「ケイト・スミスのマラソン放送」と呼ばれる戦時債権購入の促進キャンペーン番組に出演した。この番組での債権売り上げは3回目だったが初回の9倍という大きな効果をあげた。マートンは『大衆説得』[15]においてその効果の原因を調査・分析した。その結果，「戦場の兵士とその家族の苦しみや犠牲の放送内容」，「スミス自身が朝から深夜まで疲労しながら繰り返し発言した自己犠牲のイメージ」，という条件のもとで，放送の聴取者を戦時債権に対して関心があったかなかったか，債券を買う余地があったかなかったか，に分けた。そして関心があり買う余地のある「素地のできていた者」，関心はあるが買う余地のない「敏感な者」，無関心だが買う余地のある「冷淡な者」，無関心で買う余地のない「気のむいていなかった者」に4分類し，特に「敏感な者」において「兵士の自己犠牲」と

▷10　Dennis McQuail, S. Windahl, *Commnication Models,* Longman, 1981（山中正剛・黒田勇訳『コミュニケーション・モデルズ』松籟社，1986年，61-63頁）

▷11　Melbin L. DeFleur, Sandra. J. Ball-Rokerch, *Theories of Mass Communication,* 5th ed, Longman, 1989（柳井道夫・谷藤悦史訳『マスコミュニケーションの理論　第5版』敬文堂，1994年）

▷12　1938年に放送されたSFラジオドラマ。火星人がニューヨーク近郊に着陸，攻撃するというニュースの実況中継のような演出に600万人の聴取者のうち，170万人がニュースだと信じ，そのうち120万人がパニックに陥り，不安になったり逃走して大事件になった。

▷13　Hadrey Cantril, *The Invation from Mars : A study in the phycology of public,* Princeton university press, 1940（斎藤耕二・菊池章夫訳『火星からの侵入』川島書店，1985年）

▷14　4分類…具体的な分布は
「内部チェック」（23%）
「外部チェック」（18%）
「外部チェック失敗」（27%）
「チェックなし」（32%）

「スミスの不眠不休という自己犠牲」という2つの条件に影響されて自己自身の罪悪感（自分だけは何もしていない）を生み債券を購入するに至ったという分析をした。

③ マスコミュニケーションと大衆社会論

やがてマスメディアによって人びとが操作される可能性を論じたマスコミュニケーション批判論も出現する。W. コーンハウザー（William Kornhauser）は現代社会を大衆社会と位置づけた。コーンハウザーは，a）エリートの近づきやすさ，b）非エリートの操作されやすさ，の二つの変数をそれぞれ高いか低いかで四つの社会類型を分類した。両方とも低い社会は「共同体的社会」，前者が低く後者が高い社会を「全体主義的社会」，逆に前者が高く後者が低い社会を「多元的社会」，そして両者とも高い社会を「大衆社会」とし，非エリートの操縦可能性の条件として身近な人間関係の欠如（孤立化）と情報への接触の欠如を挙げ，そのなかでのマスコミュニケーションについて個人の人間関係と情報の孤立を埋める形でマスメディアによるコミュニケーションがとって代わる可能性を論じている。

④ 送り手としてのジャーナリスト

受け手の効果中心のマスコミュニケーション論において遅れながらも送り手の分析もされるようになる。D. ホワイト（David White）はアメリカのある地方新聞社の通信デスク（通信社から配信されてくる新聞社の取材範囲外のニュースを選択し掲載を決める）が多くのニュース素材のなかからどのようにニュースを選択しているのかを調べた。するとその選択は客観的に了解できるルールによるというよりは，明らかにデスク個人のニュースの好みやその他の条件（記事を書いた記者が個人的に好きかなど）によっていることがわかった。新聞は読者に多くの記事を提供しているが，読者に供されるためのニュース材料はさらに多い。したがって「送り手（ここではデスク）」は多くの情報のなかから取捨選択して紙面に詰め込まねばならず，適切と思われる情報をニュースとして採用する一方で，時期的に適切でないものは先送りしたり，不適切なものは採用しないという判断が必要になる。この判断が読者への情報の流れのなかで「ゲートキーパー（門番）」と呼ばれる送り手の位置になるのである。マスメディアの情報は原則的に送り手から受け手への一方通行である。そのなかで受け手に対して情報を選択し送り出す送り手の「ゲートキーピング」は，情報を総合して自らの行動を決定する受け手にとって重要な意味をもつものであり，送り手が情報を選択・判断する際の問題性を示したものといえよう。

▷15 R. K. Merton, *Mass Persuasion*, Harper & Brothers, 1946（柳井道夫訳『大衆説得』桜楓社，1973年），複数の調査は①番組の台本の内容分析［質的調査］，②聴取者100名から「焦点面接」方法（被調査者の具体的経験や思考，行動をインタビュー調査［質的調査］，③978人を対象にしたポール調査（調査員の構造化面接調査）［量的調査］から構成された。

▷16 William Kornhauser, *The Politics of Mass society*, Free Press, 1959（辻村明訳『大衆社会の政治』東京創元社，1961年，大衆社会とは「エリートが非エリートの影響を受けやすく，非エリートがエリートによる動員に操縦されやすい社会制度（41頁）」）

▷17 マスメディアは受け手の反応に敏感になってそれを反映しようとする。しかし意見を形成する影響力も強い。この2つの相反した条件によってマスメディアと個人が直接的に結びつく。

▷18 David M. White, The "Gatekeeeers": a case study in the selection news JQ27383-390, 1950, 邦文解説としてはD. マクウェールら『コミュニケーション・モデルズ』1986年，143-144頁，など

IX　マスコミュニケーション

3　限定効果論

1　選挙広告に影響されて投票するのか

ラジオの普及により多くの放送局が開局するとその初期のようなめざましい効果は薄れてきて，新たな効果要因への注目が始まる。1940年のアメリカの大統領選挙において B. ベレルソン（Barnard Belelson），P. ラザースフェルド（Paul Lazarsfeld）らは，マスメディアを通じた選挙のキャンペーンと有権者の投票行動がどのように関連しているのかを調査した。その結果は，ラジオや新聞などのマスメディアでのキャンペーンに人びとはあまり影響を受けず，それで投票を変えた人びとは少ないことがわかった。またキャンペーンはむしろすでに投票を決めた人びとに補強をする効果があること，誰に投票するかを決めていない人びとはキャンペーンより彼らの近くのリーダーに影響されて決めることもわかった。ここから，最初にマスメディアに接触しているのは政治的意識が高い人びとであり，それが周囲にいるまだ投票意図を決めていない人びとに対して対人的影響力を及ぼすという「コミュニケーションの二段の流れ」があることを発見した。このことは政治的意思決定の分野では皮下注射論のような直接効果論は否定されたことを意味し，いわゆる「限定効果論」のきっかけであった。ベレルソンらはここにおいて指摘された影響力のある人物を「オピニオン・リーダー」と呼んだ。

2　マスコミュニケーションと人間関係

さらに，E. カッツ（Elihu Katz）とラザースフェルドはそれを精緻化する際の大きなポイントとして『ピープルズ・チョイス』の「対人関係の発見」に注目した。彼らは対人関係におけるコミュニケーションの伝達の中心にいる人物を同様に「オピニオン・リーダー」と名づけた。ここで重要なのは彼らの言うオピニオン・リーダーとは平凡な存在であり，人びとの身近にいてその要求に応じて助言をしている人で，助言を受ける人にとっては分野によってオピニオン・リーダーが異なっていることが多いなど，少数の強力な意見の指導者ではないというところが注目された。そしてこの仮説を証明するために生活行動を中心とした現地調査が実施された。調査ではマスメディアによるメッセージとそれに対する人びとの行動のあいだの要因（「介在変数」と呼ばれる）があるかを検討するものであり，仮説について一定の証明と様々な変数による精緻化が

▷19　B. Belelson, P. F. Lazarsfeld, H. Gaudet, *The People's Choice*, Columbia University Press, 1948（有吉広介訳『ピープルズ・チョイス』芦書房，1987年）
▷20　投票者は自分の支持する政党・候補のマスメディアでの選挙広告を見る・聞くなどすることで，むしろ支持する政党・候補への投票を補強したこと。
▷21　マスメディアのキャンペーンが強力なものであり，その量とテクニックによって送り手が受け手の行動を意のままに操るという効果。
▷22　「どんな地域でもそしてどんな公共問題についても，その関心が最も高く，かつそれについてもっともよく発言する人々」（『パーソナル・インフルエンス』105頁）
▷23　調査は2回の調査票による面接調査と追跡面接調査で，イリノイ州ディケーターが選ばれた。
▷24　E. Katz and P. F. Lazarsfeld, *Personal Influence*, Free Press, 1955（竹内郁郎訳『パーソナル・インフルエンス──オピニオンリーダーと人びとの意思決定』培風館，1965年）

行われた。カッツらの研究はコミュニケーションの二段の流れを精緻化するとともに，数量化による分析で商品購入行動での効果という応用をした。

③ 様々な効果要因

限定効果論の初期からオピニオン・リーダー以外の効果要因も検討されていた。J. クラッパー（Joseph Klapper）は「現象論的アプローチ」の立場からマスメディアのメッセージが無媒介的に受け手の効果を生むという考え方を否定し「媒介的要因」の作用を強調した。そしてマスコミュニケーションの効果は既存の態度を補強するプロセスで最も作用し，それ自体で効果を生み出す機会は低いことを示した。そして，新たな変化（変改）を生み出すのは媒介的要因が無効なとき，あるいは通常は補強的な媒介的要因自体が変化をはたらきかけるときなどに限った。クラッパーの効果論は効果論の厳密な説明にはなった。しかし，逆に限定効果論においてマスコミュニケーションのもつドラスティックな変化の多くは多くの要素があって「説明しつくされない状況」でも起こるという曖昧な説明をした。

④ 意思決定過程とコミュニケーション

「コミュニケーションの二段の流れ」はマスメディア→オピニオン・リーダー→フォロアー（受け手）という情報と意思決定の二段階の流れを示したものであった。しかしながら，大きなニュースの情報は直接マスメディアからフォロアーに達するとして二段の流れの存在を批判する研究も現れた。これについては藤竹暁が後にまとめているように，受け手に直接到達する「ニュースの流れ」と，その意味づけや意見形成の助言を行う「影響力の流れ」の二つの流れを設定するものと矛盾しない。また，E. ロジャース（Everett Rogers）は農村社会における新しい農業技術の情報とその採用の過程について『技術革新の普及過程』で情報の受け手が情報を得てから実際に採用の意思決定をするまでのプロセスを示した。ロジャースはそのプロセスを5段階に分け，また社会全体の分布を速い人から遅い人まで段階に分けて5分類した。限定効果論は，人々がマスメディアのメッセージによって一方的に情報を与えられ操作されるという像を否定し，個人の心理的傾向による情報の選択がなされていることや，情報を得た個人のその周りの人々が実際の意思決定に大きな影響力をもっていることを示した。

なお，限定効果論は全体としては効果の要素をより詳細で短期的な効果（キャンペーン研究）を解明しようとしたので，もう一方の長期的効果の全体像が説明しにくくなり，現実のマスコミュニケーションの効果の実態と遊離したという問題点ももっていたことは述べておかねばならないだろう。

▷25 「受け手において生ずる効果の必要かつ十分な原因として考える傾向から，全体的状況において他の諸影響力の中で作用しているひとつの影響力としてメディアを考える」（クラッパー『マス・コミュニケーションの効果』，21頁）。

▷26 Joseph T. Klapper, *The Effects of Mass Communication*, The Free Press, 1960（NHK放送学研究室『マス・コミュニケーションの効果』日本放送出版協会，1966年）

▷27 P. J. Deutchmann and W. A. Danielson, Diffusion of Knowledge of the News story, *Journalism Quarterly*, vol. 37, No 3, 1960（広瀬英彦訳「大きいニュースの伝わり方」KYOWA AD-REVIEW 17, 1964年）

▷28 藤竹暁『マスコミュニケーションの社会学――系譜研究ノート』竹内書店, 1972年

▷29 Everett M. Rogers, *Diffusion of Innovations*, The Free Press, 1962（藤竹暁訳『技術革新の普及過程』培風館, 1966年）

▷30 ロジャースはそのプロセスを「認知」，「関心」，「評価」，「試行」，「採用」の5段階に分けた。

▷31 時間を横軸，採用者数を縦軸として正規曲線を描き，早い順に「革新者」（2.5％），「初期採用者」（13.5％），「前期追随者」（34％），「後期追随者」（34％），「遅滞者」（16％）に分類した。社会全体では「初期採用者」がオピニオンリーダーとなりうることを示した。

IX マスコミュニケーション

4 効果論の新たな展開
──新効果論

1 「作られた」事件とその報道

　マスコミュニケーションが引き起こす現象について「疑似イベント」という用語を用いて説明しているのが，文明史家である D. ブーアスティン（Daniel Boorstin）である。彼は『幻影（イメジ）の時代』のなかでイベントと疑似イベントを区別する。イベントは事件・事故など自然発生的で場所や時刻も予測できず，メディアがそれを伝えるためには常に環境監視を行い備えているものである。またそれは5W1Hを速やかに確定して伝達することが必要なのに，性質上解釈しにくい。いっぽう疑似イベントは報道され再現されるという目的のために人為的に仕組まれたものである。それは事前に時間と場所を指定して予告され，主旨も経過も説明されてわかりやすい。また主催者が展開をより劇的に演出することも，過大に報道することもできる。ジャーナリストは予告に沿い報道するだけで，イベント（事件）のように事実の追求に手間をかける必要がない。疑似イベントは疑似環境論の再来とも言える。現代社会のマスコミュニケーションのなかでは，本来は異質なものであるイベントと疑似イベントが，受け手に対しては同質なニュースとして並べられている。この問題は「ニュース」とは何なのか，受け手にとって重要な情報とは何か，を考えさせる。

2 人々は見出しの大きいニュースを大問題と感じる

　マスコミュニケーション研究はやがて短期的な効果の説明を重視した限定効果論から，長期的・広範な効果を説明する新たな効果論に次第に移行していった。M. マコームス（Maxwell McCombs）と D. ショウ（Donald Shaw）は1968年のアメリカ合衆国大統領選挙の調査において，テレビ，新聞，雑誌などのニュースにおいて扱われた記事項目を争点分野別に分類するとともに，その記事が主に「重要な争点」，「重要でない争点」のどちらを扱っているかに分けて受け手調査を実施した。その結果，マスメディアにおいてあげられた重要な争点と受け手調査による重要な争点についての人々の認識は一致性が高いとしてマスメディアの「議題設定機能」を主張した。これは人々はメディアが大ニュースとして報じたものを社会的な重要事項として認識するということで，メディアの提示する内容が受け手に直接的に影響を与えるものと解釈され，メディアの強力効果論とされるものであった。しかし，この二つの現象は直接には関連づ

▷32　Daniel J. Boorstin, *The Image,* Atheneum Publisher, 1962（星野郁美・後藤和彦訳『幻影（イメジ）の時代』東京創元社，1964年）

▷33　5W1H「誰が，いつ，どこで，何を，なぜ，どのように」という報道の記述の原則。

▷34　疑似イベントと自然発生的な出来事を比べると疑似イベントのほうが人々を引きつける。

▷35　メディアが強調した選挙キャンペーンの争点（イシュー，候補者が強調した争点）と，有権者がキャンペーン中に頻度が高く重要性が増大したと判断した争点の間には非常に強い関係があること。

▷36　Maxwell E. McCombs, and Donald. L. Shaw, *The Agenda setting function of mass media,* Public Opinion Quarterly, 1972（谷藤悦史訳「マス・メディアの議題設定の機能」谷藤悦史・大石裕編訳『リーディングス政治コミュニケーション』一芸社，2002年）

けられず，同時に起こった現象の関連を推定するという位置づけであり，「議題設定機能」は投票行動までを規定しないので，情報認識の問題であり，その点が思考や行動に与える影響を想定した限定効果論とは効果の概念と範囲が異なっていることは注意しておかねばならない。

③ メディアの影響で多数意見に流れる人々

　いっぽう，人々の投票意図がマスメディアが伝える世論の状況によって変化し得ることを示したのが E. ノエル－ノイマン（Elisabeth Noelle-Neumann）の「沈黙の螺旋（らせん）状理論」[37]である。これは数次のプロセスからなっている。まず，ある政策を支持する者は人びとの前で積極的に意見表明をするが，反対意見の者は孤立感を感じるため議論に参加せず沈黙する。これが熱心に主張される意見が優勢であり，反対の意見は劣勢であるという印象を生み出し，ついには優勢な意見のみ存在するように見えてしまうという現象として説明される[38]。その展開のなかで，劣勢意見をもち他者から孤立した人びとが最後の局面で意見を逆転させることで，最後の局面で投票意図が雪崩のように急激に変化するのだと説明した[39]。ノエル－ノイマンは社会心理学的調査を実施した結果，人びとは多数で主流の考えを絶えず観察，知覚する活動を行っているとともに，「孤立への恐怖」と「少数者の居心地の悪さ」を感じることを挙げた。また，さらに世論には個人的なものと報道が描くものの「二重の意見風土」を指摘した。マスメディアの報道は人びとにとって多数派と少数派を知覚する有力な手段であり，マスメディアが意図してもしなくても結果として多数派をつくり上げることも可能なのである[40]。「沈黙のらせん」は報道と意見主張の社会心理的相互作用を論じたものである。ただし，マスコミュニケーションの効果論というよりはそれによる社会認識の問題というべきで，効果論への反論ではないとみられる。

④ メディアが生む人々の情報差と知識差

　マスコミュニケーションの情報による人びとの知識差を論じる情報格差論は1970年代頃に「情報ギャップ仮説」[41]として情報量の増大が知識格差を生むことを指摘した。それはまずは個人の情報の受け取り方と人間関係に関する特徴の問題としての「コミュニケーション能力」であった。そして社会的には，情報や知識の獲得において「（社会的・経済的地位があり，教育水準の高い）特権をもつ人びと」と「（そうではない）非特権の人びと」が時間的な差異のなかでどのようなギャップを示すかによって，主に北欧などの研究者の主張するギャップが収束するモデルと，主として米国の研究者が主張するギャップ（拡差）が解消しないモデルの相対立する2つのモデルが想定された。

▷37　Elizabeth Noelle-Neumann, Die Schweigespirale, R. Piper Gmbh & Co. kg, 1980（池田謙一訳『沈黙の螺旋理論――世論形成過程の社会心理学』ブレーン出版，1988年）

▷38　西ドイツ（当時）は二大政党で，1965年と1972年の選挙でマスメディアの支持率調査で最初は半々だったが支持率に次第に差がつき，最後の1カ月で大差がついた。

▷39　一方の意見が優勢に見えると他方は劣勢に見え沈黙することが螺旋状（スパイラル）の増幅プロセスのなかで起こり，さらに最後の時点で決めかねていた者が雪崩のように勝ち馬に乗る現象として説明した。

▷40　ただし，少数派であるという状況にあっても意見を積極的に表明する人々は存在し「ハードコア」（固い核）と呼ばれている。

▷41　社会で情報が増大すると，教育水準や社会的・経済的地位の高い者が，そうでない者より情報を吸収できるようになる。これによって「情報量の増加は知識のギャプを埋めるよりは拡大する結果を生むことになる」（マクウェール『コミュニケーション・モデルズ』，100頁）。

Ⅸ　マスコミュニケーション

5　情報社会論

1　印刷物とテレビの優劣は論じることができない

　ここまではマスコミュニケーションの効果論を中心にみてきたが，電気通信的コミュニケーション論としては C. E. シャノン（Claude E. Shannon）らの「コミュニケーションの数学的理論」があり，またマスコミュニケーションや情報メディアを社会全体の文脈のなかで位置づけようとする試みもあった。

　マクルーハンは『人間拡張の原理』のなかで「メディアはメッセージである」と述べ，どのようなメッセージもそれを伝えるメディア自体の存在に拘束されて受容されるとした。またその時代のメディアの特徴を理解して情報を受容することは「基本料金」を払うこととして，すでにメディア・リテラシーを指摘している。彼は人類の文明史を三つの時代に分けた。第一の時代は口述，口誦の時代で聴覚が主要となり，それは封建的な部族内で絆として共有されるものであった。第二の時代は印刷術の発明で活字印刷の時代になり人間の現実理解に変化をもたらした。そこでの重要な感覚は視覚で文字を読むことで，活字は個人での読書から個人主義を生み部族の絆を解体した。また活字は異なるすべての物事を均質に記述したので，画一性と再構成性を与え想像力を高め「印刷による外爆発（身体の拡張）」を生んだ。第三の時代は電気の時代でテレビが主なメディアである。ここで彼は「クールなメディアとホットなメディア」を述べた。「ホットなメディア」とは単一の感覚を高精細度で大量のデータを埋めるメディアで，受け手はそれ以上情報を補わなくてもよい。いっぽう「クールなメディア」は，与えられる情報量が少なく受け手が多くを補わなければならない。テレビは多くの感覚を刺激して補わせる「自分でやる」式（do-it-yourself-ness）のクールなメディアだが，対象に距離を置かせない参与性の深いメディアでもある。ここからテレビは地球上のどの情報も共感をもって受容する「統合的共感能力」を発達させ内爆発を起こす一方で，部族社会の「直感」も再来させ，電気技術は地球規模で部族を生み出し世界は「グローバル・ビレッジ」（地球村）になるのである。

2　情報化時代の社会と人間の関係

　一方，文明史的視点のなかから情報社会を論じようとする研究もあらわれる。D. リースマン（David Riesman）は現代までの人類の歴史を三つの時代とその

▷42　C. E. Shannon and W. Weaver, *The Mathematical Theory of Communication,* University of Illinois Press, 1949（長谷川淳・井上光洋訳『コミュニケーションの数学的理論――情報理論の基礎』明治図書出版，1977年）

▷43　M. McLuhan, *Understanding Media : The Extensions of Man,* McGraw-Hill, 1964（後藤和彦・高儀進訳『人間拡張の原理――メディアの理解』竹内書店，1967年）

▷44　彼は，ラジオを「熱い（hot）」メディア・電話を「冷たい（cool）」メディア，映画を「熱い」・テレビを「冷たい」メディア，写真を「熱い」・漫画を「冷たい」メディアなどと区別した。

▷45　参与性が低いメディアは自由に解釈する余地が少ない。これに対して，参与性の高いメディアは受け取った者が自由に解釈する余地が大きくなる。

▷46　M. McLuhan, B. Powers, *The Global Village,* Oxford University Press, 1989（浅見克彦訳『グローバル・ヴィレッジ――21世紀の生とメディアの転換』青弓社，2003年）

▷47　「第一革命」は家族や氏族中心の伝統的生活様式から個人が生まれてゆくもので，先進国ではほぼ終わ

間に起こった二つの革命に分けて、そのなかでの人間の社会的性格の変化を説明した。彼はそのなかで、特にまだ始まったばかりの第二の革命以前の社会的性格を「内部指向型」、以後のそれを「他人（外部）指向型」として区別した。そしてそのなかでの情報の位置づけは、内部指向型が幼少時に植えつけられた情報処理装置（例としてジャイロスコープ"羅針盤"）によってマスメディアなどからの外部情報に影響されずに、あるいは個人の羅針盤の方向に矛盾しないように読み替えられ人生の目的を目指す。革命以後の他人指向型は「レーダー」による他人とのコミュニケーションを重要視し、そこでのマスメディアのメッセージは他人たちの関心事や自分のあるべき姿を知るために重要な情報源となる。

　また、D. ベル（Daniel Bell）は『脱工業化社会の到来』、『知識社会の衝撃』において社会発展の段階の類型を3段階に分け、「工業化社会」から「脱工業化社会」の変化において、社会変化の資源が二次エネルギー（電力、石油など）から情報（コンピュータや情報ネットワーク）へ、戦略資源が資本から知識へ変化するとした。そして変化のなかでテレビやコンピュータなど情報の伝達のみでなく、蓄積や検索技術が発達するとともに「情報理論」が求められ、また情報技術の発達がコミュニケーション文化も変化させ情報産業が発達するとした。さらにA. トフラー（Alvin Toffler）も「第三の波」において社会変化を波として3段階の社会を文明史的に捉えた。そのなかで第二の波の社会の情報はマスメディアであり、第三の波の社会はベルと同じく脱産業社会（脱工業化社会）、情報化社会として捉えた。このように「知識社会」「情報化社会論」として第一次から二次、三次産業という文明史観における産業構造の変化のなかで現代社会、あるいは来たるべき21世紀を情報社会として位置づけた一連の研究は、現代社会が情報ネットワーク社会になるという未来を予測したということが言えよう。

❸ 公共性からのマスコミュニケーション批判

　ハーバーマスは18世紀頃において市民的公共圏の生成のなかでジャーナリズムの重要性について述べたが、彼は新聞が1880年代の「イエロー・ジャーナリズム」の消費・商業的変化を経て、テレビなどのメディアも加わり、個人の話題を中心に事実の伝達から物語の消費へ、理性的指導から休養の娯楽への変化が「見せかけ上の公共性」しか伝えなくなったことを批判的に述べた。また、オングは「声の文化」とその後の「文字の文化」を比較しながら、後者の場合通常読み手（受け手）はその場にはいないこと、テレビやラジオのコミュニケーションは「文字にもとづく声の文化」として新たにその特徴を検討する必要があることを述べた。このように現代のマスコミュニケーションについてその作用自体の批判が歴史的な観点から述べられるようになった。

Ⅸｰ5 情報社会論

ったとされる。また「第二革命」を生産から消費への全体的な社会の変化としたが、現在この革命はその初期でその位置づけは不明とした。

▷48 「性格」のなかで多くの社会諸集団に共通で、その諸経験から生まれた部分。

▷49 David Riesman, *The Lonely Crowd: A Study of the Changing American Character*, Yale University Press, 1950, Abridged edition 1961（加藤秀俊訳『孤独な群衆』みすず書房、1964年）

▷50 Daniel Bell, *The Coming of Post-Industrial Society: A Venture in Social Forecasting*, 1973. D. ベル、内田忠夫ほか訳『脱工業社会の到来――社会予測の一つの試み（上・下）』ダイヤモンド社、1975年

▷51 D. ベル「知識社会の衝撃」TBSブリタニカ、1995年（山崎正和解説、ベルの雑誌掲載論文邦訳を収録）

▷52 ベルの脱工業化社会までの三段階は第一次産業中心の「工業化以前の社会」、第二次産業中心の「工業社会」、サービス産業中心の「脱工業化社会」

▷53 トフラーの第一の波は農業革命後の社会、第二の波は産業革命後の社会、第三の波は脱産業社会（脱工業化社会）とした。Alvin Toffler, *The Third Wave*, Bantam, 1984（徳岡孝夫監修・訳「第三の波」中央公論社、1984年）

▷54 ハーバーマス『公共性の構造転換』222-231頁

▷55 オング『声の文化と文字の文化』325頁

IX　マスコミュニケーション

6　現代のマスコミュニケーション

1　視聴者がテレビから得ているもの

　1970年代まで興隆した限定効果論の研究はその後減少した。それは「どのようにして送り手が想定した効果を受け手で生むことができるか」という送り手中心の発想だったことである。つまり受け手は送り手の効果の対象で，その主体性は二次的な問題であった。しかしながら，効果を詳細に検討すると，マスメディアに対する受け手の主体的な利用や得られた満足の社会学的分析が必要になる。W. シュラム（Wilbur Schramm）はニュースの内容を「即時報酬」（社会問題や事件に自らが代理的に参加して即時に楽しむ）と「遅延報酬」（ニュースが即時には不快，苦痛だが，ありのままの現実を受け入れ，それに対する対応を考えさせる）に分けた。また日本でも藤竹暁は限定効果論の研究において受け手の満足の問題が常にあったことを指摘している。さらに D. マクウェール（Denis McQuail）らは『マス・メディアの受け手分析』において，ドラマやクイズの視聴者の充足パターンの調査結果にマスコミュニケーションの過去の理論と数量化解析（クラスター分析）を加え四つのタイプを説明した。そのタイプは①「気晴らし」（日常の問題からの逃避や情緒的解放），②「人間関係」（家族や友人との話題にして人間関係を維持する），③「自己確認」（自分の生活に引きつけて考えたり，自己の価値観を確認，強化する），④「環境の監視」（社会全般の出来事を広く知る）などで，テレビ視聴が現実からの逃避であるという見解を避け，視聴者の能動的活動であり多様である可能性を示した。

2　能動的なテレビ視聴者

　マクウェールは送り手が影響を与えようとすると「能動的な受け手」が抵抗することで相互に「取引」関係をもつようになったと述べた。それと関連づけられるのが英国をその発祥とするカルチュラル・スタディーズである。J. フィスク（John Fiske）と J. ハートレー（John Hartley）による『テレビを〈読む〉』では，マクルーハンと同じくテレビと印刷物をまったく異なるメディアとし，20世紀半ばに人びとが入手したテレビというメディアは印刷物の「読み書き能力（リテラシー）」では読めず，「テレビ・ディスクール」という新たなテレビ特有の言語を通じて読まなければならないとした。そしてそれを知るには，テレビの歴史からテレビというメディアの描き方，受け手の読み取り方などを定

▷56　Wilbur Schramm, JQ, 1949, W. Schramm, *mass Communications*, University of Illinois, 1960（「ニュースの本質」学習院大学社会学研究室訳『新版マスコミュニケーション』東京創元社，1968年，222-224頁）

▷57　藤竹暁はH・ヘルツォークの研究からラジオドラマの聴取者は「情緒的解放」「代理参加」などの予想された利用・満足以外に「助言と忠告」という機能があることを発見した例を挙げ，研究において「利用と満足」の視点が常に存在したことを示した。藤竹暁「マスコミュニケーションの社会学——系譜研究ノート」竹内書店，1972年

▷58　Denis McQuail, *Sociology of Mass Communications*, Penguin Books, 1972（時野谷浩訳『マス・メディアの受け手分析』誠信書房，1979年，44-54頁），D. McQuail, *Mass Communication Theory an introduction*, 1983（竹内郁郎訳『マスコミュニケーションの理論』新曜社，1985年，195頁）

▷59　John Fiske, John Hartley, *Reading Television*, Methuen, 1978（池村六郎訳『テレビを〈読む〉』未來社，1991年）

式化することにより，その読み方が確立されなければならないとした。特にテレビというメディアは社会の支配的階層の表面下での価値観を表現しているものであり，これがわれわれが視聴するテレビ画面のなかに知らずに入り込んでいることに警告している。彼らはソシュールが記号を記号表現と記号内容から成っていることを示したように，テレビの表現も映像そのものを読み取るほど単純なものではなくそのなかに構造（しくみ）があり，それは文化によって規定されるものとする。具体的にテレビが示すものとしてメタファー（隠喩）とメトニミー（換喩）があり，映像の一部分が全体の印象を代表したり，ある対象の一属性にすぎないものを対象全体の印象に適用されることがあることを示しテレビテキストの読解の必要性を述べている。

❸ 批判的にメディアを「読みとる」そして「創り出す」

カルチュラル・スタディーズの影響から英国とカナダでは市民によるマスコミュニケーション情報批判として「メディアリテラシー論」が起こる。これはテレビなどのメディアの情報の一方向的受容への批判であり，カナダのオンタリオ州では「メディアリテラシーの8つの基本概念」を制定し，①メディアは組み立てられ「構成」されている。②メディアは「現実」をつくり出す。③受け手がメディアを解釈し，意味を与える。④メディアは商業的である。⑤メディアは価値観や送り手の考えを伝える。⑥メディアは社会・政治的意味づけをする。⑦メディア表現には独自の様式やきまりがある。⑧批判的にメディアを読むことは，創造性を高めることにつながる…など，メディアにより表現方法が異なること，メディアの情報を批判的に受け取ることと，自ら情報を創造することなどをの獲得を目的とし，それに沿ったメディア教育を実施することを主張している。

❹ メディアのなかの人間関係

1980年代後半からコミュニケーション手段としてコンピュータネットワークが使用されるようになり，WWWで情報を入手したり電子メールでコミュニケーションを行ったりすることが可能になった。G. ガンパート（Gary Gumpert）は電子ネットワーク上で同様の関心をもつ人々が集まることを「地図にないコミュニティ」と呼びバーチャル・コミュニティの存在可能性を指摘した。いっぽう R. パットナム（Robert Putnam）は『孤独なボウリング』においてアメリカ社会のコミュニティから人々の日常のつながり（社会関係資本，ソーシャル・キャピタル）がなくなった理由の一つとしてテレビ視聴を挙げるとともに，インターネットが社会関係資本をさらに減少させるか復活させるかについては両方の可能性を述べている。

▷60　どのようなメッセージにも固有の「好ましいとされる意味」が込められ，それは社会の支配的階層の好ましい意味とたいてい一致しているが，しかしそれも他の意味と競い合うものである。またテレビは，社会の表面の明らかな現実を表現するよりは，表面下の様々な価値や関係のしくみをそのなかに反映している。

▷61　Ontario Ministry of Education, *Media Literacy: Resource Guide*, Queen's Printer for Ontario, 1989（FCT〈市民のテレビの会〉訳『メディアリテラシー──マスメディアを読み解く』リベルタ出版，1992年）

▷62　Gary Gumpert, *Talking Tombstones and other tales of the Age*, Oxford university press, 1987（石丸正訳『メディアの時代』新潮社，1990年）

▷63　Robert D. Putnam, *Bowling Alone: The collapse and revival of American community*, Simon & Schuster, 2000（柴内康文訳『孤独なボウリング』柏書房，2006年）

▷64　同書のタイトルが示すのは，ボウリング場でのチームの試合で自分の番が来るまでの間，他のメンバーと語り合うこともなく，一人きりでテレビを見ている光景を示したものである。パットナム『孤独なボウリング』298-299頁

IX　マスコミュニケーション

7　メディア技術の発達とマスコミュニケーション社会学

① メディアの発達のなかのマスコミュニケーション研究

　マスコミュニケーションの社会学的理論はメディア技術の発達とも関係していた。まず，新聞の発達・普及によって社会に情報が流通するようになり，そこからジャーナリズムが生まれ，世論が形成された。しかし世論形成のもとになった新聞は19世紀には商業的なセンセーショナリズム，いわゆるイエロー・ジャーナリズムによって発行数を増加させて直接効果論の萌芽となった。そしてさらにラジオの発達は直接効果を信じさせた側面がある。しかしながら初期ラジオの効果の諸研究は直接効果を肯定するよりは，一定の条件下で効果が生じたことを示したものでしかなかった。いっぽう，限定効果論は理論構築において知識社会学の影響を受け，調査技術を発達させて直接効果を否定し，対人的影響という要因を析出し，さらに効果要因を類型化し，論理的・時間的な変数を規定し，それを精緻化していった。しかしながら，限定効果論は短期的効果（キャンペーン効果）を問題にしたことや，実際に生ずるマスコミュニケーションの効果において，これらの精緻化された限定効果要因のどれが重要な要因なのかの予測や説明ができにくく，やがて限定効果論が論じられることは少なくなった。

　かわって新たな効果論とされる理論が研究された。「議題設定機能」や「沈黙の螺旋」理論における目立つニュースが重要だと認識される，皆が考えていると推測される意見に流されるといった考え方は直接効果論のニュアンスをもっていたが，それは限定効果論の諸要因を否定してはおらず，効果の生ずる期間など効果を想定する根本の考えかたが異っていた。

　さらに，現代社会を文明史的に「情報社会論」と位置づけられる議論が限定効果論と重なる時代から存在した。特にマクルーハンの理論と思想は後のカルチュラルスタディーズなどにも影響を与え，現代のインターネット分析にも援用さうるものである。

　また，明らかに送り手（情報を送り出す側）を中心にした「効果」という考え方から受け手（視聴者・読者）を中心にしてマスコミュニケーションを社会学的に検討する方法へと変化してきた。その考え方はすでに1950年代からの利用満足研究にあったが，テレビ映像とテレビ言語について文化的な検討が加えられ，さらに実践的なメディアリテラシー論へと応用されている。

▷65　15世紀後半にドイツで出された1枚のニュースちらしは「フルークブラット」（飛ぶ紙）と呼ばれ，ニュースが迅速に広がることを示している。

2 インターネット社会のコミュニケーションとマスコミュニケーション論

　最後に述べなければならないことは，現在のインターネット時代を迎えてもマスコミュニケーションの社会学的分析がそれに応用できる側面があることである。世論とインターネットとの関係は「ネット世論」という言葉に表現されるように現代においてその可否が注目を集めている。そのなかでハーバーマスのように「公共性」に注目することで批判的視点も含めてマスコミュニケーションの世論形成作用が再注目されている。また限定効果論に否定された直接効果論は，テレビのように新たなメディアが登場したときには必ず効果として先ず注目されるものであることがわかる。実際にインターネット（WWW）やブログではアクセス数が効果を計測するツールになっていて，その量的増加が効果であると解釈されている。その意味ではインターネット広告が先ず売り上げを伸ばすのはメディアの歴史から言えば当然のことであると考えられる。

　また新効果論に否定されたとする限定効果論は現代の社会関係資本（ソーシャル・キャピタル）を論じるなかで再注目されてくる可能性がある。なぜならソーシャル・キャピタルのマスコミュニケーションとの接続関係は過去においてパーソナル・インフルエンスとして説明されているからである。

　1980年代からはマクウェール[66]，M. デフレー（Melvin DeFler）[67]らや F. イングリス（Fred Inglis）[68]など，様々なマスコミュニケーション理論を歴史的，あるいは理論的関係などから分類する試みがあらわれ，マスコミュニケーション研究理論の社会学的統合化が行われている。また，オングのように「声」をキーワードにメディア・コミュニケーションの本質に迫ったり，ポスター[69]のように記号論的思考とメディアとの関係を論じた研究もあらわれた。

　また，当初はマスコミュニケーションの情報に関しての情報格差（マスメディアが人々に均等に情報を伝えているにもかかわらず，受け手の間で情報の格差が生じている問題）は1990年代末以降のパソコンとインターネット普及の中で情報手段を持てる者と持てない者の間の「デジタルデバイド」の問題として再提起されることになった。

　マスコミュニケーション研究はマスコミュニケーションに限らず「メディア」や「情報」といった分野を知ることが必然的になっていたと同時に，過去の理論や調査を再検討する社会学史としての見方が必要になったと言えるだろう。

（守弘仁志）

▷66　マクウェール『コミュニケーション・モデルズ』『マスコミュニケーションの理論』など

▷67　Melvin DeFleur and Sandra Ball-Rokeach, *Theory of Mass Communications*, 5th ed., Longman, 1989（2nd, 1970）（柳井道夫・谷藤悦史訳『マス・コミュニケーションの理論』敬文堂，1994年）

▷68　Fred Inglis, *Media Theory*, Basil Blackwell, 1990（伊藤誓・磯山甚一訳『メディアの理論——情報化社会を生きるために』法政大学出版会，1992年）

▷69　Mark Poster, *The Mode of Information*, Polity Press, 1990（室井尚・吉岡洋訳『情報様式論』岩波書店，1991年）

X 若者

1 若者論とは「先取り日本人論」である

1 若者論は若者を語っていない？

　若者論とは70年代以降に誕生した，時代ごとに現れる若年世代の思考・行動様式についての議論である。団塊，モラトリアム人間，新人類，オタク，ニート・フリーター……これまで様々な若者が語られてきた。だが，その一方で，若者論は同じ問題点を指摘され続けてもきた。「若者論は時代の若者を適切に照射していない」というもので，とりわけ学問的手法が批判対象となっている。対象とする若者が大学生，都市圏在住，男性に偏っており，若者全体を反映していない，調査手法が不適切，ジャーナリスティックな言説に追従しているなどがそれである。

　確かに若者論は「科学」という視点からすれば，その厳密性を欠いている。前述した若者の取り扱いが最たるもので，論者によって「若者」は学生，労働者，フリーター，女性，中高生など年齢，属性ともに一致しない。アカデミズムとしては少々眉唾的な分野との誇りを免れないのも無理はないであろう。

　それでも若者論は廃れることなく，この40年間，社会学，心理学，マーケティングの一分野として扱われ続けてきたという事実は重要である。言い換えれば，それは若者論が時代の若者像を正確に射貫いているか否かにかかわらず，社会が若者論という言説を必要としてきたことを意味している。それゆえ，若者論は言説としての社会的機能を担っていると考えるべきなのだ。

2 先取り日本人論

　若者論が立ち上がった70年代，若者論は「青年論」と呼ばれていた。こう呼ばれた背景には，当初，若者論が心理学的な分野からのアプローチ（心理学・社会心理学）が中心であり，この分野で主流であったE.エリクソンのライフサイクル論の「青年期」に該当する年齢層の分析という前提があったからである。また青年は近代化の文脈のなかで「青く未熟ではあっても，新しい知識と未来像をもち，純真かつ積極的に社会へ参加し，これを変えていくことが期待された大人以上の大人」と位置づけられてきた。それゆえ青年論として若者論が立ち上がった当時，若者は次世代を担うパイオニアと認識されていた。以後，名称を若者論と変更した後も，この前提の下で議論が展開されていくことになる。したがって若者論における若者像とは「時代の若者」というよりも，時代を象

▷1　高木傭太郎「近代日本の青年観」池谷壽夫・小池直人編『時代批判としての若者』同時代社，1994年，112-114頁

徴し，予見する存在として語られる「日本人イメージ」と見なす方が的を射ているだろう。また，それゆえにこそ，若者のなかから，こういった要素を備えていると思われる人間像を恣意的に抽出し，論ずるというスタイルが，結果として社会的ニーズに応えたかたちとなったのではなかろうか。換言すれば，若者論とは，いわば「先取り日本人論」，時代の複雑性を縮減する言説なのである。このように考えれば，若者論が「若者を照射していない」という指摘は，若者論の社会的機能からはさしたる問題ではないというということになろう。

3 若者論はどのような社会的対象を背景として若者を語ってきたのか

若者は，時代を語るためのイコンとして引き合いに出されるようになった。すなわち，時代の社会的背景がまずあり，その解釈装置として若者像が抽出される。社会的背景＝独立変数，若者像＝従属変数という図式に基づき，若者論は展開されたのである。また，これらを説明可能とする概念として，時代ごとにマルクス，カイヨワ，エリクソン，ボードリヤール，マクルーハン，リオタール，ルーマン，ギデンズといった研究者たちの理論装置が用いられた。

本節では以上のような前提に基づき，以下，若者論の社会史レビューとして年代ごとの社会背景と若者像について表層的側面から整理していく。

4 70年代
——ポスト団塊世代としてのシラケ＝脱政治世代の若者たち

若者論が青年論という名称で立ち上がった70年代，若者はまず政治との関連で語られた。先行世代・60年代後半の若者である団塊は，学生を中心に政治的に立ち振る舞う世代と位置づけられた。若者たちは高度経済成長に違和感を覚えるようになる。若者は社会のパイオニアであるはずが，実際には産業資本の整備によって「歯車」となることを期待されてしまったこと，産業社会が最終的に達成原理と業績原理に収斂し，民主主義の基本理念である平等主義を否定したことがそれである。こういった矛盾に，「青年」としての団塊たちは異議申し立てを行ったとされたのだ。

だが70年代，高度経済成長の終焉とともに若者たちの政治の季節も終わりを迎える。学生運動は制圧され，社会の管理化は一歩前進。そんな中で，若者が政治＝社会とどう関わり合うか。これが70年代若者を分析するための課題とされた。キーワードは「シラケ」である。これは，何ごとに対してもコミットメントを拒否する虚脱感を意味しており，その最たるものが「脱政治」，すなわち若者の政治離れであった。その際，理論装置として用いられたのはマルクス理論であり，エリクソンのライフサイクル論だった。栗原彬は若者を「ミリタントなやさしさ」の持ち主とし，異議申し立てが地下に潜行するかたちで継続することを指摘した。必然的に，ここには体制＝資本，若者＝労働者というマルクス理論の図式が前提されていた。一方，井上俊と小此木啓吾はエリクソン

を援用し，それぞれ「離脱の文化」「モラトリアム人間」をキーワードに若者の脱政治にメスを入れていく。だが，80年代の若者論に接続されたのはマルクス理論を捨て去り，ライフサイクル論も超克する議論を展開した小此木だった。大人になることを拒絶するモラトリアム人間という考え方は，以降の若者論のベーシックトーン＝デフォルトとして機能していくことになる。

5　80年代
——新人類という高感度な存在

　80年代は，高度経済成長後の低成長を産業合理化で乗り越えたわが国が，再び右肩上がりの成長を謳歌した，いわゆるバブルの時代である。そして，これらにふさわしい人間像として描かれたのが新人類という若者イメージだった。新人類は二つの側面から語られる。一つは消費の側面である。バブル社会は，可処分所得が増大し，消費財が一巡したモノあまり，カネあまりの社会である。それゆえ，これをどのように消費するかが課題となった。「新人類は，これまでの「人と同じでありたい」という中流志向の欲望がすでに内在化されており，それゆえ「人とは違っている」ことを志向する。そんな彼らにはモノ＝商品そのものの機能ではなく，モノを所有することによって他者との差異化が可能と思わせるような商品展開がふさわしい」。こういった捉え方を，マーケティングはA.マズローの欲求五段階仮説にもとづく「分衆論」，星野克美はボードリヤールの「記号消費」の概念を用いて正当化していった。そして新人類に向けて行うべきはCM，広告などを用いた差異化戦略であるとされた。

　もうひとつは情報化の側面である。80年代を特徴付けるメディア機器はウォークマン，ワープロ，パソコン，ビデオである。当然，これらを使いこなす人間が必要とされる。稲増龍夫はM.マクルーハンの人間拡張の原理に基づき，新人類がメディア機器から流れる膨大な情報を自らの視点から収集・解釈可能な「能動性の高い受け手」とした。そして，これらを駆使して自己実現と洗練されたコミュニケーションを実現する人間像として新人類を位置づけたのである。

　バブル社会に適合的とされた新人類の二つの特性は「高感度」ということばで結ばれる。膨大な情報を高度な感性をもって適切に選択し，消費し，他者との差異化を図ることで自己実現を達成する高感度な若者というイメージである。新人類という若者像はまさにバブル社会が期待する人物像そのものであった。

6　90年代
——オタクと切り捨てられる若者

　90年代に入ると，バブルの崩壊とともに「失われた十年」が始まるが，これを反映し，若者像も80年代までのそれとは一転，時代のネガティブな状況を背負った人格として語られるようになる。その最たるものが80年代末に定着した「オタク」であった。オタクとは「一部の趣味の世界に没頭し，他者との関係

を間接化したために，社会性を失った若者」である。一見すると高感度な新人類と正反対ではあるが，これは新人類の消費性，親メディア性という特性をネガティブな文脈で捉え直したものに過ぎなかった。たとえば，宮台真司は，新人類とオタクの相違点がコミュニケーション・スキルにあるとしている。

90年代にはオタクの他に団塊ジュニアなどの若者像も指摘されたが，総じて若者論は低調であった。オタク的な若者像が，いわば「期待される日本人の未来像」，あるいは「マーケティングのターゲット」としての機能を必ずしも果たさないという認識が広まったためである（実際，就労状況の悪化により，可処分所得が減少したという現実もあった）。経済状況の悪化に伴い，ここに来て若者は，逸脱的ではあるが将来を嘱望される存在から，単に逸脱的で社会的に有用とは見なされない存在へとイメージが変容していく。こういった若者の切り捨て的意識が，若者論にも波及することになったのである。

7　０年代
——ニート，フリーター，パラサイトという社会的弱者としての若者

だが21世紀に入ると若者論は再び活況を呈しはじめる。これまでのように若者を一言で集約する用語こそないものの，ニート，フリーター，パラサイト・シングルなど，様々な若者像が提示されるようになった。また，雇用，少年犯罪，ひきこもり，携帯電話・テレビゲーム，Web2.0，ナショナリズムなど，若者が語られる際のアジェンダも多様化するようになる。しかし，その視点は90年代に引き続き，あくまでもネガティブである。

だが，社会は90年代に引き続き不況が継続し，終身雇用・年金制度の機能不全，高齢化社会の進行など，社会・産業構造が大きく変容する。それゆえ，若者像に帰せられていたネガティブな視点には，自己責任に基づく逸脱的な存在としての非難のみならず，社会変容の結果，格差社会が生まれたことで「負け組」＝「弱者」となることを余儀なくされた存在として救済すべきという側面も強調されることになる。少年凶悪犯罪の多発，携帯電話の普及によるコミュニケーションの希薄化，テレビ・ゲームやインターネットの悪影響，モラル・ハザード，労働意欲がないニート・フリーターの出現など（いずれも統計的な根拠はない），当初，若者の自己責任に基づくとされた諸現象が，社会的構造の変容によって出現したという文脈でも議論の遡上にあげられはじめるのである。

これらは不況によって多くの日本人が抱えることになった社会的不安をどのように解消するかという社会的命題を背景にしている。いわば，ここでは「社会的弱者としての若者」の救済は「日本人」の救済として捉えられているのだ。

次節以降では，若者を巡る議論のパラダイムを背景に若者論を考えていく。本節が概論，次節以降が各論と捉えていただきたい。

参考文献

小谷敏編『若者論を読む』世界思想社，1993年

岩間夏樹『戦後若者文化の光芒——団塊・新人類・団塊ジュニアの軌跡』日本経済新聞社，1995年

後藤和智『「若者論」を疑え』宝島社新書，2008年

X 若　者

2 政治と若者
　　──離脱から無政治，迎合へ

　若者論は青年論という脈絡のなかで，当初，政治と若者の関わりという点から語られはじめた。社会＝体制に異議申し立てを行った青年＝若者＝団塊の世代が敗北した後，次世代の若者たちは政治，そして社会とどのように関わっていったのだろう…。こういった文脈で若者に関する語りは立ち上がるのである。

1 栗原　彬
　　──ミリタントなやさしさ

　栗原彬は，当時，若者たちの間で用いられるようになった「やさしさ」（4節のものとは異なる）ということばに注目し，学生運動が終わった後の若者の政治への働きかけについて考察を行っている。

　70年代，一見，政治からは撤退したように見える若者は，撤退したのではなく，地下に潜ったと栗原は捉えた。そして，その政治性が「ミリタント（＝好戦的）なやさしさ」ということばによって集約されたというのだ。これは具体的には次のようなかたちで現れた。若者たちは企業に就職，いわば産業社会の僕となって，一見，すっかり政治性＝異議申し立ての意欲を失ったように見える。ところが，さながらレジスタンスのように，社会に対する異議申し立てを継続する。つまり，企業社会のなかに身を置きつつも，いざとなるとこれに反旗を翻す行動を行う。たとえば会社の一員でありながら労働運動に積極的に参加したり，大企業を拒否してベンチャー型の小規模な企業に活路を見いだしたりなどがそれである。

　栗原は，若者たちが表面的には社会に順応しながらも，その背後で青年的な理想＝競争社会の拒否とすべての平等を維持する，という二重意識を持ち続けることで，社会に対する政治的異議申し立てが継続されたと結論づけたのである。

2 井上　俊
　　──離脱の文化

　井上俊も若者の政治意識が潜在化したという文脈で「離脱の文化」という議論を進めた。井上は R. カイヨワや J. ホイジンガに依拠しながら，聖－俗－遊という概念でこれを説明する。政治＝俗に対して，これまで青年たちは異議申し立て＝聖という図式で対抗してきた。いわば，社会の矛盾に対し正義を振りかざす「青年」という概念に極めて適合的かたちで，若者たちは政治と関わってきた。だが，この戦略が無効になった70年代，若者は政治＝俗に対して正面から立ち向かうのではなく離脱する，すなわちこの対峙から降りてしまい，ず

らしてしまうことで，これに対応しようとした。こうすることで対立が失われると同時に，政治というアジェンダ自体が相対化される。いわば「降りる」という行為によって，カウンターをあてたとみなしたのである。

③ 小此木啓吾
──モラトリアム人間論

　栗原，井上は，ともに若者が政治との直接的な対峙は避けながらも，何らかのかたちで政治＝社会に関与する立場を維持した。だが，小此木啓吾はこういった政治的側面を完全に否定し，井上の「離脱の文化」＝遊への側面の引き延ばしというかたちで若者論を立ち上げる。それがモラトリアム人間論であった。

　青年期とは，若者に与えられた社会的責務遂行のモラトリアム＝猶予期間である。その間に若者は時間を与えられ，自らの可能性，社会との適合性をまさぐることを許容される。ただし，あくまで猶予期間であるゆえ，青年期終了後は「借金返済」，すなわち社会人としての責務遂行が義務づけられる。ところが，青年期のモラトリアムを逆手に取り，いつまでもこの環境のなかで青年に与えられた特権を維持し続け，社会に出ることを拒絶する若者が登場した。留年を繰り返したり，卒業後も定職に就かず，可能性を遊とともにまさぐりつづける。こういった大人になることを拒絶する若者を小此木はモラトリアム人間と呼んだのである。モラトリアム人間論は栗原，小此木の議論を乗り越えるかたちで80年代以降の若者論のベーシック・トーンとなっていく。換言すれば，それはマルクス的，エリクソン的文脈での青年論的脈絡の消滅でもあった。と同時に，ここに政治的な脈絡での若者に関する議論は，いったん終焉するのである。

④ ゼロ年代の政治と若者
──無政治への反動としての政治関与

　だが20年後，政治と若者の議論は突如として復活する。ただし，それは若者があまりに政治から離脱した結果，反動として政治が志向されるようになったという脈絡からであった。情報化，消費社会化が高度化し，若者にとって社会は複雑で不可視なものとなった。だが，それは社会と自らの関わりの希薄化，翻っては社会のなかでの孤立化を意味する。こういった状況に耐えられない若者たちが，関係性を求める媒介として政治に関心を寄せ始めるとされたのである。この論者の典型は北田暁大と香山リカである。両者に共通するのは政治的無関心が極致まで進み，社会とのつながりも失った若者が，他者との接点を求めて共同性が確保可能と見なされる政治に関与するようになったという視点である。ただし，関与するのはあくまで一人でないことを確認するための行為として。換言すれば，こういった政治性はイデオロギーとの直接的な関連を有していないわけで，60年代若者の政治的関与とは異質の，そして，その視点からすればより一層，脱政治，極言すれば無政治化が進んだ状況と捉えられている。

参考文献

栗原彬『やさしさのゆくえ──現代青年論』筑摩書房，1981年

井上俊『死にがいの喪失』筑摩書房，1973年

小此木啓吾『モラトリアム人間の時代』中公叢書，1978年

北田暁大『嗤う日本の「ナショナリズム」』NHKブックス，2004年

X 若　者

3　消費と若者
──消費のパイオニアとして，消費を媒介に自己を確立する

　消費と若者の関わりについての議論は団塊世代に始まる。高度経済成長に伴う移動性の高まりによって都会に押し出され，故郷という拠り所を失った団塊は，その代替として消費物との関わりのなかで自己を形成するようになる。それに対して資本は商品の購入＝自己の購入という図式で商品群を用意したとされたのである。これは具体的には「ヤング」という言葉に集約される。「キミもこの商品を購入すればヤングという若者＝想像の共同体の一員だ」という確証を抱かせることで，商品購入の欲望を喚起したというのである。こういった，モノの背後に共同性的な社会的意味を含意させ商品の購入を煽る，換言すれば商品の購入と自己イメージ形成とを結びつけるという図式は，80年代，若者の可処分所得の増大に従って本格化していく。バブル社会は経済成長に適応的な存在として，消費する若者像を要求したのである。

1　記号消費の時代

　星野克美らは商品と自己形成の図式を J. ボードリヤールの記号消費の概念を援用し明確化していく。豊かな時代ゆえ，使用価値＝機能に基づいて求められる商品群は一巡した。また A. マズローの欲求段階説に基づけば，時代は最終段階である自己実現要求段階に入った。それゆえ他者と同じではなく，他者とは違っていること，すなわち差異化欲求に基づいて自己のイメージを形成する，個性化を志向する時代になったとされたのである。これらのニーズに応えるべく，商品展開は，誰もが必要とみなすゆえに求める使用価値よりも，所有することで他者との差異化が可能な記号的価値に基づくべきであるとされた。そしてこのような消費を行うフロント・ランナーとして描かれたのが新人類という若者像であった。若者たちは高感度な感性で，自らにとって適切と思われる商品を選択し自己実現を果たす，バブル社会に最適な人間像として描かれたのである。

　新人類は85年に流行語大賞になるほど認知されるが，以後，次第に語られなくなっていく。それはこの戦略に基づいて多様な商品が展開された結果，差異が微小化し，それによって差異化が困難になり，モノ＝商品によって自己，そして自己が拠って立つ共同性を見いだす戦略が無効になったとされたためである。実はこの差異化の背後には「大衆」という「人並み志向の集団」が前提され，それに対して「分衆＝新人類という共同体の一員＝感性豊かなわれわれ」

として，これと差異化を図ることで自己実現を行うという図式があったのだが，差異化の進行によって誰もが分衆になってしまい，差異化対象の大衆を見失ってしまったという事情がある。これではモノによる共同性の獲得も自己の獲得も困難である。加えて90年代に入りバブルが崩壊し，若者の消費活力が低下し，消費のターゲットとしては期待されなくなったことも，新人類という若者イメージのリアリティ崩壊に拍車をかけていくことになった。

❷ モノから情報へ。消費の質的展開としての物語消費

だが，若者が消費との関わりのなかから自己を形成するという議論は保持された。若者論では商品＝モノに代わって「情報」という消費物を，どのようにカスタマイズして自ら依拠すべき場所にするのかが，問題の焦点として浮上してくる。いわば量的消費から質的消費に向けての転回である。

この嚆矢が大塚英志の「物語消費」であった。大塚は若者（大塚の場合，子どもが対象）が情報・消費の海のなかから任意に一部の情報にアクセスし，これを組み合わせ，一連の物語としていくなかで自らの拠って立つ場所を作り上げる行為をさして，こう呼んだのである。このような大塚の指摘は情報の多様化，細分化のなかで，一部の情報に拘泥し，そのなかで自己を形成しようとする「オタク」という，90年代に若者を語る上でキータームとなる若者像の基本的行動傾向を照射していた。また，こうしてオタクが拘泥していく極小の世界を宮台真司は島宇宙と呼んだ。

❸ モノ語りなき消費としてのデータベース消費と自己のゆくえ

だがゼロ年代に入り，消費と自己の関わりは物語消費をアレンジした東浩紀のデータベース消費論によって大きな転換点を迎えることになる。データベース消費論は，膨大な情報のなかから一部の情報にアクセスする視点は大塚と同様であるが，東がデータベース消費においては物語を構築しないとした点が根本的に異なっていた。物語は他者と共有することによってこれを自己の拠り所とすることができるが，ポストモダンの状況においては，このような物語による共有はむしろ個人の自由を拘束すると捉えられる。それゆえ，情報にアクセスしつつも物語を構築することなく，次々と情報と戯れ続け，相対的自由を獲得する。東はオタクたちが情報を収集することそれ自体を目的化し，そして情報にフェティッシュに熱狂する「萌え」という行為を志向することに，この状況を見ることができるとした。

東のこの視点は60年代後半以降，消費との関わりのなかで拠り所の獲得と自己を構築するという前提を根底から覆す点でドラスティックな議論と言える。ただし，これを敷衍した場合，それでは自己がどのように構築されるのか，社会性はどのように涵養されるのかについては課題が残されたままである。

参考文献

星野克美『消費の記号論』講談社現代新書，1985年
博報堂総合生活研究所『「分衆」の誕生──ニューピープルをつかむ市場戦略とは』日本経済新聞社，1985年
大塚英志『物語消費論──少女はなぜ「カツ丼」を抱いて走るのか』講談社，1991年
東浩紀『動物化するポストモダン─オタクから見た日本社会』講談社現代新書，2001年

X 若者

4 メディア・コミュニケーションと若者
―― メディア媒介によるコミュニケーションの間接化

「メディア」と「コミュニケーション」の脈絡で若者論が語られ始めるのは80年代からである。時代の若者像として提示された新人類がメディアを駆使して高感度に情報を収集し，コミュニケーションを広げていくと見なされたからだ。また，社会学でこの二分野が注目を浴びはじめたという事情もあった。だが，これらについては60年代の団塊世代について中野収がおこなった議論が嚆矢である。そして中野が示した若者とメディア，そしてコミュニケーションへの指摘が，この分野での若者論の基調となっていく。それは「メディア媒介型コミュニケーション」と「コミュニケーションの間接化」という文脈である。

ちなみに若者論で「メディア」という場合には，時代や状況によって運用が異なる。メディアは語源的に medium＝中位・媒介を意味するが，メディア論では最広義の定義は「コミュニケーションを取り持つもの，可能にするもの」である。そして，ここから派生するかたちでパソコン・携帯電話・ウォークマン，デジタル・オーディオ・プレイヤーなどの電子メディア機器，雑誌・マンガ・新聞・テレビ・CM・広告・ラジオなどのマス・メディア，インターネット，さらには会話のネタなどが「メディア」という言葉で括られる。

1 中野収のカプセル人間論

中野は60年代末，喫茶店で目撃した団塊たちの奇妙な行動に注目する。仲間とテーブルを囲むが，それぞれマンガ，新聞，雑誌，文庫本などのメディアに目を向け，ほとんど会話をしない。ときおりメディアを手から下ろし会話を交すが，それが終わると再びそれぞれのメディアに戻っていく。中野はこのような行動をとる若者をカプセル人間＝孤立と連帯のバランス人間と命名した。

勝手気ままにしていたいとき，これを真っ先に阻害するのは他者である。ならば他者を排除すればいい。しかし，他者の排除は孤独を招来する。ならば他者と関わればよいのだが，すると今度は勝手気ままが阻害される……。この矛盾する二つの命題を解消する「勝手気ままでもさびしくない」という状況を作り上げる方法が，前述のエピソードなのである。仲間とテーブルを囲んでいれば寂しくはない。一方でメディアを手にし，これに没頭していれば，勝手気ままな自分の世界にいられる。この時，メディア（この場合，雑誌など）はカプセル＝殻，すなわち他者を遮蔽するツールとして機能する。カプセル人間の行為はメディアを介在させることでコミュニケーションを間接化することに他ならなかった。

中野の指摘はメディアから若者へのアプローチを二方向に切り開く。一つは対メディア機器／マス・メディアという狭義の視点から，もうひとつは対人関係コード・メディアという広義の視点からである。

② 80年代
──メディア機器を駆使して高感度性を高める新人類

80年代は対メディア機器／マス・メディアという，狭義の文脈で若者が語られた時代である。この時代，若者は新人類という言葉で括られるが，この若者類型に付随していた特性のひとつに「高感度」があった。新人類は情報の通路が多様化，そして情報が膨大になっていくなかで，これらに溺れることなく，自らの欲望に従って情報をコントロールできる「高感度人間」（成田康昭）であり，マス・メディアが送りつける情報を鵜呑みにすることなく，また自らこれらをカスタマイズできる「能動性の高い受け手」（稲増龍夫）でもあり，この高感度性をもって他者と渡り合えるコミュニケーション・スキルを備えた存在と見なされた。その際，これら情報をハンドルする装置がテレビやパソコン，ワープロ，ビデオ，ウォークマンといった電子メディア機器であり，広告やCMなどのマス・メディアであった。これらを縦横無尽に駆使できる点がこれまでの人間（＝旧人類）とは異なるゆえ，彼らは新人類と呼ばれたのである。

もっぱらポジティブに若者が評価された80年代。コミュニケーション間接化の脈絡は薄い。むしろメディアを媒介としてコミュニケーションを拡大し自己実現を果たす若者像が，M.マクルーハンの技術決定論的視点（＝技術が社会を規定する）から楽観的に指摘されたのだが，それは，このイメージが消費社会の消費者の文脈からすれば適合的であったためだ。これらの高感度性の背後には，明らかに高度な消費性が前提されていた。すなわち，個性化やコミュニケーションを，情報を駆使して，そこから商品を購入することで実現することが見込まれており，こういった人間像こそが期待される消費者像だったのである。

③ 新人類のネガとしてのオタク

だが，80年代末になると，新人類が備えているとされた高感度性が，今度はオタクという言葉でネガティブな視点から捉えられるようになる。これは89年に幼女連続誘拐殺人事件が発生した際，マス・メディアによって公開された被告の自室が，雑誌やビデオ・テープが山のように積まれていたのが契機となった。新人類の高感度性＝メディア活用能力が高度なコミュニケーションではなく，ディスコミュニケーションに接続されていると見なされたのである。被告のイメージを背景にしながら，オタクは「アニメやパソコン，ビデオなどに没頭し，同好の仲間でも距離を取り，相手を名前で呼ばずに『おたく』と呼ぶ，コミュニケーションが苦手で，自分の世界に閉じこもりやすい若者」と定義される。オタクはメディアを駆使して他者との関係を間接化するという点でカプ

セル人間の延長線上の若者像だった。異なるのは、それがディスコミュニケーションと接続している点、すなわち、一部の情報領域（＝島宇宙）にフェティッシュに熱狂することで自らの居場所を確保するとともに、他者との関係の間接化による孤立をやり過ごす存在と見なされたことだった。言い換えれば、オタクと新人類の相違点は宮台真司が指摘するようにコミュニケーション・スキルに帰着するとされたのである。

❹ 進化するメディア機器利用によるコミュニケーションの間接化

　メディア機器によるコミュニケーションの間接化という脈絡は、90年代以降も携帯電話、インターネット普及などの文脈で継続する。90年代末から急激に普及した携帯電話については当初、コミュニケーションの希薄化＝浅く広い人間関係を促すことが指摘されていたが、松田美佐はこれを否定し、選択的人間関係を促すツールと位置づけた。携帯は関わり合う他者を選択し、またいつでもどこでも、場所や所属する集団に関わることなく、好きな相手、気の合う相手と繋がることを可能にする。それゆえ全人格的、直接的な関わり合いを回避し、任意に相手と関わり合いを可能とするとしている。

　また藤村正之・富田英典は「みんなぼっち」という考え方を提示している。カラオケでのコミュニケーションが典型で、カラオケ・ボックスという空間を共有することでは連帯するが、一方で空間内での行為はバラバラである。「みんな」でありながら「ひとりぼっち」の状態であり、こういったコミュニケーションを若者たちが志向すると指摘しているが、これはカプセル人間が利用したマンガ・雑誌というメディアをカラオケに置き換えたものに他ならない。

　メディア機器と若者コミュニケーションの議論に関しては、ゼロ年代に入るとゲーム（ゲーム脳など）、インターネット（Web2.0、2ちゃんねる、SNSなど）なども議論の遡上に挙げられるようになるが、ここまで見てきたものと同様、捉え方が肯定的にせよ否定的にせよ、その多くが技術決定論的文脈にある。

❺ 対人関係コードというメディアによる、対面的コミュニケーションの間接化

　対人関係コードというメディアを任意に設定することによってコミュニケーションの間接化を図ろうとする、広義の視点からの議論は、90年代前後に始まる。

　嚆矢は大平健が提示した「モノ語り」と「やさしさ」二つの対人関係コードである。モノ語りとは、会話においてひたすらカタログ的に情報を羅列する反面で、内容には深入りしない語りを指している。こうすることで、他者との会話を継続させ、会話という行為から感情表出と連体を獲得できると同時に、内容に深入りせず、立ち入ることがないので、自らの発言内容に対して相手からの干渉を回避できる。一方、「やさしさ」とは、かつての「相手の気持ちに立ち、相手の悩みや喜びを共有する」のではなく、「相手が悩んでいても、これ

を共有することなく，放っておく」心性を意味している。もちろん無視するのではない。相手が悩んでいたら，ただ寄り添ったり，カラオケや飲み屋に連れて行って盛り上がることでストレスを発散させてあげるのである。やさしさは他者に対して「介入するもの」から「そばにいてあげながら，そっとしておいて，介入しないもの」へシフトしたというのだ。

6 間接化の彼岸としてのKYと連帯希求

だが，コミュニケーションの間接化は，自らの勝手気ままを保証すると同時に，相互不介入を原則とするため，結果として他者を不可視化する。勝手気ままは，それぞれを個別化して関係の接点を限定，あるいは切断してしまうからである。これが進行すれば，他者とのコミュニケーションは限りなく困難になっていく。土井隆義はこのような状態をKY＝空気が読めないという言葉で括っている。若者は社会性が養われていないゆえ，他者の行動予測が難しく，それが結果として場の雰囲気を摑めない身勝手な行動を招来し，結果として場を共有する契機を喪失する。

だが，それでは人間関係が解体してしまう。そこでこの危険を回避する戦略が提示された。土井が提示したのは「優しい関係」という対人関係コードである。これは親密な仲間の言動に異常に敏感になり，過同調することで，既存の範囲の限定された関係を維持しようとするものである。

北田暁大，鈴木謙介などが指摘する「ネタ的コミュニケーション」も同様の戦略である。マス・メディア，とりわけテレビが提供する情報による会話や，ネット上の2ちゃんねるなどでの議論がその典型とされる。ここでは共有するネタがあり，その内容ではなく，ネタという形式を共有することで盛り上がることが志向され，これによってコミュニケーションが維持されるとしている。

また，相原博之や前述の土井は人格を可視化してコミュニケーションを維持する手段として「キャラ化」という現象を取り上げている。自らの性格を露出する代わりに，既製のキャラクター＝役割を演じることで，仲間内でのポジションを確保するというのがこの戦略で，典型は「いじられキャラ」である。これは仲間からはいじめられ，ツッコまれる役所で，傍目からは「いじめ」に見えるのだが，いじられる側，いじる側とも「イジメ」を役割演技として定義しているので，結果としてそれはコミュニケーションの複雑性を縮減するメディアとなるのだ。その一方で生身の性格は隠蔽＝棚上げされるわけで，ここでもコミュニケーションの間接化戦略は巧妙に仕組まれている。

メディアとコミュニケーションを巡る若者の議論は，ここまで見てきたようにメディアを介したコミュニケーションの間接化が次第に洗練化されていく文脈で議論が展開されたと，まとめることができよう。70年代半ばに中野収が指摘したカプセル人間の文脈上で，議論は依然，進行し続けているのである。（新井克弥）

参考文献
平野秀秋／中野収『コピー体験の文化』時事通信社，1975年
大平健『やさしさの精神病理』岩波新書，1995年
宮台真司『制服少女たちの選択』講談社，1994年
稲増龍夫『フリッパーズ・テレビ―テレビ文化の近未来形』筑摩書房，1991年
土井隆義『友だち地獄――「空気を読む」世代のサバイバル』ちくま新書，2008年

XI ジェンダー

1 ジェンダー研究の始まり

1 ジェンダーとは

　ジェンダー（gender）は，もともと言語学の名詞の性別をあらわす専門用語であり，後に社会的・文化的性別や性差を意味する言葉として援用されるようになった用語である。私たちが日常生活でつかう性別は，生物学的性差に由来して，オスやメスといった性（sex）がはっきり区別できるように前提して捉えているが，たとえば，「優しい」「淑やか」や「猛々しい」「頼もしい」といった女性の振る舞いに期待される好ましさや男性にかかる期待についてつかわれる用語は，必ずしも生物学的な性に自動的に，はっきりと区分できるような性質をもっているとはかぎらない。この社会的・文化的性に関わる区分をgenderとし，生物学的性差に関してつかわれるsexとの違いに気づき，その矛盾や関わりのある困りごとの解明を目指したところから，ジェンダーという用語は広く，社会科学の各分野で，専門用語として定着していったのである。

2 ジェンダー研究の源流となる思想や運動

　本章では，社会学の一分野として「ジェンダー」の社会学史を明らかにしようとしている。しかし，本書の他分野（地域，政治，家族）と同じように「ジェンダー」という分野が社会学理論のなかに当初からあったわけではない。ジェンダー概念は，男性と女性の違いが，「解剖学的宿命」「生物学的決定論」（生物として，変更できない自明な違い）として捉えられていたことに対して，性に関係する違いは，「社会的につくられたものだから，社会的に変えることができる」という立場からの主張や研究をすすめようとするところから再定義されて，研究がスタートしたものである。日本において社会学の一分野として定着したのは，1980年代に入ってからである。

　社会学では，ジェンダー分野の確立に大きな影響を与えているものは，近代市民社会の思想とその思想を基盤に展開したフェミニズム運動と思想である。ジェンダー概念の確立とジェンダー社会学の発展は，1960年代から70年代にかけて世界規模で起こった女性解放運動（ウィメンズ・リボリューション・ムーブメント）に発しているが，本章では，1970年代以前にも家族社会学研究や女性学研究，女性史，労働問題研究のなかに，ジェンダー社会学研究につながる基底の流れが存在していることに注目して，次項ではそれらの研究についても確認

XI-1 ジェンダー研究の始まり

❸ 第1波フェミニズム

フェミニズム (feminism) とは，女性に対する社会的不利や性差にもとづく差別の廃絶を求める社会思想とその思想を基盤とした社会運動のことである。

フェミニズム運動や思想は，近代社会が女性にとってどのような意味をもつと考えるかによって大きく「第1波フェミニズム」と「第2波フェミニズム」とに分けることができる。

「第1波フェミニズム」は，19世紀後半から20世紀はじめ，フランス革命の人権宣言の思想の上に成り立つものであった。その運動は欧米諸国で展開した婦人参政権運動を中核として，女性の法的権利の獲得を主張するものであった。したがって，近代社会においては，女性にも男性と同様に市民としての権利が認められるべきであるという思想のもとに，封建的身分制度の撤廃や女性解放を推進する運動が起こっている。日本でも，明治10年代の自由民権運動のなかで，女性の民権運動家が登場したが，女性の参政権も政治的結社への加入もこの時期には法制化されることはなかった。大正デモクラシーの時期に，1911 (明治44) 年，平塚らいてうらが，青鞜社を結成し，「元始，女性は太陽であった」という創刊宣言で有名な『青鞜』を発行した。この雑誌は，女性だけの手によって作られたため女性の反逆と捉えられ，世間からの揶揄や圧迫が加えられた。しかし同時に『青鞜』が，女性に対する封建的な思想への反抗を基軸としていたことから，封建的な因習に縛られていた当時の若い中産階級の女性には支持されることとなった。また『青鞜』の出版に寄与することで，社員や同人は，近代的な自我を確立し，当時の女性が置かれている社会的状況を探索する活動を起こしている。雑誌紙面の延長に，貞操・堕胎・売買春問題についての議論や母性保護論争が起こっている。当時は，これらの思想や運動をフェミニズム思想とは呼ばなかったが，21世紀前半の今日になってふりかえってみると，婦人参政権獲得運動や女性解放運動は，女性に対する社会的不利や性差に基づく差別の廃絶を求める社会思想とその思想を基盤とした社会運動であると位置づけることができる。

その後太平洋戦争下で既婚女性のほとんどが大日本国防婦人会に組織され，戦争を銃後から支える思想の強化に組み込まれていく。戦争末期には，兵力増強の観点から妊娠出産が奨励される。今では当たり前の思想である男女平等が，憲法上で保障される平等として明示されたのは「日本国憲法」からであった。

❹ 第二次世界大戦後から高度経済成長期における研究

第二次世界大戦後，日本国憲法によって女性の参政権が実現し，法律上の男女の差異の是正が一歩前進する。「男は仕事，女は家事・育児」という性別役

▷1 景山（福田）英子（かげやま（ふくだ）ひでこ）や岸田（中島）俊子（きしだ（なかしま）としこ）らは，女性の権利の拡張をめざして，民権運動に参加している。

▷2 明治期末には，良妻賢母教育が徹底していった。高等女学校令によって家婦（妻・母）として必要な従順・貞淑・勤勉などの徳目と裁縫・家事などの知識・技術の習得が重視されていた。

▷3 女性が男性に従属せず，経済的にも独立していることを主張する与謝野晶子（女権主義）に対して，現状の女性の困難と人類の将来のために社会的に母性を保護すべきであるという主張の平塚らいてう（母性主義）の対立に整理されている。

▷4 *Der Ursprung der Familie, des Privateigenthums des Staat-Im Anschluß an Lewis,* H. Morgan's Forschungen, 1884. (内藤吉之助訳『家族・私有財産・国家の起源』有斐閣，1922年が最古版)

この時期は，社会主義・共産主義をめざす運動も盛んになり，エンゲルス『家族・私有財産・国家の起源』が翻訳されている。社会主義の立場からは，山川菊栄（やまかわきくえ）らが，1921年赤瀾会を結成して働く女性（女子労働者）の権利獲得運動を展開している。

ただしこの時点では家父長制と資本制に関わる議論は創出していない。

詳しくは，「Ⅶ家族」を参照してほしい。

割分業は産業化の進行にともなって「女性の主婦化」という形で進み，男性の生活と女性の生活の差異を大きくしていった。

1955（昭和30）年『婦人公論』誌上でスタートした（第1次）主婦論争は，家庭電化製品の普及にともなって省力化していく家事時間を「社会参加」にあてることを勧める石垣綾子「主婦という第二職業論」に対して，「主婦」の行う家事労働は，かけがえのない有意義なものであるという坂西志保や哲学者福田恆存らの主婦という地位と主婦の行う家事労働に関わる論争であった。主婦論争は，この後1960年，1972年と3期にわたって展開する。第2次では主婦労働の経済評価をめぐる論争，第3次では，高度経済成長期以後，有職の主婦が増加するなかで「専業主婦」の価値や特権的立場をめぐる論争として展開する。1960年に始まった第2次主婦論争の争点は，1970年代にヨーロッパを中心として起きた家事労働論争と同種のテーマであった。

またフェミニズム運動に理論的な根拠を与えたS. ボーヴォワール（Simone de Beauvoir）『第二の性』は，1949年の原著の刊行後いち早く日本語版として出版されている。訳本は，「人は女に生まれるのではない，女になるのだ」という体験編の冒頭の言葉が人々にインパクトを与えた。この世界では，女は，「他者」として位置づけられる。この「他者」として位置づけられているという意味は，男性によって女性はどのような存在かが定義され，その隷属的な状況を自分で引き受けてしまうことである。

さらに，貧困や病気に苛まれることなく，妻・母・主婦として女らしく暮らしている都市白人中産階級の女性が，ひと知れず感じていた不安や動揺にさいなまれる不満は，女性らしく暮らすことの閉塞的状況から生じる不満であることを指摘し，その悩みに「得体のしれない悩み」と名づけることで問題を明確化した，B. フリーダン（Betty Friedan）『女らしさの神話』（邦題『新しい女性の創造』）と，「男性的」または「女性的」なものが構成する様々な力（権力）について，論理的分析をした，K. ミレット（Kate Millett）『性の政治学』の二著書は，日本の第2波フェミニズムの運動と思想にも大きな影響を与えている。

▷5 生島遼一訳『第二の性』は1953年から55年までかけて出版されている。

約40年後の1997年に，各分野の女性グループによって改訂版『決定版 第二の性ⅠⅡ』新潮社が刊行されている。

内容については以下に詳しい

西川祐子「他者性からの回復」井上俊・伊藤公雄編『近代家族とジェンダー』世界思想社，2010年

金井淑子「シモーヌ・ド・ボーヴォワール『第二の性』」江原由美子・金井淑子編『フェミニズムの名著50』平凡社，2002年

5 第2波フェミニズム

1960年代末から1970年代にかけてウイメンズ・リボリューション・ムーブメント（ウーマン・リブ運動）を契機に，その運動は，既存の社会体制批判にとどまらず，自我形成に関わって「女らしさ」「男らしさ」という個人を拘束する観念から個人を解放することをめざす思想や運動へと展開していく。

日本では，ジェンダーと関わる学会の組織化があいつぎ，1970年代末には，国際女性学会，日本女性学研究会，日本女性学会が結成される。女性は，男性と比較した場合，社会的諸条件において相対的に不利な位置にあることを，研

究をする女性自身が自覚すること，女性の社会的地位や経済状況，自己のありようについて，女性が研究の主体となることが，その学会の方針となっていることが他のアカデミックな学会との違いであった。そしてその運動や思想は，現実の社会制度や習慣を変革する運動へ進展し，既存の知識のあり方を批判するものへと展開していった。

6　1980年代の論争

1970年代から，欧米の心理学や社会学では，生物・生理学的性別（セックス）と社会的に共有されている性別の特性（ジェンダー）を分けて捉えた研究が発表され始める。1980年代から1990年代にかけて起きた多くの論争のテーマは，この時期に出版された著書や論文に端を発しており，日本のジェンダー研究も多くの影響を受けている。

性科学者であり心理学者であるJ. マネー（John Money）はP. タッカー（Patricia Tucker）との共著『性の署名』（1975〔邦訳1979〕年）のなかで，出生前から第二次性徴まで，人間の性別がどのように分化していくかについて分析している。マネーのジェンダー理論は，生物学的な性別と社会・文化的に形成される性別を区分して，生物学的な性別は不変であり，社会・文化的に形成される特徴は変えることができるといった，性別を二分法で捉えることの問題性と，性別のアイデンティティにとって性の自認と性役割が重要である点を人びとに認識させることとなった。

I. イリイチ（Ivan Illich）は『ジェンダー』（1982〔邦訳1984〕年）で，産業化が進むなかで，ヴァナキュラー（その土地や家庭に根ざした固有の活動）なジェンダーの解体は，女性の「解放」にはつながらず，女性の二極分化を生むので，進めるべきではないという主張をしている。この主張についての解釈には賛否両論があり，フェミニストの研究者からは，男女不平等な現状を容認し，不平等な状況を変革しようとする動きに掉さす立場であることに対して反論がなされた。

またA. オークレー（Ann Oakley）は，1974年原著刊行の『主婦の誕生』で，主婦の労働が過小評価されたり無視されたりするのは，それがもっぱら女性に割り当てられているからであることを看破している。「主婦とは何か」というテーマもまた，その後のジェンダー研究の主要テーマの一つとなっている。

1985年，これまで女性を調査対象者に選んでいなかった「社会階層と社会移動全国調査研究」（SSM調査）において初めて女性が対象者に含まれるようになる。また1986年からの3年間，日本社会学会の大会テーマ部会にジェンダー関連の題目が登場している。

▷6　自説を裏づける症例の元患者が，その後性別に対する違和感を表明し，その学説をめぐって批判が生じている。
詳しくは，大山治彦「ジェンダー　J. マネー/P. タッカー『性の署名』」井上俊・伊藤公雄編『近代家族とジェンダー』世界思想社，2010年を参照

▷7　Ann Oakley, *Housewife*, Allen Lane, 1974（岡島茅花訳『主婦の誕生』三省堂，1986年）

XI ジェンダー

2 性役割または性別役割

1 性役割か性別役割か

「男が仕事をして稼ぎ，女は家庭で家事・育児をする」といった性別役割分業を見直し，その不合理と不平等を明らかにして，固定化している性別役割分担を変革することを目的とした研究は第2波フェミニズムの中心的な研究でもあった。また社会学にとっても，役割の理論は，自我形成（Ⅱ），行為の準拠枠（Ⅰ），準拠集団論（Ⅳ），家族（Ⅶ）など多くの研究の基盤になる理論の一角に位置するものである。

性（別）役割は，今日では，性についての生理的な側面を中心に分析する場合に sex role（性役割）を使い，文化的・社会的な側面を中心に分析する場合に gender role（性別役割）をあてるが，心理学をはじめとして文化的・社会的な性に関わる側面と生物学的・生理的な性に関わる側面を分けて論じることに学問的関心の薄い分野では，広義の意味で sex role のみが使われている場合もある。性（別）役割は1970年代から80年代にかけて，当時台頭してきた女性学の研究では，日常生活において，性別役割分担が疑う余地のないあたり前のこととして営まれてきていたことに対して，その不合理さと不平等を指摘し，変革を迫ることに目標を置いたため，注意して分けて使われるようになっていく。

社会学では，1980年代までは，T. パーソンズ（Talcott Parsons）の社会システム論のように家族内の調整役リーダーとしての母親と家族を経済的に支え，家族を代表するリーダーとしての父親という役割分担は，相補的なもので，産業社会に適応的な（核）家族の役割分担であるとみなされ，性別役割分業を当然のものとして理論が組み立てられていた。しかし1980年以降になると，日本では，目黒依子『女役割』をはじめとして，男性または女性に割り当てられた固定的な性役割についての批判的検討と，そこからの脱却をめざす研究が増えていく。

2 主婦役割，母役割

女性の性（別）役割研究の中心に，主婦役割の研究がある。家事に専念する主婦は，近代社会になってから存立する形態であるが，近代社会において，公的領域と私的領域がはっきりと区分されていくなかで，性（別）役割の分担が

▷8 社会学関連のテキストでも，統一されているわけではないことにも注意する必要がある。

▷9 T. パーソンズ『家族』などに代表される性別役割分業を基盤とする研究

明確化し，夫は家族の生活を支えるために公的領域で働き，生活費を調達し，妻は家事に専任するかたちが定着していく。日本社会において，この性別役割分業が進行し，大量に「主婦」が出現するのは，第二次世界大戦後，サラリーマン家庭が急増してくる時代においてであった。落合恵美子は，統計データや世俗変化の事例と世代ごとの女子労働力率の変化の比較をとおして，以下のことを明らかにしている。すなわち「団塊の世代」は，前後の世代より，20歳代後半から30歳代前半の年齢層の労働力率が落ちる特徴（M字型就業形態）が一番強く出ていて，この世代こそが「主婦化」を推進したことを明らかにした。この発見は，世代が若くなれば女性の社会進出は進み，男女平等も推進するといった単純な進歩史観にたいして，核家族化は，産業化していく日本の「家族の戦後体制」であることを明らかにして見せた。

▷10 落合恵美子『21世紀家族へ　第3版』有斐閣，2004年

　E. バダンテール（Elisabeth Badinter）の著作『母性という神話』は，母親業や母性に関わる性役割の意味を問うものである。母性は，女性の性役割の要となる概念であるが，E. バダンテールは，近代国民国家ならびに諸科学が母性愛本能説を構築し，母性愛は社会的に構築された神話だ，ということを論証する。日本においても，母性の歴史的超越性の主張や日本文化の基底に母性主義があることを主張する言説があるなかで，訳本が出版されたのちは，母性愛の神話性を解体し，問い直すことで，近代家族の神話性をも問い直す研究の道が拓けていった。

▷11　Elisabeth Badinter, *L'amour en plus : histoire de l'amour maternel XVIIe-XXe siècle,* Flammarion, 1980（鈴木晶訳『母性という神話』筑摩書房，1991年）

❸ 職業役割と家族役割の葛藤という前提

　これまでの女性労働者が抱える問題では，女性の低賃金問題やパート労働に関わる困難などの「女子労働問題」は研究蓄積がある。しかし労働研究のなかでは，これらの問題構成は特殊で周辺的な位置を占めていた。女性労働者の問題は，中核である男性労働者とは違って，女性特有の働き方にあると考えられてきたからであった。女性労働者は，性別役割分業のもとで，家事・育児の責任を中心的に負っているため，労働市場では，周辺層として出入りせざるを得ないという前提での位置づけであった。そこで，女性に焦点を据えた研究は，女性労働者の独特な位置と役割をさぐり，それにともなう問題点を明確化する目的で進められるのが主流であった。

　一方，男性労働者の研究は，「男性稼ぎ主」型の前提で分析され，高度経済成長期には，日本型雇用慣行が完成して，「終身雇用制」「年功序列型賃金」「企業内組合」にみあう正規雇用者をモデルとする研究が強化されていく。

　1985年，男女雇用機会均等法の成立と同時に派遣労働法が成立すると，「男性稼ぎ主」型の前提が崩れることとなっていった。

　ジェンダーという観点から労働を考察すると，性別役割分業を前提とする社会の仕組み自体の問題性にたどり着くことになる。

XI ジェンダー

3 メンズ・リブと男性学

1 男性学・男性性研究とは

　男性学・男性性研究は，それぞれ Men's Studies, Men & Masculinities Studies という。これまでの社会学や社会科学の研究は，対象の「女性」「男性」というジェンダーの違いについて関心が薄く，特に理論的な研究が，前提していた人間は，暗黙のうちに（成人）男性と同一視されており，女性や子どもは，特別な存在として別枠で捉える傾向があった。たとえば女子に関わる教育を特別な部分と捉え「女子教育」と呼び，標準とした教育対象である男子については，取り立てて「男子教育」とは言わないことからも推察できるだろう。

　現在，日本では，男性をあたかも性にはこだわる必要のない人間と捉えるのではなく，「ジェンダー化された存在」と捉えて，男女間や男性内の権力関係等を考察する研究が進んでいる。社会学とのかかわりから考えると，男性学・男性性研究の運動や思想は，近代社会がもつ問題を男性性という視点から捉えなおし，その問題解決や問題状況の緩和を提案することを目的に展開していると位置づけられる。

　「男性学」と銘うたれた研究は1980年代半ばには登場していたが，大学の授業科目名のなかに「男性学」が出てくるのは1990年代になってからであった。その意味では新興の分野である。男性学・男性性研究は，先行したフェミニズム運動やその思想に基盤を得ている。

2 男性運動の台頭

　日本における男性学や「男性運動」は，1977年発足した「男の子育てを考える会」，1980年発足「男も女も育児時間を！連絡会」という男性が子育てに関わることの要求運動からスタートする。大山治彦・大束貢生のまとめによると，メンズ・リブ運動がそれなりに拡大してくるのは，1990年代に入った頃であり，その運動は父親の「親」としての役割や自分たちの子育てにどう主体的に関わっていくかという，身近で生活に根ざした社会問題をテーマとする家事・育児参加型の男性運動であった。その後，同会の活動は，男性が背負い込んできた「男性性」からの解放の視点を含むものへと展開していった。メンズ・リブ運動が全国に広がると，運動の関心も多様化して，「社会」との関わりから男性性の問題を考えるグループと自分たちのメンタルな課題（たとえば，個々の男性

▷12　大山治彦・大束貢生「日本の男性運動の歩みⅠ〈メンズリブ〉の誕生」『日本ジェンダー研究』第2号，1999年（伊藤公雄ほか『新編　日本のフェミニズム12　男性学』岩波書店，2009年に再掲）

の性格と彼ら自身が内面化している「男らしさ」の次元のギャップについての矛盾と悩み）に向き合おうとするものとに分かれていった。

3 男らしさからの解放をめざして

　1995年北京女性会議以後，性的支配の背後には，男性による女性に対する暴力の問題があることが確認され，国際的な共通課題として性暴力の防止にむけた取り組みが進んだ。DVやセクシャル・ハラスメントをはじめとする性暴力は，被害者になることの多い女性側に被害を受ける責任があるのではなく，加害者になる可能性の高い男性側の問題として，「なぜ加害をするのか」，「脱暴力の手立てはどのようにしたら可能か」などの分析を実践につなげる方法論が検討されている。

　2000年以降，「ジェンダー」研究は，特殊な一部分の課題として捉えられるのではなく，社会学にとって中心的課題の研究と捉えられるようになってきている。仕事中心の男性の生活が見直されるなかで，男性自身の「働き方」に影響する条件を明らかにした天野正子らの調査や育児にともなう父親としての経験が男性自身にとってどのように影響するかといった，男性の経験に焦点を絞った研究が見られるようになってきた。

　さらに構築主義の技法をもちいた研究のなかにも，男性性に関わる研究も出てきている。男性性は，身体のあり方と社会的定義との相互作用によって社会的に構築されるものとして，「生物学的に一括して男とされた人々」のなかにみられる多様性を解明するものが出てきている。

4 男性性研究の理論化

　多賀太は「ジェンダー化された存在」としての男性についての研究を分類整理し，日本より10年ほど早く，男性問題への言及が始まっていた英語圏では，フェミニズムを敵視して，男女平等を志向しない立場から書かれた男性性論や女性よりもむしろ男性こそが性差別の被害者であるという主張の研究なども出てきているとまとめている。さらに階級やエスニシティーとのかかわりで実証されていく男性性論や軍隊と男性性の研究などの研究成果は，近いうちに日本でも，正面から論ずべきテーマとなっていくだろう。

　R. コンネル（Robert W. Connell）の「ジェンダーの社会理論」は，男性性の複数性とそれらの間の階層性を男性内の階層化に着目して分析する。特に権威と結びついて優位な地位をもつ男性性のパターンを「ヘゲモニックな男性性」と呼んでいる。コンネルのジェンダーから見た社会理論はさらに射程をのばしている。

▷13　DV は，英語の domestic violence を略して DV とあらわすことに由来しているが，ここでは，「配偶者や恋人など親密な関係にある，またはあった者から振るわれる暴力」という意味で使っている。英語の直訳にあたる「家庭内」の暴力のように親子間の暴力も含めた意味では使っていない。「配偶者からの暴力の防止及び被害者の保護に関する法律」の定義に近い使い方をしている。

▷14　多賀太『男らしさの社会学――揺らぐ男のライフコース』世界思想社，2006年
伊藤公雄・牟田和恵編『ジェンダーで学ぶ社会学（新版）』世界思想社，2006年
伊藤公雄「解説」伊藤公雄ほか『新編　日本のフェミニズム　12　男性学』岩波書店，2009年

▷15　R. W. Connell, *Gender and Power*, Basil Blackwell Ltd. 1987（森重雄ほか訳『ジェンダーと権力』三交社，1993年）

XI ジェンダー

4 女性政策との関わり

1 日本のジェンダー政策の特徴と課題

　女性の社会的地位の向上は，近代社会成立以来の古くて新しい問題である。日本国憲法には，第24条で「家族生活における個人の尊厳と両性の平等」を規定しているが，今日でも多くの不平等が存在する。

　社会学と女性政策との関わりは，戦前から，女性の労働問題や貧困問題研究，女性解放運動との関係から先行する研究の蓄積は多い。しかし20世紀後半に相次いで，関係法律が成立し，やつぎばやに改正されたことや，その政策形成過程への研究者の関わり方も変わってきたことを挙げておく必要がある。

　その変化とは，第一に，20世紀後半から21世紀初頭にかけて，男女差別禁止を主眼とするいくつもの法律が成立したことである。戦後復興期の10年を経過し，日本経済が本格的に発展し，高度経済成長のなかで，個々の家庭の生活は経済的には向上したが，生活のなかでの男女平等は，制度の変革と同様に進んだわけではなかった。女性の「主婦化」は進行し，性別役割分担が成立する道筋を歩んでいった。

　労働の場でも，男女別賃金体系や女性の結婚退職を前提とする働き方が定着していくなかで，国内法は，1975年，国連の国際女性年（当時は，国際婦人年と呼んでいた）からの「国連婦人の十年」（1976〜85年）を経て大きく変化していく。

　1979年国連総会で採択された女子差別撤廃条約は，「固定化された男女役割分担観念」の変革を男女平等の新しい理念として提起し，日本もこの条約に批准している。1985年には「男女雇用機会均等法」を制定し，その後，国内法では「育児休業法」（1991年，95年，97年改正），「男女共同参画社会基本法」（1999年），「夫・恋人からの（女性に対する）暴力（DV）防止法」（2001年）など次々と性差別撤廃に向けた法律が制定される。

　この動きを受けて，第二に，男女の不平等に起因して起こる「女性問題」を解決するための「女性向けの政策」を策定するという対応から，男女共同参画社会実現に向けて，「仕事と家庭の調和」のスローガンが象徴するような男性も女性も変わっていくことを目標とした「ジェンダー政策」をめざすように政策転換が起こってきている点である。

　さらに1点加えるならば，これらの政策転換のきっかけが，国連のジェンダ

一政策の展開を契機としている，すなわち「外から」の力を契機として変化した点である。

　社会学の研究や研究者と政策との関わりについて言えば，男女共同参画社会基本法作成に研究者が政府の審議会委員や専門委員として直接関与したことや，政府の統計データがほとんど出ていない時期に，DVとは，夫婦の痴話げんかではなく「夫や恋人からの暴力」であることを概念化し，女性の経験を言葉にする研究や社会調査を通して蓄積したデータが，法制化の基盤になったことを挙げることができる。このように直接政策決定に関与する社会学研究や社会学者の出現は，これまでの社会学的営為のなかで特筆されるべきことである。しかしそれと同時に，政策決定過程への参加とその影響力の反動として，2000年以降に「ジェンダー・フリー」や「ジェンダー」という用語に対して保守派からの攻撃を受けたり，教育現場では，ジェンダーフリー・バッシングが起きている。内閣府男女共同参画室から「ジェンダーフリー（という用語の）不使用」通達が出てしまう結果となっている。また行政主催の講演会のなかには，フェミニストの社会学者の講演であることを理由に直前に講演を中止させるといった対応も見られている。

❷ 女性政策からジェンダー政策へ

　1999年に成立した「男女共同参画社会基本法」では，性別による偏りのない社会構築をめざして，「男女が，社会の対等な構成員として，自らの意思によって社会のあらゆる分野における活動に参画する機会が確保され，もって男女が均等に政治的，経済的，社会的及び文化的利益を享受することができ，かつ，共に責任を担うべき社会を形成すること」（第2条1項）とうたっている。加えて男女の実質的平等を確保するため，女性と男性の格差がひどい分野について，格差是正の積極的改善政策（ポジティブ・アクション，アファーマティブ・アクション）を施行していくことを決定している。基本法の施行にともなって，政府・都道府県は，男女共同参画基本計画を策定する義務が課せられている。2000年以降，都道府県の基本計画や行動計画を策定するなかで，「女性センター」（名称は「男女共同参画センター」などが目立つ）が各自治体で設立され，それらが地域の女性問題，男性問題に関しての意識啓発や地域住民の意見交流，様々な問題を抱えた女性の相談・支援，の拠点となりつつある。女性センターを結節点とするネットワークが地域のジェンダー問題に関する世論形成，政策の推進に果たした役割は大きい。また，地域の問題に関わっている社会学研究者も，そのネットワークのなかに入っている。都道府県の男女共同参画審議会委員などとして政策に関わったり，NPO団体のメンバーとしての実践も進んでいる。

▷16　国連が開催する世界女性会議は，これまで4回開かれているが政府間会議だけでなく，NGO団体会議やワークショップがさかんとなっている。世界各国から参加した人たちの交流は，ジェンダー研究やその研究を結果的に反映した政策に影響を与えている。

XI ジェンダー

5 現代のジェンダー研究

1 ジェンダー社会学の蓄積

日本の社会学のテキストで,「ジェンダー」と銘打ったものがはじめて出版されたのは1989年,江原由美子ほか『ジェンダーの社会学——女たち/男たちの世界』(新曜社)であった。1990年代半ばになると,『岩波講座・現代社会学11巻 ジェンダーの社会学』(1995),『講座社会学14巻 ジェンダー』(東京大学出版会,1999)と相次いで,社会学講座シリーズのなかにジェンダーの巻が用意されるようになり,「ジェンダー」は社会学の対象分野としての位置を確立することとなった。

また1990年代は,海外のフェミニズム理論の紹介が活発化して,日本の社会学研究のなかでも,メディアと女性,教育とジェンダー,ジェンダーとセクシュアリティ,ジェンダーと階級・階層など,ジェンダー研究のなかのテーマの広がりが顕著になっていった。上野千鶴子をはじめとして家父長制に関わる論争も,フェミニズム分野での再定義からスタートする。家父長制をめぐる研究については, Ⅶ 家族をご覧いただきたい。

▷17 1993年に,『フェミニズム コレクション』(Ⅰ〜Ⅲ)勁草書房,1994年には,『日本のフェミニズム』(全7冊 別冊1冊)岩波書店が,相次いで出版された。それまで様々な形で出版されていたフェミニズムの諸論文が収集されまとめられたことで,ジェンダー研究の学的基盤が確立したと考えられる。

2 多次元化するジェンダー社会学

XI-2 では,家族内地位・役割をてがかりとして,主婦役割,母役割の研究を概観したが,今日では,女性が担っている役割を,私的領域である家族のなかに封じ込めるのではなく,その内容を指す概念で分析するように変化してきている。子どもの養育や高齢者の世話や介護の機能をになう「ケア役割」は,介護保険の導入などにより公的領域における役割にまで拡大している。これまでのように家族内の役割として閉じて捉えることができなくなったため,公的領域と私的領域の境を越えて,女性に期待される役割として捉えなおされ,新たな課題の検討が始まっている。

また「女性」(「男性」についても同様である)を一枚岩的な存在として捉えて語っていたことに対する反省がでてきている。それは,「主婦」や「女性雇用者」といった特定の社会階層のみを研究や調査の対象としながら,「女性の経験」といった実際に存在することがない「一般女性」の動向を捉えたとみなすことに対する反省である。どのような社会問題もジェンダーという視点だけからは説明し尽くせない。実際に存在する「女性」「男性」は,年齢,エスニシ

▷18 上野千鶴子・大熊由紀子・大沢真理ほか『ケア その思想と実践 2巻 ケアすること』『同3巻 ケアされること』岩波書店,2008年

ティ，社会階層，セクシュアリティなどの異なる多様さを兼ね備えたジェンダーとしての「女性」「男性」であり，その姿を明らかにする研究が求められるようになってきている。

　構築主義の言説分析はそれぞれの立場の多様なジェンダーのありようを捉えるのに最適であり，今日では，ジェンダー研究の一角を占める研究手法となってきている。

　さらにジェンダーやセクシュアリティの多様さを発見するという点で言えば，「男性」「女性」という性別を二元的に捉え，異性を愛するべきである（同性を愛してはいけない）という異性愛の規則に対する異議申し立てが「セクシュアル・マイノリティー」と呼ばれる人々から起こってきたことで，「心の性」と「身体の性」を一致させようとする性規範の力についての社会的な意味や性自認にセクシュアリティを一致させる「治療」の意味が問い直されていることも記しておきたい。

　セクシャリティとジェンダーの関わりから問われてきた1990年代以降に出現したテーマは，身体のジェンダー規範に関わるものであった。たとえば，若い女性の摂食障害の多発の背景には，現代日本社会における主体性・女性性・身体性に関わる規範の矛盾があるとみなす研究を挙げることができる。

　メディアとジェンダーに関する研究についてまとめておくと，メディア界で「女性の領域」と呼ばれているジャンルがあって，送り手が，視聴者・読者に女性を想定し，実際の視聴者・読者も女性であるという「女性雑誌」，「少女小説」，「レディース・コミック」などの内容分析研究には多くの蓄積がある。そのなかで，継続的な雑誌分析から興味深い結果がある。諸橋泰樹は，1980年代からの継続している女性雑誌の分析をふまえた上で，2005年の女性雑誌の動向と紙面構成は，女性週刊誌・家庭実用情報誌・ファッション誌とも，1980年代以来20年間，その構成要素に変化がないことを指摘している。これだけ社会状況やメディアの事情が変化するなかで，変化しないことの発見は，むしろ重要な発見と言えるだろう。それと並行して1990年以降，メディアの作り手や送り手に女性が参入するようになってきており，テレビや新聞といった主流メディアが発信するジェンダーメッセージが変化してきていることを明らかにする研究も出てきている。

　女性の権利獲得，男女平等や女性のための女性による研究から始まったフェミニズム系の社会学や女性学，女性史研究は，女性に対する性差別を指摘し，その原因を言及し，解決のための運動と親和性をもって発展してきた。そして今日でも，女性に対する暴力の撤廃や女性労働者の貧困問題への対応といった社会構造の変革が必要な課題へのアプローチは続いており，今後もこれらの研究が継続していくであろう。

　とはいえジェンダー規則をめぐる事態は複雑化している。「ジェンダー化さ

▷19　諸橋泰樹「『考えない時代』『格差社会』と女性雑誌」伊藤裕子編『現代のエスプリ別冊　ジェンダー・アイデンティティ──揺らぐ女性像』至文堂，2006年

れた存在」としての男性についての研究の蓄積については，まだしばらく待つ必要はあるが，新たなジェンダー体制を構築する営為には欠かせない部分であるから，社会学は無関心ではいられない。

③ ジェンダーに関わる社会学研究のゆくえ

　性差には，あたかも生物学的根拠があって，男女を区別する様々な役割や規範が，生物であるかぎり変えることのできない条件のように考えられていた（生物学的決定論）ところから，私たちの生活のなかにある様々な制度や習慣は，社会・文化的に「つくられた」ものだから，可変的なものである，ということが，ジェンダー概念の発見によって明らかになった。この発見は，制度や習慣のなかで抑圧され，差別されてきた女性たちを解放する端緒となった。しかしごく基本的な生物学的機能（女性には月経がある，妊娠する，乳がでるなど）以外は，文化・社会的に構築された性差であるから，変えることが容易にできると考えるのは早計である。理解されるべき要点は，社会・文化的に構築された性差についての制度や慣習や人間観は，社会を体系づける様々な水準のなかで効力をもっており，制度そのものや既存の社会を支える価値に組み込まれてもいるため，一筋縄では変化しないということを肝に銘ずることである。

　R. W. コンネルは，P. ブルデュー（Pierre Bourdieu）や A. ギデンス（Antony Giddens）らの「構造の二重性」のアイディアをジェンダー理論に援用して，男性性／女性性は，日常行動を方向づけるものであると同時に，日常行動によって生じるものとみなしている。

　私たちは，すでにある社会のなかに生まれて，既存の社会の規範を内面化し，日々，その規範によりそって生きている。またそれによりそい，日々実践している規範が，相対的に安定しているからこそ，多くの人々は安心して生活を送れるのだ。それと同時に既存の価値に違和感がある場合は，日々その違和感に苛まれることにもなる。女性解放運動は，既存の男性優位の性規範への違和感の表明であり，結果として，既存の性規範の変形の端緒となった運動と見ることができた。このような日常の生活の営為のなかでジェンダー規範もまた生産され，変容していくものである。

　ジェンダー規範の再生産には学校教育が大きな影響を与える。第二次世界大戦後の学校教育現場において，フォーマル・カリキュラムでは，性別によって教育内容や就学機会に違いを設けるべきではないという男女平等論が推進されてきたが，並行して「隠れたカリキュラム」（hidden curriculum）[20]として，男女それぞれの資質に応じた異なる教育をすべきだという（性別）特性論も支持され続けてきた。1990年代前半には，このジェンダーについての「隠れたカリキュラム」がどのように男女の不平等を生成するかを観察し，その要因を読み解く調査研究が行われている。1987年に家庭科の男女共学必修化が導入され，教

▷20　学校内で暗黙のうちに教授・学習されるカリキュラム。生徒は，押し付けとして意識せずに受容するようなもので，たとえば，名簿記載順を男女混合にはせずに，男子生徒名が先で女子生徒名が後に続くように慣例化していることがあげられる。男性が先で女性は後というような順番を暗黙のうちに身につけることになる。

▷21　上野千鶴子は「『セクシュアリティの近代』を超えて　付　増補編解説」の中で，1990年代からのセクシュアリティ分野の動向を以下のようにまとめてい

育内容の平等化が進む一方で，相変わらず，生徒会活動では，男子生徒が会長を担い，女子生徒が副会長を担う慣例があたり前に継続していて，学校教育組織の中では，実質的な男女の不平等は再生産され続けていることが指摘される。また共学環境の下で，教師と生徒の相互作用や生徒同士の相互作用を観察した研究では，言葉やしぐさのやり取りのなかで，適性や能力以前に，男子の学習意欲は過熱させられ，女子の学習意欲を冷却する（クーリングアウト）ような，学校教育内での女性の「地位の引き下げ」がもたらされていると考察している。

次に新しい体制の変化に関わると考えられる研究動向について触れておきたい。ケアに関わる職場とジェンダーの問題である。介護保険制度が2000年に実施されて，高齢者の介護が社会化されつつあるなかで，既存のジェンダー規範や体制の編成換えが起こっていることの分析と，変容への主体的対応についての研究としてこの問題はでてきたものである。看護・介護・保育という仕事は，従来，女性が家庭内（私的領域）で，アンペイドワーク（不払い労働）として担ってきたものであった。家庭内の女性役割としても中心と考えられるものであった。たとえ看護職，介護職，保育職のように職場（公的領域）が成立しても，担い手は女性に割り振られることが多く，いわゆる「女性的職業」の典型と見られていた。さらに女性が無償で担っていた仕事の延長と捉えられるため看護職，介護職，保育職は，低賃金，低地位の仕事となっている。しかしケアに関わる職業に占める男性の比率が高くなってくることで，現場では，新たなジェンダー体制が構築されることになるだろう。現在進行形の事態であるだけに目が離せない。

最後に，取り上げるべき研究の蓄積があるのにもかかわらず取り上げなかった項目がある。それはセクシャリティ研究についてである。ジェンダー研究とは切っても切れないテーマであり，1990年代以降の20年間に大きな転換を迎えた分野でもある。とくにセクシュアリティ研究のなかで，性の商品化やクィア理論に関わる研究には，社会学の知見が大きく影響しているものがある。しかし紙面の都合上，まとめることができなかった。これは社会学史として取り上げる必要がない項目であるという判断ではないことを申しそえておきたい。

（竹村祥子）

る。
(1)セクシュアリティーに対するタブーが次々に説かれていったこと
(2)わけても逸脱的な少数者とみなされていた人々が当事者として発言しはじめ，その批判は異性愛的なフェミニズムにも向けられたこと
(3)性暴力被害者の脱スティグマ化に伴ってこれにも当事者の声が聞かれるようになり，支援者や援助者との葛藤も問題化されるようになったこと，が挙げられる。また(4)上述の動きは，反動として性教育現場への攻撃をもたらし，「ジェンダーフリー」バッシングを引き起こす結果にもなった。
天野正子ほか編集委員『新編 日本のフェミニズム 6 セクシュアリティ』岩波書店，2009年，29頁

参考文献

井上俊・上野千鶴子・見田宗介・吉見俊哉『岩波講座 現代社会学 ジェンダーの社会学11』岩波書店，1995年

鎌田とし子・矢澤澄子・木本喜美子編『講座社会学14 ジェンダー』東京大学出版会，1999年

江原由美子・山田昌弘『ジェンダーの社会学入門』（岩波テキストブック）岩波書店，2008年

江原由美子・山崎敬一編『ジェンダーと社会理論』有斐閣，2006年

天野正子ほか編集委員『新編日本のフェミニズム』（全12巻）岩波書店，2009年～

井上俊・伊藤公雄編『近代家族とジェンダー』世界思想社，2010年

第3部　人間の成長につれて

XII　経営

1　近代企業

近代人の社会生活は，組織された事業体（organized corporations）のなかに組み込まれている。社会学者ベックの言葉を借りれば，近代的な事業体は「社会のコンテナ」として近代人の日常生活を包みこんでいる。

1　近代企業の特徴

近代社会は病院，学校，行政機関など多種多様な事業体の機能に依存する社会である。企業は市場経済のなかで，財（製品とサービス）の生産という機能を担っている事業体である。財の生産のためには生産技術が必要である。しかし，技術・装置を動かすためには，人間の集団的行為が必要であり，雇用制度を構築して継続的に人材を育成する必要がある。さらにまた，適切なマネジメントを行うことで生産技術と人材を有機的に結びつけなければ，企業は効率化しない。

企業の効率性に関して二つの見方がある。一つは，組織の効率性とは工学的な意味なのだから，国や文化の相違を超えた普遍性をもっているという見方である。この視点から見ると，企業組織はやがて一つのベストな型に進化し収斂すると言う。これを収斂理論（convergence theory）と呼ぶ。もう一つの見方は，企業の人間集団としての側面を重視する。どのような技術も人によって動かされるから，組織の効率性も，人がどのような価値観や動機づけ（モチベーション）をもって仕事をするかに左右される。この見方からすれば，世界には多様な企業形態と資本主義（アングロサクソン型，ライン型，日本型など）があり，一つのモデルに収斂することはあり得ない。1960年代までは，アメリカ型企業を進化の究極型とみなす収斂理論が影響力をもっていたが，1970年代の石油危機の経験と1980年代のグローバリゼーションの進展を経て，また日本企業の台頭もあって，アルベール『資本主義対資本主義』のように非アメリカ型モデルの有効性を説く議論が普及した。

さて近代企業には，伝統的な企業組織とは異なる構造上の特徴がある。すなわち，複数職能および雇用システムの内部化（internalization）の二つである。

近代企業を理論化した古典的研究の一つは，A. D. チャンドラー（Alfred D. Chandler）の歴史的研究である。チャンドラーは近代企業の特徴を二つ挙げた。第一に，複数の事業を内部化し，統合していることである。アパレル企業を考えてみよう。伝統社会の呉服屋は，生地・着物を仕入れてきてそれに利益を足

▷ 1　U. Beck, *Was ist Globalisierung？: Irrtumer des Globalismus: Antworten auf Globalisierung*, Frankfurt am Main: Surhkamp, 1997（木前利秋・中村健吾監訳『グローバル化の社会学』国文社，2005年）

▷ 2　Alfred D. Chandler, Jr., *Strategy and Structure: Chapters in the History of the Industrial Enterprise*, Cambridge, Mass, 1962（有賀裕子訳『組織は戦略に従う』ダイヤモンド社，2004年）

して販売した。それは流通という一つの職能（function）のみを行っていた。それにたいして近代企業のユニクロでは，素材を研究開発する職能から始まり，新しい素材を使ってジーンズやシャツをデザインし，中国の工場で生地を大量生産してコストを抑え，裁縫し，世界各地に製品を運搬し，最後に販売とアフターサービスを行う。つまり近代企業とは，こうした複数の職能を自社の内部に統合している複雑な組織である。

　チャンドラーのいう近代企業の第二の特徴は，近代企業は自社内に内部化した複数の職能部門を調整（coordination）しなければならないことである。近代企業における調整は，階層制をとった管理組織と専門経営者によってなされる。階層制組織が調整にあたり，その総責任者としての役割が専門経営者（CEO: Chief Executive Officer，最高経営責任者）である。チャンドラーは，専門経営者を「見える手」（The visible hand）と呼んで，アダム・スミスの言った「神の見えざる手」（市場の調整機能）に対置した。古典的資本主義の時代には「見えざる手」が経済を調整したが，現代の高度に発達した資本主義で采配を振るうのは企業の「見える手」である。

　企業組織研究における焦点の一つは，組織における調整にある。C. I. バーナード（Chester I. Barnard）は，組織メンバー個人と組織全体が一致しない目的をもつという前提から組織理論を構築し，リーダーによる新しい道徳の創造が個人と組織の目的を一致させる鍵であると主張した。バーナードの理論を発展的に継承した，ノーベル経済学賞の受賞者でもある H. A. サイモン（Herbert A. Simon）は，調整の鍵は階層制度にあると考えた。サイモンによれば，個人の能力には限界があり，適切な判断と行動をするためには個人を支援する制度が必要となる。日常的な，定型的業務（サイモンはこれをプログラム化された意思決定と呼ぶ）を適切に行うためには，組織メンバー（たとえば従業員）は自律的に判断すればよいが，非プログラム化された意思決定の場合は，組織メンバーは自分だけでは判断できない。この場合，組織メンバーは上司（上位の階層）に判断を委ねる。その上司もまた自分の権限の範囲を超えた判断については同じように上位の階層に委ねる。こうして個人の限られた能力を階層システムが補うことで，組織は効率的な情報処理システムとなり得るというのである。サイモンは，個人の能力に限界があることを「限定合理性」（bounded rationality）と呼び，組織がこれを補塡する機能を強調した。

2 雇用の内部化

　近代企業のもう一つの側面は雇用の内部化（内部労働市場）である。アメリカでは，伝統的な経営形態は内部請負制であった。ここでは，事業主と請負人（熟練工）は雇用関係ではなく一時的な仕事の請負という契約関係であった。作業員は請負人が自律的に雇ったのである。これに対して，近代企業は，請負人

▷ 3　C. I. Barnard, *The Functions of the Executive*, Cambridge, Mass: Harvard University Press, 1938（山本安次郎・田杉競・飯野春樹訳『経営者の役割』ダイヤモンド社，1968年）

▷ 4　J. G. March and H. A. Simon, 1958, *Organizations*, Wiley & Sons（土屋守章訳『オーガニゼーションズ』ダイヤモンド社，1977年）

を廃して中間管理職と作業員を直接，雇用した。組織外部にいてコントロールが効かない請負人は，事業主（企業）にとっては仕事の進み具合や品質を管理するためには不都合だったからである。モニタリング・コスト（監視コスト）を削減するために，近代企業は正社員によるピラミッド型組織に構造化された。

大量生産方式が確立すると，企業は生産スキルと人材を自社内で育成するようになった。ここでは，単純な作業から熟練作業まで，職務（job）を階層的に積み上げて作業組織を構成する。従業員を外部労働市場から調達する方式をやめて，自社内で人材の能力開発をする方式に雇用を内部化したのである。この点を重視した研究者がS. M. ジャコービィやP. オスターマンである。20世紀初頭，アメリカには終身雇用をともなう温情主義的な雇用慣行（世界大恐慌時にもレイオフしなかった）をもった大企業が多数あらわれた。こうしたアメリカの「ウェルフェア・キャピタリズム」は雇用の安定化をもたらし，いわゆる「豊かな社会」の形成につながった。

1950年代から60年代になると，「豊かな社会」のなかの大企業のホワイトカラー層は，昇進志向の「ラダー・クライマー」たちや会社への強い帰属意識をもった「組織の中の人間」や「ホワイトカラー」となる傾向が見られた。研究者や批評家は，労働者の保守化傾向を批判的に捉えることが多かったが，その背景には近代企業が雇用の安定化を実現したという側面もあった。

3 所有と経営の分離

バーリとミーンズが提唱した「所有と経営の分離」は近代企業（大規模な株式会社）を論じる際，重要な概念である。大量生産の時代になると規模の経済を活かすことが企業の競争力を決めるようになった。その際，企業は事業を大規模化するために大量の資金を必要とする。それを賄うために株式会社（公開株式会社 public limited company：一般大衆に株式が売り出されている会社）という制度が活用された。大量の資金を必要とする企業は，銀行から融資してもらうか，直接，証券市場に株を発行販売した。株主は法律上の会社の所有者であるが，企業の経営に直接には関与しないし，その能力ももたない。ただ株式を通じて会社を所有をしているのである。これを大衆株主ないし無機能資本と呼ぶ。

大衆株主は，株主総会で経営者を選任し，実際の経営実務を経営者に委ねる。こうして大企業の経営者は会社における経営の実権を握ることになり，株式会社における所有者と支配者が分離したのである。これは「経営者支配」という近代企業の特質に結びついた。

4 解体する近代企業

1980年代後半になると，チャンドラーやジャコービィ的な意味での調整と雇用の内部化を特徴とする20世紀的な近代企業モデルは急速に揺らいでいった。

▷ 5 S. M. Jacoby, *Employing Bureaucracy,* Lawrence Erlbaum Associates Publishers, 2004（荒又重雄・木下順・平尾武久・森杲訳『雇用官僚制 増補改訂版』北海道大学図書刊行会，2005年）

▷ 6 A. A. Barle, and Means, G. C., *The Modern Corporation and Private Property,* New York: Macmillan, 1932（北島忠男訳『近代株式会社と私有財産』文雅堂銀行研究社，1957年）

▷ 7 C. W. Mills, *White Collar: The American Middle Classes,* New York: Oxford University Press, 1951（杉政孝訳『ホワイトカラー』東京創元社，1971年）

▷ 8 T. A. Stewart, *The Wealth of Knowledge,* The Doubleday Broadway Publishing, 2001（徳岡晃一郎監訳『知識構築企業』ランダムハウス講談社，2004年）

▷ 9 P. Cappelli, *The New Deal at Work : Managing the Market-driven Workforce,* Boston, MA: Harvard Business School Press, 1999（若山由美訳『雇用の未来』日経新聞社，2001年）

崩壊の理由は，アメリカ型の大量生産方式が限界に来たことにあった。BPR（Business Process Reengineering）に代表されるような組織解体手法が，ITの進展とともに普及し，これまで人員削減の対象とはされなかった中堅ホワイトカラー層までレイオフされた。堅実な雇用制度としての大企業はこの時点で崩壊したのである。

そもそも近代企業モデルは，基本的には，規模の経済と範囲の経済を活かすための組織構造であり，大量生産の産業資本主義（industrial capitalism）に適合していた。情報通信技術を基盤にした知識資本主義（knowledge capitalism）の時代になると，一般に近代企業モデルはもはや環境に適合することは困難になった。

知識資本主義においては，モノをではなく知識（情報）の生産販売によって付加価値を得る。たとえば1999年，アメリカ最大の輸出品は航空機（年間290億ドル）ではなく知識（ライセンス料・ロイヤルティ料，年間370億ドル）だった。ドッグイヤーと言われるように，知識ビジネスの技術と市場は，モノのビジネスよりも圧倒的に速く変化する。環境変化に対応するために，企業はピラミッド型組織をフラット化し，コア業務以外の標準的業務プロセスを外部化（アウトソーシング）して，自社のコア・コンピタンス（中核的な業務能力）に集中的に投資するようになった（選択と集中の戦略）。大規模組織は，グローバルなサプライチェーン・ネットワークを前提に，バラバラに解体されて，付加価値を生み出すコア業務だけを内部に残すようになった。

近代企業の解体は，内部化から外部化への転換を意味する。雇用の面から見ると，それは長期雇用・正社員からコンティンジェンシー・ワーカー（非正規従業員）への転換（労働の外部化）であり，今日の雇用関係はあたかも100年前の内部請負制に戻ったようだとキャペリは述べている。何層にも重なる階層をもった官僚制構造からフラットな組織への転換も，企業内の業務を外部化することを意味している。

今日の情報化されたグローバルなビジネス環境では，国内ビジネスの時代よりも競合他社は多く，しかも競争力をもっているから，今までのように企業内部に職能を統合する余裕はなくなった。現代企業は，ネットワークによって組織化されつつある。ITの進歩と市場ライフサイクルはますます速くなっている。21世紀の企業は，官僚制や内部化の長所を残しながら，ネットワーク特有の脆さを補いつつ，新しい企業モデルを構築しようとしている。

参考文献

M. Albert, *Capitalism vs. Capitalism,* New York: Four Wall Eight Windows, 1991（小池はるひ訳『資本主義対資本主義』竹内書店新社，1996年）

S. Berger, *How We Compete,* New York: Doubleday, 2005（楡井浩一訳『グローバル企業の成功戦略』草思社，2006年）

A. Burton-Jones, *Knowledge Capitalism,* Oxford University Press, 1999（野中郁次郎監訳『知識資本主義』日経新聞社，2001年）

Alfred D. Chandler, Jr., *The Visible Hand: The Managerial Revolution in American Business,* The Belknap Press of Harvard University Press, 1977（鳥羽欣一郎・小林袈裟治訳『経営者の時代』（上・下）東洋経済新報社，1985年）

P. Osterman, T. A. Kochan, R. M. Locke, and M. J. Piore, *Working in America,* Cambridge: MIT Press, 2001.（伊藤健市・中川誠士・堀龍二訳『ワーキング・イン・アメリカ』ミネルヴァ書房，2004年）

J. D. Roberts, *The Modern Firm: Organizational Design for Performance and Growth,* Oxford University Press, 2004（谷口和弘訳『現代企業の組織デザイン』NTT出版，2005年）

H. A. Simon, *Administrative Behavior,* 4th ed., 1997（二村敏子ほか訳『新版・経営行動』ダイヤモンド社，1997年）

XII 経営

2 大量生産

近代企業を技術的に特徴づけるものは大量生産である。大量生産とは、20世紀初、アメリカ自動車産業において最初に確立された生産技術である。具体的には、単能機械（特定製品だけを作る機械）と移動式組立ライン（流れ作業のベルトコンベア）を用いて、細分化された労働を行う多数の半熟練工が、標準製品を大量に製造する生産方式を指す。

1 フォーディズム

大量生産は、ヘンリー・フォードによって創設されたことから、しばしばフォーディズム（Fordism）と同義として論じられる。生産技術としてのフォーディズムはT型フォード（製造期間、1908-1926年）の製造過程で成立した。主にこの意味でフォーディズムを論じたのがドラッカーから始まる研究である[10]。従来、自動車は熟練工（craftsmen）が手作りで製造するものであった。フォードは自動車の製造工程を7,800あまりに細分化し、大量の移民労働者を低級技能の単純労働者として使用して自動車を製造した。流れ作業方式では、ベルトコンベアのスピードに全労働者が作業を合わせる必要があり、そのスピードは管理者側が自由に決めた。過酷な単純作業の繰り返しのため、フォード工場では離職率が非常に高かった。そこでフォードは当時の平均の2倍に相当する日当5ドルという高賃金によって労働者を雇った。

フォードの高賃金政策は、大量生産による製品単価あたりのコスト低下と大量販売（規模の経済〔economy of scale〕）によって報われた。高賃金を得た労働者は、増加した可処分所得からフォード車を買った。大量生産（規模の拡大）は生産性を向上させ（規模の経済）、それが実質賃金を上昇させると、可処分所得の増大は消費（大量消費）と貯蓄（設備投資）の増大をもたらした。投資効果によって大量生産は一段と効率化した。この景気循環の黄金のループ、すなわち大量生産に関わるマクロ的な経済調整の様式を広義のフォーディズムと呼ぶ。この意味でのフォーディズムは戦後各国のマクロな経済成長モデルを指す。この意味でフォーディズムを研究したのはレギュラシオン学派である[11]。マクロな意味でのフォーディズムを支えたのは、産業インフラの整備、労働市場の安定化にむけた規制、労働者への社会保障などにおいて絶大な調整機能をはたした、第二次世界大戦後のケインズ主義的政府であった。広義のフォーディズムにおける政府は、マクロ的な経済調整（economic regulation）に際してきわめて重要

▷10 P. Drucker, *The Practice of Management*, New York: Harper & Brothers Publishers, 1954（野田一夫監修・現代経営研究会訳『現代の経営』（上・下）ダイヤモンド社, 1965年）

D. A. Hounshell, *From the American System to Mass Production, 1800-1932*, The Johns Hopkins University Press, 1984（和田一夫・金井光太朗・藤原道夫訳『アメリカン・システムから大量生産へ 1800-1932』名古屋大学出版会, 1998年）

M. J. Piore and C. F. Sabel, *The Second Industrial Divide*, Basic Books Inc, 1984（山之内靖・永易浩一・石田あつみ訳『第二の産業分水嶺』筑摩書房, 1993年）

J. Womack, D. Jones and D. Roos, *The Machine that Changed the World*, New York: Rawson Associates, MacMillan Publishing Company, 1990.（沢田博訳『リーン生産方式が世界の自動車産業をこう変える』経済界, 1990年）

▷11 R. Boyer and J. P. Durand, *L'apres-fordisme*, Paris : Syros, 1993（荒井壽夫訳『アフター・フォーディズム』ミネルヴァ書房, 1996年）

な役割を果たした。

2 大量生産の危機とフレキシブル生産

　1950年代から1960年代にかけて全盛時代を迎えたアメリカ的な大量生産方式は，1970年代の石油危機に直面して，その大規模で硬直化した組織の弱点をさらけ出した。デトロイト式の大量生産方式は日本式のフレキシブル生産（リーン生産）方式の興隆に競争力を失い始め，アメリカ国内市場には輸入品が急増した。1960年の米国内自動車産業を見ると，アメリカ企業のビッグスリーが国内市場シェアの95.9％を占めていた。石油危機をへた1985年時点ではそれは75.6％に下落した。同様にアパレル産業でも，98.2％から74.5％に，民生電子機器は94.4％から34.0％にそれぞれ同時期に下落した。このデータからわかるのは，20世紀アメリカを世界の覇者にした大量生産方式が終焉をむかえたことである。それは大量に生産し，消費（破棄）するという一つの生活様式が，自然環境に配慮してエネルギーを節約して生きるというグリーン資本主義の生活様式に転換することを意味していた。

3 大量生産の影響

　大量生産は特定の産業や国を超えて広がった。その影響は20世紀の工業社会全体に及び，人々の思考・心情に「大量生産のエートス」を育成した。大量生産は，音楽，文学，絵画，建築，デザインなどの芸術文化にも影響（モダニズム等）を与えた。大量生産によって成立した「豊かな中間階級」による「アメリカ的生き方」（American way of life）は，第二次世界大戦後，マスメディアを通じて世界に普及し，ハードパワー（物的軍事力，政治力）ならぬ「ソフトパワー」をアメリカにもたらした。戦後，一つの規範となった「アメリカ的生き方」は個人主義，自由主義信奉という点でアメリカ的民主主義と密接に関係していただけでなく，「顕示的な消費」や「記号としての消費」と呼ばれるような特有の消費志向を含んでいた。1970年代の石油危機および1980年代のグローバル化はアメリカ的大量生産の基盤を揺るがした。それとともにアメリカの神話も崩壊していった。

　21世紀，情報通信技術の発展によって成立しようとしている知識資本主義は，アメリカ的大量生産方式とは別の原則によって動いている。とはいえ大量生産は，BOP（Bottom of the Pyramid，これから市場に参加する発展途上国の人々。世界人口の3分の2，約40億人の市場を指す）市場では今後も有効な生産方式である。

▷12　ハウンシェル『アメリカン・システムから大量生産へ1800-1932』

▷13　R. Batchelor, *Henry Ford,* Manchester: Manchester University Press, 1994.（楠井敏朗・大橋陽訳『フォーディズム』日本経済評論社，1998年）

▷14　ピオリとセーブル『第二の産業分水嶺』

XII 経営

3 テイラー主義と人間関係論

テイラー主義は、フォードによるベルトコンベア生産方式の流れ作業の基盤となった管理思想であり、労働疎外の原因となった20世紀の管理手法として広く知られている。テイラー（Frederik W. Taylor: 1856-1915）が産業技師としてめざした目標は、むしろ理想主義的なものだったことはあまり知られていない。

1 ドライブ・システムから科学的管理法へ

テイラー当時の米国の工場は「ドライブ・システム」によって管理されていた。それは職長による強引な労務管理であり、工場の作業員の評価と処遇も職長の主観的で絶対的な権力にまかせられた。「職長帝国」とさえ呼ばれた管理手法は、作業員に組織的怠業をもたらした。大量生産成立前夜、新しい技術が工場に導入されるにつれて、職長帝国の問題性はいよいよ顕著になった。そのころ登場してきたのが能率増進運動（efficiency movement）であり、ネルソンの『20世紀新工場制度の成立』によれば、生産能率の向上という時代の目標にもっとも的確に応えたのがテイラー主義であった。

伝統的な工場管理による職長帝国は、管理者の主観的判断を軸にしていた。それに対してテイラーの主張した管理方法は、客観的、科学的で、能力主義的なものだった。彼の唱える「科学的管理法」（Scientific Management）は、熟練の解体論が解釈するように「計画と実行の分離」という特徴をもっている。管理者と作業者は別の職能を果たすという意味である。もう一つ重要な特徴は、「適切な1日の作業量」（これをテイラーは課業taskと呼んだ）を科学的に決めることにある。つまりストップウオッチを使ったタイム・スタディとモーション・スタディによって、1つの作業工程に要する労力と時間を客観的に測定し、それを標準的な課業とする。賃金は、課業を水準として、水準以上の者には割増しを支払い、水準以下の者には割引いて支払われる。これを差別出来高払制度と呼ぶ。

2 精神革命

こうした「科学的」な管理方法によってテイラーがめざした理想は、労使双方の「精神革命」によって協調的な工場組織が生まれることにあった。しかし彼の理想は、実務の現実の前に忘れ去られ、単なる労務管理ツールとしてのテイラー主義が急速に広がった。その結果、テイラー主義は労働疎外の要因であるという通説となった。

確かに，労務管理ツールとして普及したテイラー主義には，従業員を単純なモチベーションにしたがう機械的存在とみなす側面があった。この観点から，従業員の金銭的モチベーションをうまく管理すれば組織は効率的になるとみなされた。テイラーの考え方によれば，労働者の生産性を上げるには割増賃金という物的・外発的刺激が最適な手段なのである。

3 人間関係論

この管理思想に反対したのが人間関係論の人びとだった。第一次世界大戦後，ウェスタン・エレクトリック社のホーソン工場は従業員2万5千人の大規模組織だった。全国学術調査協議会は，ここで1924年から1932年にかけて13期におよぶ長期の実験を行った。ホーソン実験（Hawthorne experiments）の目的は，当時の能率増大運動を背景にして，物理的な労働条件が労働者の作業能率におよぼす影響を明らかにすることだった。ところが実験データからは，照明，温度などの条件や賃金の支払い方法，あるいは休憩時間，作業時間などの想定していた条件と作業能率の相関関係を見いだせなかった。ここから G. E. メイヨー（G. Elton Mayo, 1880-1949）や F. J. レスリスバーガー（Fritz J. Roethlisberger, 1898-1974）らは，作業能率は作業条件ではなく，むしろ労働する個人にとっての「人間的意味」によって規定されると主張した。ここから人間関係論（Human Relations）と呼ばれる管理思想が誕生した。

ホーソン工場における1928年から1930年の面接実験から，人間関係論の人びとは労働意欲を左右する「感情の論理」（logic of sentiment）を発見した。人間関係論によれば，職場の事象全般が労働者にとってどのような「人間的意味」をもつかが重要であり，作業条件だけではなく，仕事内容，上司の監督方法，職場の仲間集団（クリークと呼ばれる）が「職場状況」として労働意欲を規定する。「感情の論理」は，テイラー主義が前提とする刺激的賃金によって機械的に労働する人間像を否定し，職場集団という非公式組織から自分がどう評価されているかを気にし，感情的な論理によって作業能率が左右される社会的な人間像を提出した。人間関係論は，こうした人間像を提示することによって工場の労務管理を根底から変えるべきことを主張した。

人間関係論は第二次世界大戦後，アメリカの大企業に普及した。また，敗戦後の日本の経営者や官僚は，その当時のアメリカを視察し，日本企業の労務管理手法に応用した。提案制度やレクリエーション活動，カウンセリングなどである。学説史的には，すべての事象を「幸福な労働者は生産性が高い」という命題に落としこんだ点が批判的評価をうけているものの，『中小企業白書』(2009) に見られるように，従業員満足度と生産性向上や従業員の定着率が正の相関関係にあることは実証されている。

▷15 F. J. レスリスバーガー，野田一夫，川村欣也訳『経営と勤労意欲』ダイヤモンド社，1965年

(参考文献)
G. E. メイヨー，村本栄一訳『産業文明における人間問題』日本能率協会，1967年
D. ネルソン，小林康助・塩見尚人監訳『20世紀新工場制度の成立』広文社，1978年
泉卓二『アメリカ労務管理史論』ミネルヴァ書房，1978年
角田信夫『アメリカ経営組織論』文眞堂，1995年
D. レン，車戸實監訳『原題経営管理思想』(上・下) マグロウヒル，1982年
H. サミュエル，小林康助・今川仁視訳『科学的管理の生成と発展』広文社，1983年
D. A. ハウンシェル，和田一夫ほか訳『アメリカン・システムから大量生産へ』名古屋大学出版会，1998年
D. クロースン，今井斉監訳『科学的管理生成史』森山書店，1995年。
R. Kanigel, *The One Best Way : Frederick Winslow Taylor and the Enigma of Efficiency,* Viking Penguin, 1997

XII 経　営

4 官僚制

1 マックス・ウェーバー

　官僚制は，大規模な事業を継続的に行うための社会技術であり組織形態である。M. ウェーバー（Max Weber）は官僚制を社会学的な支配理論のなかに位置づけて，伝統社会のなかの家産官僚制と近代社会のなかの合理的官僚制に理念型的に類型化した。(1)家産官僚制：伝統的支配（家父長制支配）において，命令者（君主）は広大な領地と領民を維持・統制するために組織された管理機構を必要とした。そのために君主に属人的に従属する，家臣身分としての家産官僚組織が成立した。(2)合理的官僚制：近代的支配（合法的支配）は制定規則による支配であり，そのもっとも純粋な類型は官僚制的支配である。この支配関係は，伝統的支配とは対照的に，命令者（大統領，取締役など）もまた，形式的に正しい手続きによって制定された規則（証券取引法，労働基準法，会社法，企業内の雇用規定など）に従わなければならない。ここでの命令者の純粋類型は「上司」である。上司と部下は命令・服従の支配関係にあるが，命令の有効範囲は規則によって明確に限定されている。その意味で近代官僚制では属人的な支配は排除され，即物的（sachlich）な規則を媒介にした支配になる。

　ウェーバーの近代官僚制概念は次の変数によって構成されている。(1)規則および規則によって規定された明確な権限，(2)階層制すなわち職務上のヒエラルキー，(3)組織メンバーが各職務をその専門スキルによって遂行する，(4)専任的職位すなわち組織メンバーは兼職ではなく各自の職務につく，(5)組織メンバーはその職務を遂行する際，私的な利害から離れ組織の公的業務を遂行する。

　近代官僚制における組織メンバーの純粋類型は「官僚」である。官僚の業務は即物的な職務契約に基づいており，官僚はその契約を「怒りも興奮もなく」つまり個人的な動機や感情から離れて実施する。このような官僚によって機械的に動かされる近代の官僚制は「生命のある機械」（ウェーバー）になり，伝統的な組織が持ち得なかった「計算可能性」と効率性を獲得した。

　ウェーバーは，官僚制のもつ技術的卓越性（効率性）から，将来，競争に直面するすべての組織が官僚制に収斂するだろうという「普遍的官僚制化」論を提唱した。同時にまた，ウェーバーは，官僚制が促進する形式合理性が実質合理性と乖離するという意味で不合理であることを指摘した。

2 その後の官僚制研究史

戦後，ウェーバーの官僚制理論について，その効率性命題および官僚制モデルの下位変数を中心として批判的検討がなされてきた。1940年代から50年代にかけては機能主義的研究が主流だった。R. K. マートンは，特定の組織目的を達成するために制定された規則が組織メンバーの行動を拘束し，規則に対する「過剰同調」が前例主義を引き起こし，顧客のニーズに応えることよりも規則を遵守することを優先する「手段の目的化」ないし「目的の転化」が起こる可能性を指摘した。これを彼は官僚制の「逆機能」(dysfunction) と呼んだ。[16] また P. ブラウは，専門化，権限のヒエラルキー，規則の体系，非情性という四つの要因からウェーバーの官僚制論を発展的に分析し，官僚制の実態がウェーバーの理念型的なモデルとは異なる非定型的な関係や非公式の慣行によって動かされていることを示した。[17] A. W. グルドナーは，実際の工場で官僚制的ルールが受容されるパターンを示した。[18]

1960年代を中心とするコンティンジェンシー組織論は，官僚制の組織構造と環境変数の相関を研究した。コンティンジェンシー学派は，組織は環境に適合することで存続可能になると主張した。たとえば，J. ウッドワードは，技術の複雑性が組織構造を規定すると指摘した。[19] T. バーンズと G. M. ストーカーは，安定した環境には機械的組織（フォーマルな官僚制機構）が適合し，不安定な環境には水平的で自律的な有機的組織が適合すると主張した。[20] コンティンジェンシー学派は，アストン・グループを中心に，官僚制化の程度を規模や階層数などの様々な変数から統計的推計を行った。[21] たとえば「専門化」を職業的専門化の進展 (professionalization) という変数に置くと，プロフェッショナリゼーションの進展が必ずしも官僚制化と相関しないことを統計的に実証した。[22]

1970年代に統計的実証が一段落したあと，組織文化論の流行が始まった。組織文化論（新制度派組織論）は公式組織の構造が効率的だから普及するというのは「神話」にすぎないと論じた。[23] また，社会構成主義の認識論の影響をうけたポストモダン組織論は，たとえばジェンダーの視点からウェーバーの官僚制モデルを批判した。[24] 組織文化論は，従来の官僚制論と異なり，組織の公式的・機能的な構造ではなく，非公式な文化や認識論的視点を重視した。

▷16 R. K. Merton, *Social Theory and Social Structure,* Glencoe, Ill.: Free Press, 1949（森東吾ほか訳『社会理論と社会構造』みすず書房，1961年）
▷17 P. M. Blau, *The Dynamics of Bureaucracy,* Chicago: University of Chicago Press, 1955
P. M. Blau, *Bureaucracy in Modern Society,* Random House, 1956（阿利莫二訳『現代社会の官僚制』岩波書店，1958年）
▷18 A. W. Gouldner, *Patterns of Industrial Bureaucracy,* Macmillan Publishing, 1954.
▷19 J. Woodward, *Industrial Organizations: Theory and Practice,* Oxford University Press, 1965（矢島鈞次・中村壽雄訳『新しい企業組織』日本能率協会，1970年）
▷20 T. Burns and G. M. Stalker, *The Management of Innovation,* Tavistock Publications, 1961
▷21 D. S. Pugh, D. J. Hickson, Hinings, C. R., and Turner, C., "The Context of Organization Structure," ASQ, 14, 1969, 115-126.
▷22 R. H. Hall, "Professionalization and Bureaucratization," ASR, 33, 1968, 92-104
▷23 R. Meyer and B. Rowan, "Institutionalized Organization: Formal Structure as Myth and Ceremony," *American Journal of Sociology,* 83, 1977
▷24 M. Savage and A. Witz, *Gender and Bureaucracy,* Oxford: Blackwell Publishers, 1992

XII 経営

5 日本的経営

　日本的経営とは，アメリカ的経営やフランス的経営などのように企業の行動特性を国別に表示した概念の一つであるが，慣例的には，第二次世界大戦後の日本企業の経営慣行を指して使われる。日本的経営を補完している重要な制度的要因は，たとえば企業の統治構造，労働市場，教育制度あるいは資本市場の構造がある。ここでは社会学的研究の蓄積が多い，人事と生産すなわち組織に焦点をあてて日本的経営論を説明する。

1　人事制度としての日本的経営論

　人事制度としての日本的経営の特徴に最初に注目したのはアメリカ（以下，米国）の日本研究者 J. C. アベグレン（James C. Abegglen）である[25]。彼は，(1)年功主義，(2)終身雇用（ただしアベグレンは lifetime employment ではなく lifetime commitment と述べた），(3)企業別組合の三つが日本的経営であると述べた。彼が『日本の経営』(1958) で指摘した三つの項目は，それぞれ(1)賃金管理，(2)雇用管理，(3)労使関係における当時の日本企業の特徴を指しており，その後，日本的経営の「三種の神器」と呼ばれた。

　アベグレンに影響された初期の「日本的経営」論の特徴は3つある。まず，(1)三つの特徴はすべて人事制度に関することであり，労使関係，雇用制度，福利厚生，意決定決プロセスなどに焦点が当てられたこと。また，(2)その人事制度論も，戦前における熟練工の離職率が高かった時期ではなく，戦後の GHQ による「経営民主化」政策が奏功した時期をモデル化している。さらに，(3)日本と米国の企業組織との比較論を軸に，文化的価値の観点から比較する傾向をもったことである。たとえば日本の近代社会には多くの前近代的要素が残っており，企業は大家族の共同体であるとみなされた。

　当初は，経営における「日本的」という概念は，第一義的に文化的なものとして，国内外で流布していくことになった。その結果，日本経済・企業の成長の理由は，まず第一に組織に関わる「文化的」な要因にあると理解されるようになった。具体的には，日本企業が成長したのは，固有の精密機械の生産技術でも，固有の戦略策定能力によるのでもなく，労使関係が「家族主義」・「集団主義」で組織が協調的だからであるという説が流布した。日本的経営論の議論には，こうして社会学，文化人類学，哲学などの広範囲な分析枠組みが入りこむようになり，研究者の範囲を越えた社会現象とも言うべき広がりをみせた。

▷25　J. C. アベグレン，山岡洋一訳『新・日本の経営』日本経済新聞社，2004年［原著1958］

その後，日本企業が1970年代の石油危機に柔軟に対応すると，日本的経営に対してますます関心が集まるようになった。1970年代には，労務管理の歴史社会学的な研究が発展した。代表的な社会学的研究を挙げると，間宏の『日本労務管理史研究』(1978)およびR.ドーアの『イギリスの工場・日本の工場——労資関係の比較社会学』(原著1973)[26]である。間宏は，日本特有の共同体的な経営慣行が歴史的にどのようにして成立したかを膨大な資料によって再構成し，その後の日本的経営論にとって一つの基礎文献となった[27]。ドーアは，電機産業における日英企業の工場組織と人事制度を綿密な調査によって比較し，日本的経営の「組織志向」と英国の「市場志向」を対比させ，組織制度の背後にある価値・倫理観念・文化的伝統の重要性を指摘した。またドーアはイギリスのような先発先進国の組織制度が日本的な「組織志向」雇用システムに収斂していくという大胆な仮説を提唱した。ドーアは，企業組織の構造やマネジメントは先進国である欧米型に収斂する，という後発優位論を提示した。

株主の利益を優先させる英米型経営スタイルとは対照的に，日本的経営は「従業員主権」の「人本主義企業」[28]であり，「まず人ありき」[29]という属人主義をとるという説もある。その起源については議論があるが，第一次世界大戦後の産業合理化期に官営・民間大企業において成立したものが，第二次世界大戦後の高度成長期に一般に普及したという見方が有力である[30]。

1980年代になると「日本的経営」は社会現象となった。この時期は多様な視点からの日本的経営論が登場するが，一般に，組織と雇用システムこそ日本企業の競争優位（competitive advantage）の源泉であるとみなされた。すなわち日本企業の終身雇用慣行や，年功序列賃金，企業別組合による組織は，そうでない（とりわけ米国型の）組織よりも従業員の忠誠心が高く，労使関係も協調的なのでコーディネーション・コスト（調整のために必要な資金と時間）がかからず，組織として競争力があるという評価である。

2　生産方式としての日本的経営論

1980年代は，米国において，マスコミを通じた反日本的経営の政治ショーが展開されるのと同時にアカデミックな研究が進んだ時期でもある。当時，自動車を中心とする日本企業の輸出攻勢が進み，米国の貿易赤字と失業増加の源として批判の的とされた。これを「日本たたき」(Japan bashing)と呼んだ。同時にまた，米国が日本的経営の実態を本格的に研究したのもこの時期である。その成果は1980年代末から90年代初頭にあらわれた。代表的な研究としては，1980年代後半，MIT産業生産性調査委員会によってなされた米国産業再生のための実態調査『メイド・イン・アメリカ』[31]であり，J. P. ウォマックらの，製造業の生産性を国際的に比較した研究『リーン生産方式が世界の自動車産業をこう変える』[32]である。『メイド・イン・アメリカ』は，「インダストリアル・

▷26　R. Dore, British Factory-Japanese Factory, University of California Press, 1973（R. ドーア，山之内靖・永易浩一訳『イギリスの工場・日本の工場』筑摩書房，1987年。

▷27　間宏『日本労務管理史研究——経営家族主義の形成と展開』お茶の水書房，1978年。

▷28　伊丹敬之『人本主義企業』筑摩書房，1987年

▷29　今野浩一郎・佐藤博樹『人事管理入門（第2版）』日経新聞社，2009年

▷30　白井泰四郎『原題日本の労務管理』東洋経済新報社，1991年

▷31　M. L. ダートウゾス・R. K. レスター・R. M. ソロー『メイド・イン・アメリカ——アメリカ再生のための米日欧産業比較』草思社，1990年［原著1989］

▷32　J. P. ウォマック・D. ルース・D. T. ジョーンズ，沢田博訳『リーン生産方式が世界の自動車産業をこう変える』経済界，1990年［原著1990］

パフォーマンス」（製品の品質や技術革新の速さなどといった企業業績を左右する質的要素を取り入れた新しい尺度）という概念から米国産業を国際調査した。この調査によれば，たとえばアメリカの自動車産業はフォード的な大量生産と垂直統合によって成立しており，部品供給業者と労働者は相対的に軽視されている。日本の自動車産業は，米国型生産システムよりフレキシブルで効率的な生産方式を生み出した。

ウォマックら[33]は，日本企業の強さをその柔軟な製造技術と組織マネジメントに求めた。米国の自動車産業が従来の「大量生産方式」にしばられた非効率的なものであるのに対し，日本のそれは顧客志向で，効率的で，チーム組織による生産システムである。ウォマックらはこれを「リーン生産方式」と呼んだ。大量生産方式がピラミッド型組織とテーラー主義から成り立っているのに対して，リーン生産方式ではラインの作業者に権限が委譲されており，製品の品質に問題が生じた場合はラインの作業者がチームとしてそれを徹底的に究明し，改善するダイナミックなチーム組織から成り立っている。工場の組織，人事制度，製品開発のあり方，部品の供給システムを含めた総合的な生産システムとして，リーン生産方式は大量生産方式よりも優れているというのがウォマックらの結論だった。

同じ頃日本でも，日本企業の競争力を，経済学・経営学的に合理的な説明をしようとする研究があらわれた。その後の日本的経営論の議論をリードした研究としては，たとえば組織間の日本的な関係を研究して世界的に評価された研究[34]や，生産現場での「熟練」の育成を実証的に研究した人材育成論[35]，あるいは資源ベース論（Resource-Based View）の先駆けとなった「見えざる資源」による経営戦略論[36]や，ゲーム理論を応用した比較制度分析による日本的経営論[37]が展開された。こうした研究が実証したことは，たとえば，日本企業の系列において親企業と下請けとの継続的な取引関係が存在する理由は，文化的な温情主義でも二重構造による搾取でもなく，リスクをアセンブラーと供給業者間で分担しながら，ともに生産性向上をするためであること。あるいはまた，日本企業の長期的な雇用慣行は，高度成長期に特有の技術革新（生産設備のひんぱんな更新）に対応するために，機械を操作する労働者のスキル（熟練）をOJT（On-the-Job Training）や自律的な職場の規制（いわゆる現場主義）によって育成するための合理的なしくみであることなどであった。

生産方式の研究としては，藤本隆宏のトヨタ生産方式の実態研究がある。彼の『生産システムの進化論』[38]では，トヨタ生産方式の理念型を(1)生産における生産性と製品品質のトレードオフを克服したこと，(2)大量生産でありながら製品の多様性を可能にしたフレキシビリティをもつこと，(3)生産性向上や品質改善に関して組織学習のメカニズムが生産システムに組みこまれていること，の3点から構成して，その合理的な競争力を解明した。

▷33 ウォマックほか『リーン生産方式が世界の自動車産業をこう変える』

▷34 浅沼萬里『日本の企業組織革新的適応のメカニズム——長期取引関係の構造と機能』東洋経済新報社，1997年

▷35 小池和男『職場の労働組合と参加——労資関係の日米比較』東洋経済新報社，1977年

▷36 伊丹敬之『経営戦略の論理』日本経済新聞社，1980年

▷37 青木昌彦『現代の企業——ゲームの理論からみた法と経済学』岩波書店，1984年

▷38 藤本隆宏『生産システムの進化論』有斐閣，1997年。

また野中と竹内（1996）は，製品開発に焦点をあてて，日本企業がどのようにして知識を創造するのかを，暗黙知と形式知が組織構造のなかでダイナミックに創造されるプロセスとして解明した。彼らは，組織を単に情報を処理するための制度というよりも知識を生みだすダイナミックなプロセスとしてとらえ，その視点から日本企業の特徴を明らかにした。

3 その他の視点

　以上，日本的経営論は主として日米比較論であった。この点で，ジャコービィは，ヨーロッパと比較した場合，日米企業はむしろ次のような共通点が見られると指摘する。(1)労働組合の組織率が相対的に低い。また組合の従業員代表形態は集中的ではなく，個々の企業に枠づけられている。(2)年金などの企業福利支出が相対的に大きい。ヨーロッパの福祉国家と比べて政府による福祉への支出は，日米両国では相対的に低い。(3)中小企業はともかく，大企業では雇用保障，昇進階梯，技能訓練が提供される。(4)雇用の二重構造がある。すなわち周辺なパートタイム労働力が中核的な従業員の雇用を保障するバッファーとなっている。

　ジャコービィが指摘したように，ヨーロッパと比べると日本と米国では，大企業は企業福利と従業員訓練に自ら投資してきた。企業は従業員に対する福利厚生を温情主義（パターナリズム）として実施し，従業員から企業に対する忠誠心（ロイヤルティ）を引きだそうとした。ウェルフェア・キャピタリズムとは，(1)労働者の忠誠心を引きだすための官僚制的な人事管理システム，(2)企業内組合と従業員代表制，(3)企業から給付される福利厚生の三つの要素によって，労働者を企業に強く結びつけた資本主義を指す。この観点からみると，日本的経営は米国型と共通点をもつ。また，オスターマンは，1980年代半ば以前の米国には，企業は従業員に対して賃金以外にも雇用などの義務を負うという社会規範が存在したことを説いた。こうしてみると，米国企業と日本企業の静態的な比較から「日本的経営」モデルを構築することには課題もある。（鈴木秀一）

▷39　野中郁次郎・竹内弘高『知識創造企業』東洋経済新報社，1996年。

▷40　S. M. ジャコービィ，内田一秀他訳『会社荘園制──アメリカ型ウェルフェア・キャピタリズムの軌跡』北海道大学図書刊行会，1999年。

▷41　ジャコービィ『会社荘園制』

▷42　P. オスターマン，伊藤健市・佐藤健司・田中和雄・橋場俊展訳『アメリカ・新たなる繁栄へのシナリオ』ミネルヴァ書房，2003年。

参考文献

小池和男『日本の熟練』有斐閣，1981年。

吉原英樹・佐久間昭光・伊丹敬之・加護野忠男『日本企業の多角化戦略』日本経済新聞社，1981年。

XIII 社会的逸脱

1 デュルケームの理論

1 デュルケームのアノミー論

　社会的逸脱に関する本格的な社会学的研究は19世紀末の É. デュルケーム（Émile Durkheim）に始まる。それまでは，社会学思想の主流であった社会有機体説にもとづく社会病理学（social pathology）が提唱されて，社会に適応できない個人の怠惰や不信仰を指摘した。しかし，デュルケームは個人病理観に依拠した社会病理概念を使わず，欲望の無規制化という逸脱現象に焦点を当てた実証的研究を展開した。彼は主著『自殺論』（1897）において，自殺の基本的三類型として自己本位的・集団本位的・アノミー的自殺を挙げて，そのなかでアノミー（anomie）概念を展開したのである。それは，伝統的な道徳的権威が失墜し，代わるべき新しい道徳的体系が確立していないところの無規制状態を意味するものであり，すぐれて「構造論」的な概念である。

　デュルケームによれば，当時の西欧社会における経済発展は，産業関係の規制の解放によるところが大きかった。それまでは道徳的権威の体系が産業関係に規制を加えて，宗教・土地・同業組合などがその役割を果たしていた。ところが，それまで社会秩序を支えてきた道徳的権威の体系が規制の解放によって弱体化し，無秩序な社会状態を生み出したのである。さらに，経済発展によって煽りたてられた人びとの欲望も，それを規制してきた権威から解放されて，ますます拍車をかけられるようになった。繁栄が増すので欲望も高揚し，提供される豊富な餌がさらに欲望をそそりたてて，規制を耐えがたいものにしてしまうのである。その結果，特に商工業界においては危機とアノミーの状態が不断に存在し，常態になってしまったのである。

　そして，デュルケームの人間の「欲望」観は性悪説にもとづいていた。人間の本性が欲望に限界を設定することは不可能であり，外部からの規制がなければ際限のない欲望になってしまい，それは苦悩の源泉でしかありえない（アノミー的自殺）という。このような見方は後に「欲求自生増大説」と呼ばれ，デュルケームにとって，個人的欲望や本性は社会秩序にマイナスの機能を果たすものであり，個人的欲望と道徳的権威は根本的に対立すると考えられていたのである。

　そこで，社会秩序にプラスの機能を果たすべき「外部からの規制」が再び求められることになる。デュルケームはこの外部からの規制を「社会」に求めて，

▷1　「社会有機体説」とは，生物有機体の比喩で社会をイメージしたもので，その進化の過程で現れる社会病は，社会有機体の要素である「細胞個人」の退化や異常性に原因があるとみる。

▲ E. デュルケーム

「社会は，法律を布告し情念に超えてはならない限界を画する上で，必要にして唯一の権威である」と述べた。この社会とは，具体的には同種類の労働者などが結びついて形成する職業集団か新しい同業組合であった。そして，この規制とそれから生まれる節度は人びとを自分の境遇に満足させ，その適度な改善を刺激するのである。デュルケームは「ほどよい満足が，穏やかな生き生きとした喜びを，……存在と生の喜びを生み出す」と述べて，「欲求の中庸の健全さ」を説いたのであった。

▷2 É. デュルケーム，宮島喬訳『自殺論』中公文庫，1985年，304-305頁

▷3 デュルケーム『自殺論』，306頁

2 デュルケームの犯罪常態説

デュルケームがアノミー論で主張した「道徳的権威としての社会の復権」は，それ以前の主著『社会分業論』(1893)と『社会学的方法の規準』(1895)においては，「健康な社会が果たすべき機能」という意味を込めて，犯罪の社会的機能として語られていた。

「犯罪常態説」と呼ばれる彼の犯罪の定義は，集合意識を傷つけるような行為，刑罰という反作用を社会の側から引き起こす行為である。したがって，それらの行為が犯罪とされる所以は，行為の重大性ではなく，集合意識が認める重大性である。集合意識が強力になって権威をもてば，それはますます活発に反作用を行って，多くの行為に犯罪という刻印を与えることになる。つまり，ある行為が集合意識に影響を与えた後に（集合意識が傷つけられ，冒瀆され，害されてから），社会の側から反作用をうけた後に（人びとから非難されて，刑罰が加えられる時に），犯罪ははじめて存在することになるのである。デュルケームは，「我々は，ある行為が犯罪であるからそれを非難するのではなく，我々がそれを非難するから犯罪なのである」と述べて，19世紀の社会学としては珍しく，きわめて「相互作用論」的な視点をもっていた。

ところで，ほとんどの社会では集合意識が何らかの働きをしているので，犯罪と呼ばれる行為がない社会は存在しないことになる。犯罪は集合意識に象徴される人びとの日常生活の意識に結びついているので，それは集合意識の正常な状態を測るバロメーターの役割を果たしていることになる。したがって，犯罪と呼ばれる行為がある社会類型において一定の水準を維持していることは，その社会の集合意識の安定性・正常性を表していると言える。このように，デュルケームは「犯罪の正常性」を主張して，「犯罪は，必然的かつ必要なものである。すなわち，犯罪は一切の社会生活の根本的諸条件に結びついており……そのために有用なのである」と述べたのである。デュルケームにとって正常で健康な社会とは，その生命力が衰退しないように，絶えず一定数の逸脱者をつくりだし，また，彼らに対する社会成員の反作用のリズムが活発に作動している状態なのである。

▷4 É. デュルケーム，井伊玄太郎訳『社会分業論』（上）講談社学術文庫，1989年，142-143頁

▷5 デュルケーム『社会分業論』（上），157頁

（参考文献）

É. デュルケーム，宮島喬訳『自殺論』中公文庫，1985年

É. デュルケーム，井伊玄太郎訳『社会分業論』（上・下）講談社学術文庫，1989年

É. デュルケーム，宮島喬訳『社会学的方法の規準』岩波文庫，1978年

XIII 社会的逸脱

2 シカゴ学派の理論

1 社会解体論

19世紀末の西欧に続いて，アメリカでは20世紀初頭に急激な都市化・多人種多民族化と貧困の拡大という社会問題が顕在化し，西欧の社会病理学的発想もアメリカに渡って，1920〜1930年代のアメリカの社会病理学の開花に引き継がれていった。そして，そのなかで最も強い影響力をもっていたのが社会解体論であった。社会解体（social disorganization）とは，社会変動によって既存の社会規範に対する人びとの共感が弱くなり，社会統制や社会化が機能しなくなり，人びとの社会関係の破綻や個人解体を引き起こす状態のことである。

このような社会解体論の背景には，当時のアメリカの都市化・多民族化による伝統的コミュニティの解体があり，また，1929年の大恐慌の余波による地域社会の貧困化があった。そのために，住民の自発的な参加によって社会解体的な状況を再組織化する地域組織化（community organization）が要請されたのである。しかし，住民の自発性や合意の回復というミクロ問題にマクロ社会の再組織化を任せる社会解体論は，今日では閉じられた地域社会や小集団にしか適用できない。それは，地元草分け的な中間階級の「古き良き時代」へのノスタルジーに価値基準をおいていたからである。

2 人間生態学と遷移地帯

ところで，1892年創設のシカゴ大学における社会学的実証研究の系譜はシカゴ学派と呼ばれ，社会解体論者の多くもシカゴ学派に属するが，正統シカゴ学派は地域的・文化的な貧困の累積が逸脱傾向を強めることを実証研究した。特に，1920年代にはR.パーク（Robert E. Park）とE.バージェス（Ernest W. Burgess）が人間生態学（human ecology）という実証研究を発展させた。特に社会的逸脱の領域に関しては，都市における犯罪の生態学的研究が行われ，バージェスの同心円地帯理論が有名である。

この理論によると（図XIII-1），Ⅰは中央ビジネス地区，Ⅱは遷移地帯，Ⅲは労働者居住地帯，Ⅳは中流階級居住地帯，Ⅴは高所得者住宅地帯とされている。そして，最も犯罪・非行の発生率が高いのは遷移地帯であり，この地域は都心への隣接性と低廉な家賃のために，新規流入者・低所得者層の一時的な受け皿になり，劣悪な環境と匿名性・移動性によって社会的逸脱現象を起こしやすい

▷6 「人間生態学」とは，生物生態学を人間社会に適用させて，無意識な競争による闘争や同化から起こる，人種・民族・階級による居住地の「住み分け」の法則を明らかにしようとしたもの。

と特徴づけられた。そして、代々の居住者によって繰り返し遷移地帯の劣悪な環境が維持され続け、その多くはスラム化するのであった。

③ 文化伝達論

遷移地帯のような犯罪や非行の多発地域では遵法的価値体系と犯罪的価値体系が共存しているので、犯罪的技術・態度の習得環境になりやすく、居住する人種や民族が移動しても依然として高い犯罪発生率を維持していた。C. R. ショウ（Cliford R. Shaw）らはこれを実証するためにシカゴの地域的分布を測定し、文化伝達（cultural transmission）の概念を提起したのである。彼らの非行化過程の仮説は、①遊戯から非行への転化、②社会規範との葛藤、③コミュニティの統制機能の欠如、④非行集団への忠誠と一体感、⑤その街頭家族化・犯罪学校化、⑥非行ギャング化とヒエラルヒーの上昇という過程で説明されたが、特にこの過程の進行において地域の解体化の影響が強調された。解体地域では地域共同意識の稀薄化やインフォーマルな統制力の弛緩が進んでいたのである。

さらに、文化伝達論は生活史研究の立場からの先進例を示している。『ジャック・ローラー』（1930）では、16歳の累犯少年スタンレーの非行経歴が本人自身からの聞き取りによって克明に記されており、統制機関や収容施設が果たすマイナスの役割も指摘している。つまり、それらによるレッテル貼りが恵まれない階層の少年たちに大きな打撃になり、彼らの逸脱の増幅を促進することになるという。

以上のように、シカゴ学派による社会的逸脱研究は多岐にわたっており、解体地域や貧困が逸脱の文化を醸成するという点では「構造論」的な視点を内包し、その逸脱の文化が伝達・学習される過程を実証研究した点で「相互作用論」的な視点をもっていると言える。

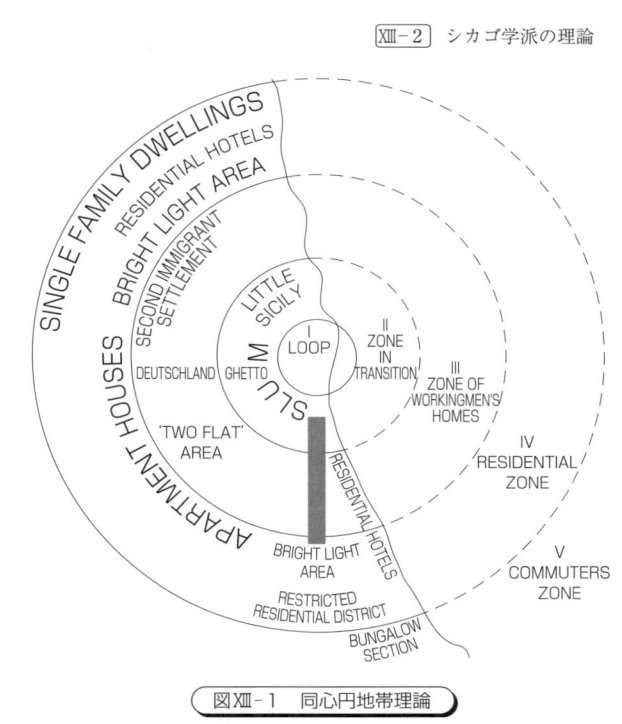

図XIII-1 同心円地帯理論

出典：R. E. パークほか、大道安次郎・倉田和四生訳『都市』鹿島出版会、1972年、53頁。

参考文献

R. E. パークほか、大道安次郎・倉田和四生訳『都市』鹿島出版会、1972年

C. R. ショウ、玉井眞理子・池田寛訳『ジャック・ローラー』東洋館出版社、1998年

XIII 社会的逸脱

3 緊張理論

1 マートンのアノミー論

19世紀末のデュルケームのアノミー概念は、社会が急激な変動に見舞われた時代の人びとの焦燥や不安を物語るものであったが、R. K. マートン（Robert K. Merton）は「社会構造とアノミー」（1938）において、アノミー状態が常態として社会構造的に生み出されるという問題を明らかにしようとした。マートンの分析枠組みは文化構造の二つの要素である文化的目標と制度的規範との関係であり、多くの人びとに対して正当な目標として掲げられている文化的目標（成功・富の獲得）の達成可能性が人びとの階級的地位によって異なることを仮説としていた。そして、1930年代のアメリカは、成功目標が強調される割には制度的規範の遵守が軽視されている社会であり、制度的規範が弱まって社会が不安定になった状態をアノミー（無規制状態）と再定義した。

そして、マートンは社会構造のなかで様々な地位を占めている人びとが文化的価値に適応する諸類型を考察して、**表XIII-1**のような類型論を示したのである。

これによると、同調タイプ以外はすべて何らかの逸脱行動に関係することになり、特に革新タイプは、制度的に認められていない手段に訴えてでも富の獲得を追求するので、下層階級の反社会的な犯罪や非行を説明しやすい。また、逃避主義タイプは、目標も手段も共に放棄して社会的無関心者になり、個人的で孤立した生活を送るので、下層階級の非社会的な犯罪や非行を説明しやすいということになる。

その時代背景には、1929年の大恐慌を乗り越えたアメリカ資本主義社会の隆盛によって、万人が成功目標への努力を動機づけられるという開放階級社会の幻想（open class ideology ――誰もが努力すれば富を獲得できる）があった。しか

表XIII-1　個人的適応様式の類型論

適応様式	文化的目標	制度的手段
I　同　調　（conformity）	＋	＋
II　革　新　（innovation）	＋	－
III　儀礼主義（ritualism）	－	＋
IV　逃避主義（retreatism）	－	－
V　反　抗　（rebellion）	±	±

注：＋は承認、－は拒否、±は新しい価値の代替を示す。
出典：R. K. マートン、森東吾ほか訳『社会理論と社会構造』みすず書房、1961年、129頁。

し、現実には閉鎖的階級システム（closed class system）がすでに厳然として存在していたがために、逸脱行動への圧力は下層階級の人びとにより強くかかることになったのである。

このように、マートンはデュルケムの個人的欲望を成功目標（社会的に動機づけられた日常的な欲求）と捉え直し、当時のアメリカの社会構造と関連させて具体化させた。また、「低い階級の人々が……頂点にある人々と同じだと思い込むことによって、社会権力の構造が維持される[47]」と述べて社会の階級的構成を認識していたので、「構造論」的な視点をもっていたと言える。

▷7 R. K. マートン、森東吾ほか訳『社会理論と社会構造』みすず書房、1961年、129頁

② コーエンの非行下位文化論

1955年にA. K. コーエン（Albert K. Cohen）はマートンのアノミー論を「相互作用論」から補強するために、富の獲得を追求しない没功利的な少年非行を取り上げた。そして、下層階級の少年たちが、逸脱的な態度や行動を互いに強化しあう仲間同士の社会的相互作用によって非行下位文化（delinquent subculture）を展開していく過程を、次の三つの契機から見ていくことが重要であると述べた。

第一の契機は、中産階級の規範が普遍化しているために、下層階級の少年たちは中産階級の規範という単一の基準によって評価されるということである。その具体的内容は、向上心、業績主義的評価、合理的計画性、マナーや礼儀、清潔さや整然さなどの重視であり、この規範は特に学校生活において少年たちを拘束する。第二の契機は、少年たちの幼少期における養育は彼らの階級的地位に規定されるので、下層階級の少年たちはすでに下層特有のパーソナリティ特性を内面化していることである。そして、その特性は中産階級の規範とは正反対のものであるので、彼らは業績達成と参加の機会を制限されて地位不満を抱くようになる。そして第三の契機として、この地位不満感を解消するために、彼らは中産階級の規範に対する反発として非行下位文化に交わるようになる。この下位文化は学校生活で剥奪された地位の代替的獲得の方法を提供する（居場所の確保）ので、彼らは中産階級の規範を故意に破棄し、自らの地位否定に対して集合的反作用を行うようになるのである。ところで、この下位文化の内容には明確な規範が見られず、他者とある種の関係を結ぶという関係的依存が絆になっている程度の、多数派から受けた傷を癒す程度の文化にすぎない。

マートンとコーエンの理論は、主に下層階級の人びとが様々な形で社会的逸脱に動機づけられることを解明したので、社会構造上の緊張と不利な立場におかれた人びとの欲求不満に焦点を当てた理論（緊張理論 strain theory）と概括されている。

（参考文献）

R. K. マートン、森東吾ほか訳『社会理論と社会構造』みすず書房、1961年

XIII 社会的逸脱

4 逸脱の文化論

1 逸脱の文化論の系譜

　主に1960年代までの社会的逸脱の理論には，緊張理論と呼ばれる系譜と逸脱の文化論と呼ばれる系譜がある。そして，その後の後者の系譜による逸脱の文化の捉え方は，逸脱の文化が人びとに内面化される過程（人びとが逸脱文化を学習する過程）を社会心理学的に解明しようとしたものであり，「相互作用論」的なものと「統制理論」的なものに大別することができる。

2 相互作用論の立場

　第一の相互作用論は E. サザランド（Edwin H. Sutherland）の分化的接触の理論（differential association 1939）である。これは，非行地域における文化伝達のあり方を解明するために，逸脱の文化との接触が人びとによって解釈され学習されていく過程を解明しようとしたもので，その解釈と学習の過程は九つの命題で構成される。要約すると，逸脱の文化は最初に親密な私的集団内の相互作用で学習され，次に，その学習内容は逸脱の技術・動機・合理化・態度などに及び，遵法を不利益と考え違法を利益とする考えがまさることによって逸脱への関与が強くなる。さらに，分化的接触の程度は頻度・期間・優先性（幼児期か否か）・強度（情緒的反応など）によって異なるという。

　このように，サザランドはいわば「朱に交わればいかに赤くなるか」を解明しようとしたのであるが，逸脱学習過程を過剰に単純化したために決定論的な「行為論」の性格が強く，遵法と違法を選択する際の状況の定義づけを重視したこともその性格を強めた一因であると言える。

　第二の相互作用論は，「朱に交わっても赤くなる者とならない者がいる」という分化的な反応を説明した D. グレイザー（Daniel Glazer）の分化的同一化の理論（differential identification 1956）である。分化的同一化とは，自分の逸脱行動が容認されると思われる実在の人間か観念上の人間に対する同一化の程度に応じて逸脱を遂行するということである。そして，この同一化を促進するのは，当人が所属集団内で直接的な逸脱経験を積んでいる期間であり，マスメディアの描く逸脱者の役割を肯定的に評価するときであり，逸脱抑制力に対する否定的反作用がなされたときである。

　この理論は，同一化の対象となる逸脱モデルの選択が遠く離れた準拠集団や

想像上の他者にまで及ぶという広がりを示しており、典型的な「相互作用論」の視点を内包している。

3 統制理論の立場

統制理論とは、逸脱の文化の内面化を抑制する自己観念の形成過程を対象として、人びとを社会的に統制し逸脱を抑制する自己観念などの紐帯の働きを重視し、この弛緩が逸脱を生み出すとみるものである。

第一の統制理論は、W. レックレス（Walter C. Reckless）に代表される自己観念の理論（self concept 1956）であり、「朱に交わっても赤くならない」（非行地域のなかにあって非行をしない）少年たちがどのような自己観念をもっているかを解明しようとしたものである。そして、一般群の少年たちは、彼らの能力・活動・積極性が水準以上であり、遵法的で素直であり、よりよい家庭で育ったと思い、自分たちを「good boy」と思っているなど、自己についての社会的に容認されうる適正な自己観念を獲得・維持していることが明らかになった。それは周囲の重要な他者（significant others）の期待への同調によって獲得されるのである。

この理論は「重要な他者」への同調を重視している点で「相互作用論」の視点をもちつつ、少年たちの自己イメージが行為を規制するという見方ゆえに「行為論」にシフトした視点をもっていると言える。

第二の統制理論は、T. ハーシ（Travis Hirschi）の社会的絆の理論（social bond 1969）であり、「家庭・学校・社会のつながりを求めて」という副題のように、これらとの社会的絆の強弱によって非行の原因を説明するものである。そして、当人がこの絆の程度をどのように感じているかという意識のあり方が重視され、ハーシによれば、社会的絆には次の四つの要素がある。第一の愛着（attachment）は、両親・学校・仲間との同一化の感覚（情緒的つながり）のことであり、第二の投資（commitment）は、教育や仕事に対する蓄積への思い入れ・こだわりのことである。さらに、第三の巻き込み（involvement）は社会参加を意味し、第四の規範観念（belief）は、所属集団や社会の規範的枠組みを受容して遵法的行動になじんでいることである。非行少年たちは非行仲間以外の重要な他者に愛着を感じることができず、学校の勉強や職場の仕事に投資をしておらず、社会参加していないので、社会から排除されがちであり、遵法的行動へのなじみも弱い。

このように、社会的絆の理論が主張する家庭とのつながりは自己観念の理論につながり、学校との絆は非行下位文化論につながり、社会（職業）との絆はアノミー論につながると考えられている。

参考文献

E. H. サザランドほか、平野龍一・所一彦訳『犯罪の原因』有信堂、1964年

T. ハーシ、森田洋司・清水新二監訳『新装版 非行の原因』文化書房博文社、2010年

XIII 社会的逸脱

5 逸脱の遍在説

1 逸脱の偏在説から遍在説へ

　これまで概説してきた社会的逸脱の理論は，デュルケムを除けば，いずれも逸読者と非逸脱者の相違に焦点を当てて，逸脱者が下層階級に偏在していることを理論的に解明しようとしてきた。シカゴ学派の遷移地帯が逸脱の文化を伝達する場になり，緊張理論はまさに「社会構造上の緊張と不利な立場におかれた人びと」の逸脱を語り，朱に交わって赤くなりがちな人びとは社会的条件に恵まれない人びとであり，社会的絆を感じることができない少年たちの多くも下層階級の少年たちであった。

　しかし，アメリカでは1950年代半ばから，日本では1960年代半ばから，統計的には非行少年の「一般化」（経済的に中流で実両親が揃った家庭からの非行少年が中心になる）傾向が進むにつれて，逸脱の偏在説の根拠が弱くなり，逸脱者と非逸脱者の類似性に注目する「遍在説」が展開されるようになった。そして，その原因は，日常的な逸脱誘因文化が社会的に浸透して，多くの青少年の非行を動機づけていることにあり，それは「日常性の病理」を生み出す現代社会という特徴を物語るものであると言える。

2 中和の技術論

　G. M. サイクス（Gresham M. Sykes）とD. マッツァ（David Matza）は1957年に中和の技術論（techniques of neutralization）において，逸脱者と非逸脱者の類似性を実証するために，非行少年自身による自らの逸脱行動に対する合理化・正当化の方法を解明しようとした。そこで，非行少年は一般少年と同じく規範意識を内面化しているので，自分の非行に対して罪悪感を抱いており，この罪悪感を解消して社会的非難を回避し，自分の行為を受容してもらうために，中和の技術を駆使すると主張したのである。

　彼らによれば，この中和の技術は五つの様式をとる。第一は責任の回避であり，自分の意志で非行を行ったのではないという合理化である。第二は加害の否定であり，相手に大した害を与えていないという正当化である。第三は被害者の否定であり，被害者には天罰が下ったと正当化する。第四は非難者への非難であり，非難者を偽善者扱いする。第五は高度の忠誠の訴えであり，仲間に対する忠誠の証としての非行であると合理化するのである。そして，このよう

▷ 8　本書175頁

な技術が少年たちに蔓延するのは，社会に支配的な文化価値体系に隠れて存在している「ある種の思考や態度の型」が背景にあり，社会の基本的価値が屈折して非行少年にも受け入れられている結果であるという。

3 潜在価値の理論

サイクスとマッツァは1961年にこの「隠れて存在している」「屈折した」価値を潜在価値（subterranean values）と名づけた。彼らによれば，非行の背後に潜在するこの価値は有閑階級の価値と同じものであり，表現形態が違うだけなのである。生産労働に直接関わっていない青少年も非行少年も，自由と閑暇を一時的にもっているという点では同じように有閑であり，当時では（60年代になると），このような裏に隠れた価値も表の規範的な価値と同じように中心的な文化価値体系の一部になっているのである。

この潜在価値の内容としては，冒険・興奮・スリルを求める気分，男らしさの証明としての攻撃性，労働の蔑視，一山当てたいという欲求などが挙げられていて，それは非行下位文化の内容とよく似ている。そして，それはもはや下層階級に限定されず，消費文化の大衆化とともに社会的に浸透していて，多くの有閑層が内面化しているものなのである。したがって，非行少年はこの潜在価値の表現である非行を行うタイミングが悪くて，たまたまそのように見なされた少年にすぎないということになる。こうして，表と裏の文化価値体系は一般少年と非行少年の両方に浸透していくことになる。非行少年といえども特定の逸脱の文化を内面化しているわけではなく，日常的に規範的な価値と争っているわけでもない。彼らは法違反の意思，意思を行為に転化する準備性，自暴自棄の感情などが状況的にそろって非行に走るだけなのである。

ところで，潜在価値の内容が非行下位文化の内容と似ているのは，社会的規範とは異質の逸脱の文化から，社会的規範のなかに潜むようになった逸脱の文化への変容を，この理論が捉えているからである。したがって，一般少年も非行少年もこの潜在価値を共有することになる。『漂流する少年』（1964）においてマッツァは，少年たちは非行と無非行，自由と強制，子どもと大人の間を漂流（ドリフト）していて，非行と無非行の境界がますます不透明になっている（非行のボーダーレス化）と述べている。そして今日では，この価値が社会的規範のなかに潜む段階から社会的規範の一部に浮上している段階へ移行していると考えられる。

こうして逸脱の遍在説は，中和の技術と潜在価値が社会的に浸透しているという日常的な逸脱誘因文化の広がり（日常性の病理）を捉えているので，基本的には「構造論」的な視点に立っていると言えるが，なぜ逸脱誘因文化が60年代以降に広がったのかという問題は解明していない。

参考文献

D. マッツァ，非行理論研究会訳『漂流する少年』成文堂，1986年

XIII 社会的逸脱

6 ラベリング論

1 ラベリング論の視点

　ラベリング論は1960年代から1970年代にかけての社会学理論のパラダイム転換の申し子であり，徹底した「相互作用論」の立場に立っている。そして，異質の文化価値体系の存在を前提として，社会的属性の相違によって少数派や社会的弱者の側が不本意にも逸脱視される（逸脱者とラベル付けられる）ケースを指摘している。つまり，ラベル付ける者は権力・支配・多数派であり，ラベル付けられる者は抑圧・被支配・少数派である。また，独立変数としての規範という見方（特定の規範の存在を暗黙の前提とする見方）から，従属変数としての規範という見方（規範自体が特定の集団の利益や価値観のために恣意的に形成されるという見方）へと，視点を180度転換させたのである。そのラベリング論の主な論点は次の四つにまとめることができる。

2 ラベリング論の論点

　第一に，逸脱の相互作用論的定義である。逸脱とは当該行為に対する他者の反応を含む相互作用過程の産物であり，H. ベッカー（Howard S. Becker）によれば，「社会集団はその違反が逸脱となるような規則を作ることにより，またそれらの諸規則を特定の人々に適用し，彼らをアウトサイダーとラベル付けることにより，逸脱を創り出す」のであり，「逸脱とは行為の性質ではなく，他者による違反者への規則や制裁の適用の結果なのである」。

▷ 9　以上，H. S. ベッカー，村上直之訳『アウトサイダーズ』新泉社，1978年，17頁

　第二に，規則を作って特定の人々に適用する（ラベル付ける）他者の捉え方であり，ラベリング論は一般的他者よりも権力をもつ特定の他者を想定している。したがって，彼らが作る規則は政治的過程の産物であって普遍的ではないので，逸脱規定は一方的な押しつけという政治的経済的な権力の問題にならざるをえない。黒人は白人の設けた規則に従わざるをえないし，下層階級が従うべき規則は中産階級によって設けられたものである。

　第三に，逸脱の経歴と増幅を重視することであり，ベッカーによれば，この経歴は三つの段階に分けられる。第一段階では最初の規則違反行為が意図的にも非意図的にも行われる。第二段階では仲間同士の相互作用と社会的学習による逸脱の継続と安定化が図られるが，特にこの段階で統制機関の反作用をうけて「逸脱者」という公的ラベルを貼られることが決定的なダメージとなる。逸

脱アイデンティティが主位的地位（master status）に昇格するのである。第三段階は組織的な逸脱集団への移行であり，逸脱行動の常習化が進んで社会規範を一貫して拒否するようになる。ラベリング論はラベル付けが当人の逸脱を増幅させるおそれを強調するので（雪だるま説），特に少数派や社会的弱者に対するラベル付けの弊害（スティグマ化）を回避すべきことを提言している。

第四に，公的な犯罪統計などが表すデータ自体の信用性を問うことである。公式統計は公的統制機関の日常的な統制活動の結果を表しているにすぎないので，正確なデータを得るためには被害者調査や自己申告調査を利用しなければならないと主張する。しかも，ラベリング論は統制機関の統制活動自体が差別的に行われていること（セレクティブ・サンクション）を指摘して公式統計を問題視したのであり，黒人やマイノリティの高い犯罪率は，彼らが警察・司法機関において差別的に処遇されている結果であると主張している。

3 ラベリングの問題点

ラベリング論は本章第5節までの逸脱理論とかなり異質であり，逸脱規定を権力作用の産物とみなす視点にもとづいている。そして，そのリアリティの問題は日本の少年非行における逸脱規定にも関わっている。とりわけ非行統計は公的統制機関の活動を反映しやすく，軽微な非行の場合にその傾向が強いことはしばしば実証的にも論じられて，ラベリング論の視点が肯定的に評価されてきた。たとえば，警察や学校側の保守的・非寛容的・画一的な価値観は，青少年の多くの「ドリフト」を逸脱とラベル付けやすいということになる。

しかし，逸脱規定を権力作用の産物とみなし，統制や処遇の弊害のみを強調するラベリング論の一面性・過剰性がその後多くの批判を受けることになる。その第一は，逸脱と規則の政治性・相対性を過度に強調したことであり，たとえば刑法に関する規則の多くには市民的合意があり，白人や中産階級が自らの利益や価値観にもとづいて設けた規則ばかりではないということである。第二に，逸脱の増幅過程を強調したことであり，ラベリングと見なされがちな統制・処遇にはプラスの効果があり，それが自動的な逸脱の継続をもたらすわけではないということである。つまり，逸脱を相互作用過程の産物と定義しながらも，逸脱主体の反作用を軽視していることになる。第三に，ラベリング論の対象領域が犠牲者のいない逸脱に限定されていることである。ベッカーが対象にしたマリファナ使用者やミュージシャン，E. シャー（Edwin M. Schur）が対象にした堕胎，同性愛，麻薬常用者の例は，なるほど逸脱境界領域に位置する現象であり，そこに主要刑法犯の加害者と被害者は登場しない。

こうして，ラベリング論は1960〜1970年代の反体制的な時代精神とともに台頭したが，処遇に携わる実務家に受け入れられるものではなかった。

参考文献
H. S. ベッカー，村上直之訳『アウトサイダーズ』新泉社，1978年
E. M. シャー，畠中宗一・畠中郁子訳『被害者なき犯罪』新泉社，1981年

XIII 社会的逸脱

7 社会的逸脱の理論のまとめ

1 秩序モデルとコンフリクトモデル

　既述のように，19世紀末に社会有機体説にもとづいて，社会構造の病理性よりも個人の病理性を問題にした「社会病理学」の系譜は，20世紀初頭のアメリカにおいて，急激な社会変動によって解体しつつあった伝統的地域共同体へのノスタルジーから，規範に対する人びとの合意の欠如を叱責して，地域組織化を唱えた（第2節）。そして，1930年代以降のアメリカ資本主義社会の発展は，成功・開放階級イデオロギーを一元的に浸透させて，中産階級的規範を普遍化させたので，これに関与できない下層階級の人びとを逸脱行動へと動機づけた（第3節）。また同時に，逸脱の文化が下位文化的に語られ，逸脱への動機づけが相互作用や自己観念の視点から語られるようになった（第4節）。

　こうして，社会変動・社会解体・階級構造を分析の視点に収めている場合もそうでない場合も，概ね1950年代までの諸理論の主な潮流は社会の「秩序モデル」を前提にしていた。それは，人びとの価値・規範の共有にもとづく調和的均衡のシステムとして考えられた社会のモデルであり，このモデルの枠内で下層階級の文化や逸脱の文化が逸脱の偏在説の裏付けとして実証されたのである。下層階級や解体地域の人びとは社会秩序（均衡）に適応しにくく，そこから外れて逸脱傾向を強めるからであり，社会構造の病理性が焦点化されることはなかったといえる。

　しかし，1960年代以降になると，社会学理論において秩序モデルとコンフリクトモデルが錯綜するようになり，社会的逸脱の諸理論もこの動向を反映するようになった。たとえば，中和の技術や潜在価値が日常的な逸脱誘因的文化として社会に浸透して，日常性の病理を生み出す文化装置になり（第5節），社会的弱者に対する統制・権力側のラベリングによって，逸脱規定をめぐる相互作用や規範形成の過程が展開されることが主張されるようになった（第6節）。これらはコンフリクトモデルにもとづくものであり，それは，人びとの価値・利害の競合や対立にもとづく諸集団間の闘争や支配の過程として考えられた社会のモデルである。したがって，このモデルによれば，逸脱生成の文化装置はすべての人びとに接近可能であり，たしかに社会的弱者が統制側のラベリングを受けやすいが，少年の場合には，管理される立場にいるすべての少年がラベリングにさらされる可能性があり，逸脱の偏在説につながることになる。

2 三つのコンフリクトモデル

　ところで，上述のコンフリクトモデルは，そのコンフリクトの程度によって概ね三つに分けることができる。

　第一のモデルは，社会的逸脱理論としてはあまり認知されていないが，マルクス主義的疎外論の立場である。マルクス主義では，コンフリクトを資本家階級と労働者階級を中心とする階級間の利害対立と捉えるので，資本家階級の支配の下で低賃金と労働強化に喘いで，抑圧され搾取されている労働者たちの「疎外」状態の表れが逸脱行動であるとみる。たとえば，今日の資本主義社会の商品化の進展は，性・暴力などに関わる退廃文化をも商品化することによって，疎外された人びとのストレスを日常的に解消させる逸脱誘因的風潮を助長している。また，非正規労働者の存在感と希望の喪失は，時として爆発的な無差別殺傷事件を引き起こすことになりかねない。

　第二のモデルは，社会的逸脱理論にオーソドックスな文化的多元論の立場である。これは，人種・民族・階級・階層などの属性の相違によって価値観や利害が対立するために，逸脱規定が権力的になりやすいことを主張するので，マクロ相互作用論の立場ということができる。特に多人種・多民族的で階級格差が大きい社会（多くの欧米先進国）では，実証的には，様々な価値観や利害の対立状況が特に社会的排除の層において逸脱を動機づけるし，構築的には，劣位の属性にあるそれらの層（少数民族・下層階級・被抑圧的集団）が逸脱視されやすくなる。

　第三のモデルは，ラベリング論に代表される社会的相互作用論の立場であり，ミクロ相互作用論の立場ということができる。これは，ラベル付ける側とラベル付けられる側との社会的相互作用を重視するが，広義には必ずしも両者の属性の相違を前提にしているわけではなく，両者の優劣の社会関係を想定している。たとえば，今日の青少年問題になっている非行やいじめはこの典型例であり，非行の場合には，匿名的空間の拡大によって，この両者の関係はしばしば公的統制機関の関わり（少年警察活動の強化による非行の増加）となって現れる。また，いじめの場合には，教室の秩序や空気に対する同調の程度によって，多数の加害者側と少数の被害者側の勢力関係が形成されることになる。

3 おわりに

　社会的逸脱の学説史を概括すると，秩序モデルにもとづく「構造論」からコンフリクトモデルにもとづく「相互作用論」に移行しているといえる。しかし，本章では解説できなかったが，構築主義への移行，割れ窓理論，日常活動論，合理的選択理論などは参考文献で学習されたい。

（高原正興）

参考文献

矢島正見ほか『改訂版　よくわかる犯罪社会学入門』学陽書房，2009年

第3部　人間の成長につれて

XIV　都市と地域社会

1　都市の膨張と都市社会学の誕生

1　近代都市の誕生

　19世紀もなかばにさしかかった1835年のイギリスの都市マンチェスター。夥しい数の人々が街にあふれていた。煤煙で濁った空気の下，人々は互いに話すでもなく，路上を歩いていた。これまではなかった群集という人々の塊が街のそこかしこにあらわれては消え，消えてはまたあらわれた。『アメリカのデモクラシー』の著者として知られる A. d. トクヴィル（Alexis de Tocqueville）は，イギリスを訪問し，この光景に強い刺激をうけた。近代社会における都市という新しい空間が，強烈なインパクトをもってたち現れた瞬間であった。

　時代が下って，1910年のアメリカ合衆国の都市シカゴ。その人口は約218万人に達していた。シカゴの人口は1850年には約3万人ほどだったが，周辺部から急激に人口が流入し，1880年には50万人，1890年には100万人を突破し，1900年にはほぼ170万人まで増加していた。シカゴは短期間で巨大な都市に変貌し，街には様々特徴をもった人々の居住地区がひろがっていた。急激な都市化の過程で新しい都市文化や都市的生活様式が浸透し，シカゴはまさに社会的実験室としての様相を帯びていた。

2　シカゴ学派都市社会学

　19世紀において知識人の関心を集めていたのは，いち早く産業化を経験したヨーロッパの都市であったが，20世紀に入って，社会学の研究対象として，最初に組織的に取り上げられた都市はアメリカのシカゴであった。その拠点となったのがシカゴ大学である。シカゴ大学は1890年に開設され，開学から2年後に A. W. スモール（Albion W. Small）を学部長とする社会学部（大学院も併設）も誕生した。そして，W. I. トマス（William I. Thomas），R. E. パーク（Robert E. Park），E. バージェス（Ernest W. Burgess），E. フェアリス（Ellsworth. Faris），L. ワース（Louis Wirth），W. オグバーン（William Ogbarn），R. リントン（Ralf Linton），H. G. ブルーマー（Herbert G. Blumer），R. レッドフィールド（Robert Redfield）らがそろい，その後のアメリカ社会学を支える研究拠点としての地位を確立した。

　シカゴ学派都市社会学の代表的な著作はパークとバージェスと R. D. マッケンジー（Roderick. D. Mckenzie）によって，1925年に刊行された『都市』，そし

▷1　富永茂樹『トクヴィル　現代へのまなざし』岩波書店，2010年，142-150頁
▷2　U. S. Bureau of the Census Population Division Working Paper No. 27, 1998年にある Cambel Gibson「POPULATION OF THE 100 LARGEST CITIES AND OTHER URBAN PLACES IN THE UNITED STATES: 1790 TO 1990」に基づく数値。
http://www.census.gov/population/www/documentation/twps0027/twps0027.html を参照した。
▷3　シカゴ学派都市社会学については以下の文献を参照した。
秋元律郎『都市社会学の源流──シカゴ・ソシオロジーの復権』有斐閣，1989年，中野正大・宝月誠『シカゴ社会学の研究』恒星社厚生閣，1997年，鈴木広・倉沢進・秋元律郎編著『都市化の社会学理論──シカゴ学派からの展開』ミネルヴァ書房，1987年，鈴木久美子「シカゴ学派社会学の都市研究」北川隆吉・有末賢編『講座日本の都市社会第5巻　都市社会研究の歴史と方法』文化書房博文社，2007年，53-86頁，松本康「シカゴ学派の都市研究」および「生活様式としてのアーバニズム」，高橋勇悦監修，菊池美代志・江上渉編『改訂版　21世紀の都市

て，1938年にワースが著した論文「生活様式としてのアーバニズム」などである。そのほか数多くのモノグラフも相次いで発表された。

シカゴ学派の主要な理論のひとつである都市の同心円地帯理論は，バージェスが提起したもので，都市の発展過程を空間的な拡大過程に置き換えて図式的に述べたものである。バージェスはその地域に居住している住民階層の違いにもとづいて，同心円の中心部からループ，遷移地帯，労働者居住地区，住宅地帯，通勤者地帯とした。この同心円地帯理論は社会移動の空間的過程，都市そのものの拡大過程，都市の配置パターンがモザイク状のパターンから中心業務地区が支配する都市分業体系へと変化していく過程を示している。

一方，ワースが唱えたアーバニズム論は都市を人口の量と密度と異質性から定義し，これらの特徴が居住空間のセグレゲーションを引き起こし，匿名性の拡大から人間関係の分節化を経て第二次接触の優位をもたらし，競争や無関心などの都会人の社会心理を生みだすという結果をもたらすとしている。ワースの立論は F. テンニース（Ferdinand Tönnies），G. ジンメル（Georg Simmel）そして，パークの主張を取り込んだものと解釈されている。特に人口の拡大という都市要因とともに，職業分化の進行や貨幣経済の進展が第二次社会関係とパーソナリティの分裂を招くとしたジンメルの影響が大きかった。

3　日本の都市研究の源流

戦前の日本の都市研究で大きな業績を残したのは奥井復太郎である。奥井の主著は1940年に公刊した『現代大都市論』であるが，最初の学術論文が発表されたのは1920年のことである。そのころの奥井の関心はイギリスの美術評論家・近代批評家 J. ラスキン（John Laskin）の作品や，英国の田園都市運動にあった。その後，東京都市生活圏の調査として都心や盛り場や商店街の実証的な研究を行い，いちはやくコミュニティや市民意識についての研究も行った。しかし，総合的な都市理論や都市計画論の構築と，実際に実証研究の接合を目指した奥井の研究は戦後の都市社会学に十分継承されることはなかった。

戦前期に農村研究に取り組んでいた鈴木榮太郎は，戦後になって都市研究に転じ，1953年に『都市社会学原理』を刊行した。鈴木は都市独自の機関として結節機関の存在を指摘し，そのうえで都市の社会構造とそこで生活する住民の生活構造を結びつけ，正常人口の正常生活の分析という手法を提起した。

また，戦後初期の都市研究を精力的に進めたのが磯村英一である。磯村は1953年に『都市社会学』を刊行するとともに，都市のスラムや売春，心中，犯罪といった社会病理的な側面に注目し，都市内部の問題を中心に研究を進めた。

社会学』学文社，2008年，29-52頁

▷4　R. E. パーク・E. W. バーゼス・R. D. マッケンジー，大道安次郎・倉田和四生訳『都市』鹿島出版会，1972年（1925年），R. E. パーク，町村敬志・好井裕明編訳『実験室としての都市　パーク社会学論文選』御茶の水書房，1986年，L. ワース，高橋勇悦訳「生活様式としてのアーバニズム」（鈴木広訳編『都市化の社会学』誠信書房，1965年（1938年））。そのほか，モノグラフの一部は，「シカゴ都市社会学古典シリーズ」としてハーベスト社から翻訳刊行されている。

▷5　松本「シカゴ学派の都市研究」，19-22頁

▷6　松本「生活様式としてのアーバニズム」，31-34頁

▷7　G. ジンメル，居安正訳「大都市と精神生活」，酒井健一他訳『ジンメル著作集12　橋と扉』白水社，2004年（新装復刊）269-285頁，同じ論文の訳として，ジンメル（松本通晴訳）「大都市と心的生活」，鈴木広編『都市化の社会学［増補］』誠信書房，1978年，99-112頁がある。

▷8　川合隆男・山岸健・藤田弘夫監修『奥井復太郎著作集』（1～8巻，別巻1），大空社，1996年，川合隆男・藤田弘夫編著『都市論と生活論の祖型──奥井復太郎研究』慶応義塾大学出版会，1999年。

▷9　田中重好「奥井復太郎の都市論」前掲『都市論と生活論の祖型』，178頁

▷10　鈴木榮太郎『都市社会学原理』有斐閣，1957年（『鈴木榮太郎著作集』未来社，1968年の第7巻に収録）

185

XIV 都市と地域社会

2 日本の農村研究の源流と展開

1 アメリカ農村社会学の発展

　地域社会を研究する時、最も一般的な用語としてコミュニティがある。この用語が広く知られるようになったのは、イギリス出身でアメリカに帰化した社会学者でコロンビア大学教授を務めた R. M. マッキーバー（Robert M. MacIver）が1917年に『コミュニティ』を刊行してからである。そしてほぼ同時期に、マッキーバーとは異なる観点からコミュニティという用語を用いたのが、アメリカの農村社会学者である C. J. ギャルピン（Charles J. Galpin）と、都市社会学者である P. A. ソローキン（Pitirim A. Sorokin）および C. C. ジンマーマン（Carle C. Zimmerman）である。

　初期のアメリカ農村社会学は、南北戦争後の転換期の時代に農村に生起する諸問題の解決を目指す学問として出発し、1910年代から、組織的実証的な調査研究を基礎とする農村コミュニティ論として体系化が進んだ。ギャルピンは1911〜13年のウィスコンシン州の農村での現地調査の結果にもとづいて、公共的・商業的センターと周辺農村地帯が相互に依存しあうような関係に対して、rurban community（都鄙コミュニティ）という概念を与えた。

　続いて、ソローキンはアメリカ農村社会におけるコミュニティの解体を視野にいれながら、アメリカ農村の特徴を commulative community（累積的コミュニティ）とその変容に求めた。また、ソローキンとジンマーマンは、職業、環境、地域社会の規模、人口密度、人口の異質性、社会的分化と階層、移動性、相互作用の型の8項目で都市と農村を対比する都鄙二分法説を提起した。

　これに対して、メキシコのユカタン半島の地域社会を調査したレッドフィールドは現実のコミュニティの姿は都市と村落のあいだで様々な形態をとるという面を重視し都鄙連続体説を提起した。

2 日本の農村社会学の源流
──新渡戸稲造と鈴木榮太郎

　こうした初期アメリカ農村社会学の成果をいち早く日本に紹介し、導入した人物が新渡戸稲造である。新渡戸は日清戦争後の近代化、工業化におけるわが国農村の社会的経済的状況を当時のアメリカ農村のおかれていた状況と重なり合うものと考え、初期アメリカ農村社会学を下敷きにして、1898年に『農業本論』を出版した。

▷11　マッキーバーはコミュニティを「社会的存在の共同生活の焦点」とし、それに対置する概念としてアソシエーションを掲げ、それを「ある共同の関心または諸関心の追及のために明確に設立された社会生活の組織体」と定義した。R. M. マッキーヴァー、中久郎・松本通晴監訳『コミュニティ──社会学的研究：社会生活の性質と基本法則に関する一試論』ミネルヴァ書房、2009年、47頁

▷12　初期アメリカ農村社会学およびギャルピンの業績については、鈴木榮太郎『都市社会学原理』有斐閣、1957年（『鈴木榮太郎著作集』未來社、1968年の第7巻、92頁）、塚本哲人「『いえ』『むら』研究の軌跡」塚本哲人編『現代農村における「いえ」と「むら」』未來社、1992年、14-20頁、渡辺博史「コミュニティと社会計画」倉沢進編『社会学講座5　都市社会学』東京大学出版会、1973年、222-224頁、秋元律郎『都市社会学の源流　シカゴ・ソシオロジーの復権』有斐閣、1989年、140頁などを参照。

▷13　P. A. Sorokin and C. C. Zimmerman, *Principles of Rural-Urban Sociology*, Henry Holt 1929
R. Redfield, The Folk So-

その後，1920年代なかばすぎに日本に導入紹介され始めたアメリカ農村社会学の論文を研究し，これにドイツ文化科学の方法論的検討を加え，体系的に日本の農村社会の分析枠組みを提示したのが，鈴木榮太郎である。鈴木は地域を様々な集団が累積するものと捉え，村落を第一社会地区，第二社会地区そして第三社会地区に分けて，第二社会地区を「むら」と規定し，1940年に『日本農村社会学原理』を公刊した。鈴木は農村社会学を「現時の日本の農村におけるありのままの社会的事実に存する法則性と概念とを研究する組織的・体系的研究」と規定し，家と自然村を基本的社会化の単位となる概念として，村落の体系的な把握を目指した。[15]

3 郷土研究・民俗学からの発展
―柳田國男と有賀喜左衛門

日本の農村社会学の源流のもう一つの源流は，郷土研究と民俗学にある。その創設者が柳田國男である。柳田は農商務省に入省し，内閣書記官，貴族院書記長を歴任するが，在任中から郷土研究と民俗学の研究を進めていた。柳田は1909年に遠野の住人で民話を伝承している佐々木喜善に会うため，初めて岩手県遠野郷を訪れた。そして，柳田は佐々木の語る民話をまとめて，1910年に『遠野物語』という異色の作品を刊行した。柳田はその序文で，「願はくは之を語りて平地人を戦慄せしめよ」という警句を記し，農山村地域にひろがる独特の世界の存在を世間に知らしめた。そして，柳田はその世界が近代化，都市化のなかで消滅していくことも敏感に感じ取っていた。[16]

この柳田の研究を批判的に継承し，民俗学の分野から実証主義的態度をもって研究に臨み，独自の同族団理論を打ち立てたのが有賀喜左衛門である。有賀は竹内利美や及川宏らとともに，渋沢敬三（渋沢栄一の孫で日銀総裁などを歴任）によって設立された民間の研究機関であるアチック・ミュージアム（後の日本常民文化研究所）を拠点に，数多くのモノグラフを発表した。[17] 有賀は民俗学では正面から論じられることのなかった社会構造と機能を重視する社会学の確立をめざした。有賀は同族団理論を確立したが，その重要な概念である家連合という概念は，中心となる社会関係の相違から系譜的家連合と集落的家連合（組）に分けられている。そして，「いえ」と「むら」を基点に研究が進められたが，この方法は，その後の農村社会学の中心に定着していった。

同族団をめぐって，有賀と異なる解釈をしたのが喜多野清一である。喜多野は家族研究者であった戸田貞三を受け継ぎ，農村における小家族の存在を指摘する一方で，同族団を M. ウエーバー（Max Weber）にならって，ピエテート（恭順）という概念をキーワードに，支配―服従関係が基礎にある集団としてとらえてきた。その後，同族団の解釈をめぐって有賀―喜多野論争が繰り広げられ，多くの農村研究者の関心を集めたが，今日では同族団そのものがほぼ解体しており，農村研究史のなかで触れられる事象となっている。[18]

ciety, *American Journal of Sociology* 52 1947, 293-308
関連する文献として，倉沢進「都市的生活様式論序説」前掲『都市化の社会学理論』293-295頁，松本「生活様式としてのアーバニズム」，39頁，渡辺「コミュニティと社会計画」，222頁。

▷14 塚本「『いえ』『むら』研究の軌跡」，11-16頁。新渡戸は東京帝大入学後に「我れ太平洋の架け橋とならん」と述べて，ジョンズ・ホプキンス大学に留学し，農学者として札幌農学校および東京帝大教授を歴任した。その後，東京女子大学初代学長に就任した後，1920年に設立されたばかりの国際連盟の事務次長を務め，国際協調に尽力した。

▷15 鈴木榮太郎『日本農村社会学原理』時潮社，1940年（『鈴木榮太郎著作集』未來社，1968年の第1巻，第2巻に収録）

▷16 柳田國男の業績をまとめたものとして，『柳田國男全集』（全32巻）筑摩書房（ちくま文庫），1989-91年がある。

▷17 有賀喜左衛門の業績は『有賀喜左衛門著作集』（全10巻）未來社，1966-1971年，が刊行されている。なお同社から新版も刊行された。有賀喜左衛門はその後の日本の農村研究の拠点となる村落社会研究会（1949年設立，現在の日本村落研究学会）の設立発起人として活躍した。

▷18 喜多野清一『家と同族の基礎理論』未來社，1976年

XIV 都市と地域社会

3 戦後日本の都市社会学の展開
—— 町内会・コミュニティ・構造分析

▷19 鈴木榮太郎「近代化と市民組織」『都市問題』44巻10号, 東京市政調査会, 1953年, 13-22頁, 奥井復太郎「近隣社会の組織化」同書, 23-33頁, 磯村英一「都市の社会集団」同書, 35-50頁

▷20 中村八朗「都市的発展と町内会」『国際基督教大学学報Ⅱ-A 社会科学研究8 地域社会と都市化』国際基督教大学社会科学研究所, 1962年, 79-154頁, 同「都市町内会論の再検討」『都市問題』56巻5号, 東京市政調査会, 1965年, 69-81頁, 近江哲男「都市の地域集団」『社会科学討究Ⅳ』3巻1号, 早稲田大学社会科学研究所, 1958年, 181-230頁

▷21 町内会に関する研究史をまとめた業績として, 倉沢進・秋元律郎編著『町内会と地域集団』ミネルヴァ書房, 1990年, 玉野和志『近代日本の都市化と町内会の成立』行人社, 1993年, 同「都市町内会論の展開」, 鈴木広ほか監修『地域社会学の現在』ミネルヴァ書房, 2002年, 75-88頁などがある。また, 町内会についての事例研究は吉原直樹『地域社会と地域住民組織』時潮社, 1980年, 岩崎信彦・上田惟一・広原盛明他編『町内会の研究 増補版』御茶の水書房, 2013年などがある。

1 戦後民主化と町内会研究

　戦後の日本の都市社会学が最初に注目したのが, 日本の包括的な都市住民組織である町内会であった。町内会はもともと存在していたが1940年に内務省訓令によって官製化された。そのため戦争遂行を草の根で支えた組織ということで, 戦後の1947年にGHQによって解散させられていた。しかし, 表向きは解散しても様々な形態をとりながら存続し, 1952年にサンフランシスコ講和条約の締結により, GHQの解散命令が解除になってからは多くが復活した。復活した町内会をめぐっては, 奥井復太郎, 鈴木榮太郎, 磯村英一らが旧来型の住民組織である町内会にかわる近代的な住民組織の設立を望む論文を発表した。[19] その後, 実態調査にもとづいた研究が進み, 松下圭一や奥田道大らの実証研究を経て, 1960年代に近江哲男, 中村八朗, 越智昇らは町内会が日本独自の住民組織, いわゆる文化の型であると規定し, これ以降, 町内会は行政末端組織なのか, 草の根民主主義をささえる住民組織なのかという性格規定をめぐって, 町内会論争が生じた。[20] 町内会の数は1980年には27万を超えるまでに増加したが, 近年では住民層の高齢化などにより活動が停滞しているところも見られ, 町内会は大きな曲がり角を迎えていると言える。[21]

2 コミュニティとネットワーク

　マッキーバーの『コミュニティ』以来, コミュニティ概念を使った研究が盛んになったが, 1950年代後半に, 「声価法」を使って地域構造権力論を展開したのがF. ハンター (Floid Hunter) である。ハンターはそれまでのコミュニティ成層理論を批判し, コミュニティ内のネットワーク構造を分析しコミュニティにおいて権力をもつ人物の析出を試みた。その後, 権力多元論を唱えた R. A. ダール (Robert A. Dahl) や, 権力の非決定論を唱える P. バカラック (Peter Bachrach) らの研究が続き, コミュニティの権力構造の研究が盛んになった。日本の都市社会学でも権力構造については秋元律郎らが研究を発表している。[22]

　1960年代後半からは, シカゴ学派都市社会学で展開された社会解体の過程が必ずしもあてはまらないことから, C. S. フィッシャー (Claude. S. Fischer) が, 社会的ネットワークの形成と分化によって, 都市社会における多様な下位文化＝コミュニティが存在するといった社会的ネットワーク論および下位文化論を

提唱した。さらに，B. ウェルマン（Barry Wellman）らはコミュニティの喪失や存続という二分法ではなく，通信技術の発展などにより，コミュニティが地域という空間に限定されない形で新たな形で展開していくコミュニティ解放という考え方が支持されているという研究を発表した。[23]

マッキーバーの研究がコミュニティを実体概念として捉えているのに対して，これらの研究はコミュニティを分析概念として使用する研究であるといえる。日本ではコミュニティ概念を分析概念というよりは，望ましい地域社会のあり方を示す規範概念として提唱する傾向がみられるようになった。国は1969年の国民生活審議会において人間性の回復の場としてコミュニティを位置づけたが，[24]ここでいうコミュニティは全戸加入・強制加入を事実上の原理とする町内会のような旧来の住民組織ではなく，市民性をもった住民による自発的な結社による集団を指しており，市民社会の成熟を前提とするものであった。急激な都市化による従来の地域社会の不安定化に対して，新たにコミュニティを形成し，それをもとに地域生活の安定や相互協力関係を図るもので，奥田道大，倉沢進，中田実などがその中心的な研究者であった。[25]

3　構造分析とその限界

戦後に工業化，近代化を遂げ，急速に変貌していく都市を全体社会構造と関連づけながら動態的に分析する新しい手法として採用されたのが構造分析という手法である。構造分析は農村社会学の分野で，福武直らが採用した手法であった。[26] この方法は村落に存在する各種の組織や世帯をくまなく調査することで，村落社会構造を明らかにするものであったが，対象を都市に拡大してこの手法を適用したのが，都市社会学における構造分析である。島崎稔は安中市や川崎市といった重化学工業都市を，構造分析を用いて分析した。島崎はマルクス主義経済学を背景に，資本による地域の搾取構造を明らかにし，労働者を変革主体と位置づけて，労働者自身や労働組合が地域を管理する社会を構想し，その道筋を調査によって跡づけようと試みた。蓮見音彦・似田貝香門は福山市や神戸市などの都市自治体を対象に構造分析（社会過程分析）を実施し，都市自治体の財政分析を通じて，あるべき都市経営や住民の参画を求めた。布施鉄治らは倉敷市水島臨海工業地帯の労働者を対象に，構造分析（機構・構造分析）を実施した。布施らは社会構造と生活構造を区分し，地域産業の動向と住民諸階層の形成過程を，文書資料と徹底的な聞き取り調査によって把握しようとした。[27]

しかし，都市には労働者だけでなく，女性や高齢者，子どもなどが存在することから，階級的対抗関係の分析だけでは不十分であった。また，脱工業化段階にはいった都市では，孤立した個人や，外国人の福祉など，従来の集団・階級概念では捉えられない生活領域や現象が見られるようになった。[28] このような状況に対して，構造分析によるアプローチは限界を示すようになった。

▷22　F. ハンター『コミュニティの権力構造』恒星社厚生閣，1998年（1953年），秋元律郎『現代都市の権力構造』青木書店，1971年，秋元律郎「地域権力構造論の展開」鈴木広監修『地域社会学の現在』ミネルヴァ書房，2002年，60-74頁などがある。

▷23　C. S. フィッシャー「アーバニズムの下位文化理論にむけて」奥田道大・広田康生『都市の理論のために』多賀出版，1983年，50-96頁。B. Wellman, "The Community Question: The Intimate Networks of East Yorkers," *The American Journal of Sociology* VOL. 84, No. 5, 1977, 1201-1231など，B. Wellman and B. Leighton, "Networks, Neighborhood, and Communities", *Urban Affairs Quarterly* 14-3などを参照のこと。

▷24　国民生活審議会コミュニティ問題小委員会報告書『コミュニティ生活の場における人間性の回復』1969年

▷25　近年のコミュニティ研究については，蓮見音彦・奥田道大編『21世紀日本のネオ・コミュニティ』東京大学出版会，1993年，船津衛・浅川達人『現代コミュニティ論』放送大学教育振興会，2006年などがある。

▷26　福武直『日本農村社会の構造分析』東京大学出版会，1954年

▷27　中澤秀雄「地方自治体『構造分析』の系譜と課題」蓮見音彦編『講座社会学3　村落と地域』東京大学出版会，2007年

▷28　中澤秀雄，同書，188-191頁

XIV 都市と地域社会

4 戦後日本社会の民主化・資本主義化と共同体の変貌

1 農村社会学の再出発

　農村社会学は農村民主化の実現という大きな目標のもとで，アメリカ農村社会学や日本民俗学の影響をうけながら実証科学として再出発した。農村の民主化にあたっては，部落と称される伝統的な地域住民団体を解体し，民主的で機能的な農村住民組織の形成が期待された。その後，農村共同体の性格規定や存続の是非をめぐって，実証的な研究が蓄積されていった。とくに東京大学教授として戦後の農村社会学を牽引した福武直は戦後の農村社会学の市民権獲得にむけて，多くの業績を残した。福武はその後の都市研究にも用いられる構造分析を農村研究に提供し，組織的な研究体制を構築し，その一門から多くの研究者を輩出した。また自治体や企業からの委託研究や，専門分野が異なる学会が同じフィールドで学際的な実証研究を実施するオーガナイザーの役割をはたした。今日でいうところの産学官の共同研究のスタイルをいち早く取り入れ，戦前とは異なる研究体制を進めていった。[29] そして，村落類型論や村落共同体論という形で研究がすすめられていった。

　しかし，福武の方法論は村落共同体の内部構造を分析するうえでは優れていたが，農村を基礎づける経済構造，階級構造，権力構造と関連させて分析する視点が弱かった。そのため，国家権力と結びついた資本主義経済の拡大のもとで農村社会が変動していく局面を，動態的に把握する理論的基盤の欠如が指摘された。その後，その点を突破するために農村社会学と社会科学理論との接合が試みられてきた。[30] その結果，1950年代後半から1970年代前半まではマルクス主義的経済学の影響のもと，資本主義の進展過程での農業生産力と生産手関係の矛盾に注目し，農家の階級的分離に着目する農民層分解論や村落再編論，それらに対抗する形での農民意識論，主体形成論などに関する研究が増加した。[31]

　その一方で，民主化の進展においても部落的な行動様式は「むら」に存続し，むしろそれらは日本独自の自治組織として，日本の農村を支える基礎組織としての性格をもっていると指摘する研究もあった。きだみのるの農村社会論や，近代化のなかでの日本の「むら」の特性を鋭く突いた守田志郎の作品などが，戦後の近代化路線を批判し，「むら」の重要性を指摘している。[32]

　このように1970年代前半までの農村社会学において，農村では階級分化や農民層分解が進み，その結果「むら」は解体し，資本家と労働者という階級関係

▷29　福武直『福武直著作集』（全11巻，別巻1，補巻1）東京大学出版会，1975-1986年

▷30　武田共治「社会学・農村社会学の研究動向」日本村落研究学会編『年報村落研究29』農山漁村文化協会，1993年，228-236頁

▷31　吉野英岐「集落の再生をめぐる論点と課題」日本村落研究学会監修，秋津元輝編『年報 村落社会研究45　集落再生』農山漁村文化協会，2009年

▷32　きだみのる『初めに部落ありき』家の光協会，1965年。守田志郎『日本の村』朝日新聞社，1978年などを参照。

に収斂するという社会科学的見方と，「むら」は脈々と生き続け，現代社会においても農村における基本的な家族構造や社会構造は変化していないという「いえ」「むら」論的な見方に分かれて研究が進んだ。

2 農村の変貌とむらづくり論

上記のような論争の背後で，農村では農業中心の就業構造が急速にかつ大きく変化し，兼業農家が増加し，離農する世帯も現れてきた。また，農業機械が普及するようになると，かつての共同作業を中心とする互助的な農業労働のあり方が一変し，個別分業あるいは作業委託という形式へ変化し，それが集落の社会関係全般の改変に進むような状況も見られるようになった。

一方，戦後の農政は大規模化や生産力の拡大を基調に進められてきたが，1968年から米の過剰が顕在化し，1970年以降は米の生産調整と，農村地域における生産・生活環境の一体的な整備を目指す総合農政へ変化した。そこで注目されたのが，「むら」的な色彩を残す集落である。したがって，1970年代後半以降は，それまでの「むら」の解体と再編をめぐる議論とともに，新しい土地利用のあり方をめぐる研究や，むらづくり論，担い手論，生産組織論，農村自治論などが目立ち始めた。山本陽三や齋藤吉雄らは従来の「むら」に代わって，政策的に進められた新しい農村コミュニティの建設を取り上げ，そこに新しい共同関係の構築や，グループの形成が見られるかどうかを研究した。[33]

▷33 吉野「集落の再生をめぐる論点と課題」

1980年代では，戦後に生まれた世代が次第に農業や生活の担い手になるようになり，地域農政の推進というビジョンが打ち出され，新しいむらづくり論や村落計画論・むら見直し論などが盛んに論じられるようになり，地域の活性化をテーマとする研究が増えてきた。生産力の向上のみではなく，生産・生活の両面での質の向上につながるような国からの様々なモデル事業が導入され，自治や経済の新しい仕組みを求めて，農村の自律的な発展が模索された。

3 農村研究の新しいテーマ

1990年代になると，農村研究の内容は一層多様化していく。農村活性化に関わる研究が引き続き行われる一方で，人口の減少や高齢化をうけて，農村福祉をテーマにする研究，環境保全の観点から農村の土地利用や共同組織における環境保全機能に着目する研究，ジェンダーへの関心高まりから農村女性の地位や役割を実証的に明らかにする研究や農村のいわゆる嫁不足問題を背景にした外国人配偶者の研究など，個別的なテーマに関わる研究も増加した。

2000年代に入ると，日本村落研究学会を中心に，より新しい研究パラダイムの提示や，農産物貿易の自由化を背景とする国際化時代における農村の持続性に関わる研究，消費者との新たな関係性の構築をめざした研究，さらには新しい生産組織の形成や協同組合のあり方に関わる研究も進められた。[34]

▷34 武田「社会学・農村社会学の研究動向」，228-230頁，日本村落研究学会編『年報 村落社会研究38 日本農村の構造転換を問う』農山漁村文化協会，2002年，および『年報 村落社会研究39 21世紀村落研究の視点』農山漁村文化協会，2004年を参照。

XIV 都市と地域社会

5 新しい分析視角
——脱工業化時代の都市社会学（1970年代後半〜1990年代）

1 戦後の資本主義の展開と都市・農村社会学

　戦後日本の都市社会学，農村社会学はともにアメリカ社会学の影響を受けて，実証主義的な手法が重視され，調査にもとづく研究が主流となった。しかし，都市と農村は二つの領域に分断されて，それぞれが都市や農村の内部構造を論じることを中心にして研究されてきたため，地域社会という観点からの研究はあまり見られなかった。それでも，戦後のマルクス主義経済学の影響が社会学に及び，国家体制や全体の経済体制と地域社会や住民階層の関連性を見ていく研究が増大した結果，都市や農村をより大きなフレームから把握するような研究が増加した。特にこの観点から研究を進めた農村社会学者の中には研究対象を工業都市に移し，そこに見られる資本主義社会の矛盾を実証的に明らかにするスタイルの研究を進めた。

　そして，マルクス主義経済学を下敷きに都市・農村と区分するのではなく統合的に地域を捉える考え方が1960年代以降登場し，1970年代には新しい社会学の領域として定着するようになった。その結果，農村社会学と都市社会学を統合する学問分野として地域社会学が提唱され，1975年に地域社会学会が誕生した。そこでは戦後，平行線状態で進められてきた都市社会学と農村社会学が1960年代から交差・交錯し始め，1980年時点で研究テーマ，方法とも両領域は重合している状態にあるという認識が示されている。[35]

2 新都市社会学の誕生

　1970年代後半から資本主義や中央の政治的権力と地域を関連づける流れが都市社会学の分野でも生じていた。マルクス主義都市社会学あるいは新しい都市社会学（新都市社会学）と称される領域である。この分野の研究者は，M. カステル（Manuel Castells），J. ロジキーヌ（Jean Lojkine），R. パール（Ray Pahl），M. ハーロー（Michael Harloe），D. ハーベイ（David Harvey）らである。新都市社会学は都市を全体社会構造や経済構造のあり方や矛盾が表出する空間として捉え，特に国家権力や資本主義との関連性を追及した。吉原によれば，シカゴ学派都市社会学が，都市自体を独立した存在とし，全体社会との関連性や全体社会の変動の関連性を十分に説明することができなかった点が新都市社会学の批判の対象となっており，シカゴ学派の狭い経験主義，無批判なアプローチ，

▷35 蓮見音彦・奥田道大編『地域社会論』有斐閣，1980年，「はしがき」
　地域の把握については，人々が生活する場として地域を把握し分析するもの（1964年『現代社会学講座Ⅱ』）から，資本主義や中央の政治的権力が浸透し，あるいはそれらに対抗する場として地域を把握し分析するもの（1977年『テキストブック社会学(5) 地域社会』）があった。
▷36 吉原直樹「現代都市論の新しい地平」吉原直樹・岩崎信彦編著『都市論のフロンティア——〈新都市社会学〉の挑戦』有斐閣，1986年，2-24頁。新都市社会学の分野での主な著作としては，M. カステル，山田操訳『都市問題』恒星社厚生閣，1984年（1977年），D. ハーベイ，水岡不二雄訳『都市の資本論』青木書店，1991年（1985年）。このほか新都市社会学の研究を紹介，検討した文献として以下のものがある。奥田道大・広田康生編訳『都市の理論のために——現代都市社会学の再検討』多賀出版，1983年。西山八重子「都市資源の管理」吉原・岩崎編『都市論のフロンテ

自己完結的な都市領域の設定の背景には，秩序中心の視座構造（合意モデル）という規範的なあるいはイデオロギーとして都市像が存在していた。それらはあくまで当時の都市について，社会的ダーウィニズムと人間生態学の視点で分析したもので，資本主義的生産システムとの関連や国家と市民社会という観点からのアプローチに欠けているものであった。[36]

③ シカゴ学派都市社会学の復権

その一方で，従来のシカゴ学派都市社会学に近い分野から，多様な都市の実態をモノグラフ的に記述するような研究も現れた。シカゴ学派都市社会学の復権が言われ始め，日本都市社会学会が1982年に設立された。1980年代後半以降のコミュニティ研究は，アクターと社会構造の関係に注目する社会ネットワーク分析やソーシャルキャピタル論などが盛んに論じられるようになった。また，地域社会における外国人居住者の増加や住民の多様化を反映して，エスニック・コミュニティに関わる研究も増加した。近年ではアメリカにおけるゲーテッド・コミュニティ（生活の安全性を確保するためにゲートを設けて外部空間から遮断したコミュニティ）の是非をめぐる研究もあらわれている。[37] 住民層が多様化するなかでコミュティの維持や再生をめぐる研究は引き続き多く，コミュニティは現時点でも地域研究において重要な概念である。

④ 世界都市論からグローバル都市論へ

1980年代以降に顕著になった情報通信技術の発達，金融資本主義の進展，そして金融資本，貿易，産業経済，情報，人の移動などあらゆる分野におけるグローバリゼーションの進展は都市にも大きな影響を与えている。グローバル化が進行し，資本や投資が国境を越えてやりとりされるようになると，ロンドン，ニューヨーク，東京といった大都市は世界の金融セクターとしての役割を果たすようになった。外国為替や株式市場への関心が高まり，金融経済が実態経済を凌駕するようになると，金融資本が，その地域の性格を大きく左右することとなった。ロンドン，ニューヨーク，東京は世界都市としての性格を強め，従来の産業とは異なる金融関連や情報ビジネス関連の産業が集積し，証券市場や株式市場の情報が世界をかけめぐるようになった。

1990年代にはいると旧ソ連や社会主義経済体制の崩壊，巨大な超国家組織であるEU（欧州連合）の誕生，世界中の端末コンピュータをつなぐインターネット回線の整備などにより，人・金・物資・情報などが国境を越えて大量に瞬時にかけめぐるような本格的なグローバリゼーションの時代が到来した。ここにおいて，国家の枠を超えて都市が存在するという意味でグローバル・シティ，さらには複数の都市が連携して発展するグローバル・シティ・リージョンズという概念が登場した。[38]

ィア』, 133-171頁。吉原直樹『都市空間の社会理論——ニュー・アーバンソシオロジーの射程』東京大学出版会, 1994年。町村敬志「新都市社会学の問題意識」高橋勇悦監修, 菊池美代志・江上渉編『改訂版 21世紀の都市社会学』学文社, 2008年, 79-90頁など。

▷37 ネットワーク分析については, 森岡清志編『都市社会のパーソナルネットワーク』東京大学出版会, 2000年, 上野眞也「人々の繋がりを調べる——社会ネットワーク分析」山中進・上野眞也『山間地政策を学ぶ』成文堂, 2010年, 117-140頁などがある。ソーシャルキャピタル論については, R. D. パットナム, 河田潤一訳『哲学する民主主義』NTT出版, 2001年, エスニック・コミュニティについては, 奥田道大「現代大都市のエスニック・コミュニティ」鈴木広監修『地域社会学の現在』ミネルヴァ書房, 2002年, 110-129頁, ゲーテッド・コミュニティについては, E. J. ブレークリー・M. G. スナイダー, 竹井隆人訳『ゲーテッド・コミュニティ——米国の要塞都市』集文社, 2004年などがある。

▷38 サスキア・サッセン, 田淵太一ほか訳『グローバル空間の政治経済学』岩波書店, 2004年 (1998年), 同, 伊豫谷登士翁監訳『グローバル・シティ』筑摩書房, 2008年 (1991年, 第二版2001年), アレン・J. スコット編著, 坂本秀和訳『グローバル・シティー・リージョンズ』ダイヤモンド社, 2004年 (2001年) などがある。

XIV 都市と地域社会

6 地域再生にむけて

1 都市と地域社会の持続可能性

　グローバリゼーションが進行するなかで，日本の都市は総人口が減少し，財政の逼迫や産業構造の変化などに直面しつつある。人口が集中し，社会的なインフラ整備が間に合わない少数の大都市を除いて，多くの都市の中心市街地や商業地区には閉店した店舗や空き地が目立っている。また，鉱山や機械産業などの在来型の産業都市は工場移転や操業休止によって，人口が急激に流出し，かつての活気を失っている。一方で，外国人居住者や社会的マイノリティー層の増加，貧困層の滞留など，都市の住民層は多様化しつつあり，防犯や防災などの面で多くの課題をかかえている。情報インフラの整備と普及が進み，多種多様な情報が氾濫するなかで，様々な危機への対応が必要とされているが，一体的な対応はますます困難になりつつある。

　中山間地域にある農山村では限界集落化という現象が着実に進行し，空き家や耕作放棄地が増加しつつある。世界の先進国の多くが農山村地域の人口減少と高齢化の進行という課題を抱えており，農山村地域の定住政策に力を入れるなど，地域の存続にむけた政策的な対応に追われている。さらに都市同様，様々な自然災害や人災への対応も必要になってきている。

　このように都市や農山村はまさに多様化する現実にどのように対応し，再生を実現していくかが大きな課題になっている。社会学の分野では近年，外国人の居住や危機対応について研究蓄積が進みつつある。[39]一方，都市の再生については，都市経済学や都市計画学などの隣接領域での議論が活発になってきた。これらの議論でキーワードとして登場する用語が持続可能性（サスティナビリティ）である。

2 都市の再生論
──都市の危機から再生へ

　2005年北海道夕張市が巨額の借金を抱え，財政再建団体に指定され，事実上破綻したニュースは，日本中に大きなショックを与えた。放漫経営のツケが表面化するまで，「炭鉱から観光へ」をスローガンに多くの箱モノを建設してきた市の方針は行き詰まり，住民サービスの低下や税金の値上げなど，自治体の財政破綻は都市の危機として住民に大きな負担をしいている。

　都市の財政危機が最初に大きく話題になったのは，アメリカ・ニューヨーク

▷39　都市の外国人居住については，奥田道大・松本康監修『先端都市社会学研究1　先端都市社会学の地平』ハーベスト社，2006年，危機についての研究は藤田弘夫・浦野正樹編『都市社会とリスク』東信堂，2005年などがある。

市の財政破綻の問題が表面化した1975年春のことである。ニューヨーク市はこのままでは同年夏に期限を控えた市債30億ドル分の償還が困難であることが明るみになった。アメリカ第一の都市であるニューヨーク市の破綻は，アメリカ全体の経済に大きな影響を与える恐れがあり，その連鎖的な影響は各地の都市に広がることも予想された。結局，ニューヨーク市では市財政が州の管理下におかれ，多数の警察官や消防士，清掃員が解雇された。[40]

その翌年の1976年のモントリオール。街はカナダ初のオリンピックゲーム（夏期）の開催に沸き立っていた。世界中のアスリートがカナダを訪れ，連日の報道によりモントリオールの名前は世界中に流れた。大会は予定通り終了し，市民は大きな満足と誇りで満ち溢れていた。が，同時に深刻な事態がしのびよってきた。それはオリンピックが巨額の赤字を生み，その額は当時で12億ドルに達していた。モントリオール市の財政は一気に悪化し，市は危機に直面した。[41]

このような産業構造の転換や政策的な失敗による財政危機および地域の衰退はヨーロッパの都市でいち早く問題になっていた。炭鉱や鉱山の閉山，映画館の閉鎖など，地域の基幹産業の衰退は人口の急激な減少を招いた。こうした事態に直面して，考えだされてきたのが数々の都市再生プランである。そこに共通のコンセプトは持続可能な都市（サステイナブル・シティ）という考え方である。[42]

3 新しい都市論

21世紀に入り，都市再生の具体的な手法として，コンパクト・シティ，クリエイティブ・シティなどの概念が注目されるようになった。コンパクト・シティ論は1980年代後半から90年代にかけて，モータリゼーションの拡大普及に伴う郊外化の進行による都市の中心部の空洞化と，ゆきすぎた郊外化による中心市街地の衰退をうけて，中心市街地再開発の手法として商業・文教，居住施設の都心回帰を促し，都市の中心部に人の流れやにぎわいを取り戻そうというものである。こうした手法は北米ではニュー・アーバニズム（New urbanism），大陸ヨーロッパではコンパクト・シティ，イギリスではアーバン・ビレッジと呼ばれた。アメリカのポートランドはその代表例であるが，日本でも青森市，仙台市，神戸市などにおけるまちづくりが該当する。[43]

クリエイティブ・シティ論は大きくわけて二つの流れがある。ひとつ目は1990年代からヨーロッパを中心にひろまったもので，イギリスの都市地理学者P. ホール（Peter Hall）を第一世代とする。ホールは世界都市論のさきがけとなった『ワールド　シティーズ』（1966）を刊行し，その後，『都市と文明』（1998）でL. マンフォード（Lewis Mumford）の都市の文化を下敷きに，原ポリス→ポリス→メトロポリス→メガロポリス→ティラノポリス→ネクロポリスという輪廻を描き，廃墟の上にポリスが復活する構図を描いた。

▷40　横田茂『巨大都市の危機と再生──ニューヨーク市財政の軌跡』有斐閣，2008年ほか参照。

▷41　佐々木雅幸『創造都市への挑戦』岩波書店，2001年ほか参照。

▷42　岡部朋子『サステイナブルシティ──EUの地域・環境戦略』学芸出版社，2003年

▷43　海道清信『コンパクトシティ──持続可能な社会の都市像を求めて』学芸出版社，2001年，松永安光『まちづくりの新潮流──コンパクトシティ／ニューアーバニズム／アーバンビレッジ』彰国社，2005年などを参照。

ホールは都市の文化と産業の創造性を重視し，人類の歴史を代表的な都市の歴史におきかえて説明した。その後，イギリスの都市づくり団体「コメディア」の代表者である C. ランドリー（Charles Landry）による『創造的都市』(2000) が刊行・翻訳されると，バルセロナ，ボローニャなどの成功事例が翻訳を通じて紹介されるようになった。これらは，地方都市や自治体の活性化の新しい考え方として，日本においても盛んに取り上げられるようになった。[44]

二つ目はアメリカのクリエイティブ産業に焦点をあてる研究で，R. フロリダ（Richard Florida）が代表的な論者である。[45] フロリダは映画，アニメーション，CG の制作など新しい産業分野に従事する人びとを一つの階層と捉え，この階層が集積する都市が経済的にも成功し，人口も維持している点を明らかにして，都市再生を実現する新たな担い手の存在を指摘した。フロリダの研究については，創造的階層の定義や効果が厳密でない点などで批判もあるが，日本では都市経済学や都市計画学の分野でも業績に注目し，理論や実践の紹介をかさねてきた。都市における従来型の産業に注目してきた社会学でも，創造都市の可能性についてはこれから研究が進むものと思われる。

❹ 農村の再生論／撤退論

平成の大合併と言われた市町村合併は地域行政の効率的な運営と財政基盤の強化を目的に実施され，2010年に終結した。1999年に3,232あった市町村数は，2010年3月末で1,727まで縮減された。そして近年は市町村合併が住民生活に及ぼす影響を社会学者が調査するケースも多くなってきた。[46] 市町村合併により，行政サービスが縮小し，中心部から離れた周辺部の集落のなかには，人口減少や高齢化の進行で生活を維持することが困難になりつつあることが明らかになってきた。

山村を研究していた大野晃は1985年の時点で限界集落という概念を提起して，山村に危機的な状況が到来することに警鐘を鳴らしていた。限界集落とは「65歳以上の高齢者が集落人口の半数を超え，冠婚葬祭をはじめ田役，道役などの社会的共同生活の維持が困難な状態に置かれている集落」を指している。[47] 集落の危機は市町村合併後に次第に現実のものとなり始め，限界集落という概念に注目が集まるようになった。限界集落という概念については，いくつかの批判的な検討も存在するが，[48] ここ10年ほどの地域社会をめぐる議論は限界集落論の是非，それに関連した村落再生のあり方，あるいは開かれた村落にむけた論議が盛んになりつつある。

また，農山村は食料供給基地としての役割だけでなく，環境保全や都市居住者の休養保養地域として多面的な機能をもつ空間として定義しなおされつつある。こうした視点からグリーン・ツーリズムに関する研究が農村社会学で行われるようになった。[49] さらに，農村政策学，農業経済学，農村開発学などの隣接

▷44 C. ランドリー『創造的都市』後藤和子監訳，日本評論社，2003年（2000年），横浜市・鈴木伸治編著『創造性が都市を変える』学芸出版社，2010年
▷45 R. フロリダ，井口典夫訳『クリエイティブ資本論』ダイヤモンド社，2008年（2002）年，同，同訳『クリエイティブ・クラスの世紀』ダイヤモンド社，2007年（2005年），同，同訳『クリエイティブ都市論』ダイヤモンド社，2009年（2006年），同，小長谷一之訳『クリエイティブ都市経済論』ダイヤモンド社，2010年（2008年）
▷46 久岡学ほか『田舎の町村を消せ』南方新社，2002年，青木康容・田村雅夫編『闘う地域社会』ナカニシヤ出版，2010年など。
▷47 大野晃『限界集落と地域再生』高知新聞社，2008年，16頁
▷48 山下祐介『家の継承と集落の存続——青森県・過疎地域の事例から』日本村落研究学会監修・秋津元輝編『年報 村落社会研究45 集落再生』農山漁村文化協会，2009年，163-197頁などがある。
▷49 日本村落研究学会編『年報 村落社会研究44 グリーン・ツーリズムの新展開』農山漁村文化協会，2008年

領域では、「新しい公共」という概念の検討や、入会地の管理や利用について新しい考え方を提唱するコモンズ論という研究が見られるようになった。21世紀は環境の時代とも言われており、資源循環という側面からの環境保護や住民自身による地域の運営形態に再び光が当てられるようになり始めた。[50]

しかし、周囲の期待は大きいが、実際に農山村に住んで生活を維持していくことは容易ではない。ましてや条件の悪い山間、中山間部での生活の維持がむずかしいのは想像に難くない。そこで提案されたのが「撤退の農村計画」という考え方である。[51] この考え方は地域住民の意思を尊重しつつ、これからは希望者が居住地を利便性の高い地区に移動させていくことができるように、そのスキームを用意するような考え方である。社会学としてこれまで、地域に存在する地域住民の社会関係や住民の集団を分析対象にしており、住民の存在が前提であった。そうすると、住民自身がいなくなった地域を分析することの意義はどこにあるだろうか。社会学はきわめて重い課題を突きつけられている。

5 これからの都市・地域社会の社会学

日本における都市社会学と農村社会学は互いに隣接しながらもそれぞれの発展形態を遂げてきた。今日、都市と農山村は社会学のみならず政治学、経済学、地理学、行政学など様々な学問領域の対象となっている。こうした状況で、都市あるいは農村を対象とする社会学の最大の特徴は、人々が生活している現場への実証的なアプローチを継続的に行ってきたところにある。現地へ出向き、インタビューや資料収集を行い、あるいは行政的な情報を過去に遡って収集し、あるいは人々の意識・態度・行動を明らかにするための計量的な調査を繰り返し実施し、それらの結果を分析することで、調査対象の記述と説明に取り組んできた。その意味では都市あるいは地域社会を対象とする社会学の歴史は社会調査の歴史と軌を一にするところがある。調査技法もそのなかで発展してきたし、様々な業績が積み重ねられて、蓄積がはかられてきた。

今後、都市や農村の形態はこれまでとは大きく変わっていくことも予想される。とくに経済成長の鈍化と人口減少が明らかになった今日、これまでの経済成長や人口増大をいわば所与の条件とした分析枠組みは限界をきたしている。今日、生活の持続性を実現するために都市／地域社会の社会学はなにができるのかという命題に対し、私たちはこれまでの研究蓄積をふまえて、新しい発想と手法をもって取り組んでいくことが求められている。

（吉野英岐）

▷50 室田武・三俣学『入会林野とコモンズ——持続可能な共有の森』日本評論社、2004年、宮内泰介編『コモンズをささえるしくみ——レジティマシーの環境社会学』新曜社、2006年、三俣学編『コモンズ研究のフロンティア——山野海川の共的世界』東京大学出版会、2008年などがある。
▷51 林直樹・斎藤晋編著『撤退の農村計画』学芸出版社、2010年

参考文献
地域社会学会編『地域社会学講座1・2・3』東信堂、2006年
日本村落研究学会編『むらの社会を研究する』、『むらの資源を研究する』農村文化協会、2007年
高橋勇悦監修、菊池美代志・江上渉編『改訂版 21世紀の都市社会学』学文社、2008年
伊藤喜栄・藤塚吉浩編『図説21世紀日本の地域問題』古今書院、2008年

第3部 人間の成長につれて

XV 社会運動

1 社会学の王道としての社会運動研究

1 社会運動研究の理論的意義

　社会学の根本問題が，個人と社会をどうつなぐかというミクロ—マクロ問題にあるというのは，多くの人が認めるところである。個人が社会によってつくられているという側面は見えやすいが，個人行動の集積が社会をつくり出すという側面は見えにくいものである。そうしたなかで，社会運動という現象に焦点を当てると，個人の行動が社会をつくるというつながりは見えやすくなる。個々の人々が社会運動組織に参加し，その社会運動組織が行動を起こすことで社会が変化するというのはわかりやすい構図であろう。社会運動を媒介として個人と社会がつながっていることが理解しやすくなるのである。つまり，社会運動を研究することは，社会学の根本問題への挑戦として位置づけることが可能なのである。

2 社会学の誕生に影響を与えた社会運動

　社会学は19世紀前半のフランスで誕生したわけだが，A. コント（Auguste Comte）やその師匠にあたる C. サン-シモン（Claude Saint-Simon）が社会に関する実証的学問を生みださざるをえなかったのには，18世紀終わりのフランス革命以降のフランス社会の混乱が大きな影響を与えている。混乱する社会を立て直すためには，そもそも社会とはどのようなものであるかという研究がまず必要だったわけである。その意味で，社会学は現実の社会運動現象によって生みだされたとも言えるのである。

　19世紀のフランスの社会学者にとって，社会運動や群集行動は研究の中心的テーマであり続けた。G. ル・ボン（Gustave Le Bon）が『群衆心理』を発表したのは1895年，G. タルド（Gabriel Tarde）が『世論と群集』を発表したのは1901年のことだった。また，この時期は，その後の社会学に大きな影響を与えた K. マルクス（Karl Marx）や F. エンゲルス（Friedrich Engels）の理論と運動がヨーロッパ中で普及していく時代でもあった。まさに，19世紀の社会と社会運動が20世紀の社会学を生みだす土台となったのである。

3 シカゴ学派と集合行動研究

　第一次世界大戦後，社会学の中心は戦争被害の大きかったヨーロッパからア

▲ K. マルクス

メリカへと移った。特に、シカゴ大学を中心とした社会学者の活躍がめざましく、後に「シカゴ学派」と言われるシューレを形成した。当時のシカゴは、「社会学的実験室」とも呼ばれるほど、社会問題が集中的に表れていた。急速な産業発展と移民の流入、さらには禁酒法の影響もあり、スラム、貧困、非合法活動の集積場となり、そこでは日常的に暴動のような群集行動が起こり、また労働組合活動も活発化していたため、研究者たちは集合行動にも大きな関心をもった。シカゴという都市の生態を克明に描き出すことは、自ずと集合行動研究にもならざるをえなかったのである。

この時期は、シカゴ学派の第二世代の時期にあたっており、R. パーク（Robert Park）がその代表格と言えよう。このパークに指導を受けた H. ブルーマー（Herbert Blumer）、そしてそのブルーマーの指導を受けた R. ターナー（Ralph Turner）などがシカゴ学派の流れを受け継ぐ集合行動論者として名前を挙げうる。この3人はいずれもアメリカ社会学会会長を歴任していることから考えても、集合行動研究がアメリカの社会学において中心的な位置にあることが理解されるだろう。

4 スメルサーの集合行動論

シカゴ学派とは異なる視点から集合行動研究を進め、後の社会運動研究に大きな影響を与えたのは、やはりアメリカ社会学会会長経験者である N. スメルサー（Neil Smelser）である。1940〜50年代に世界の社会学の中心になった構造機能主義の提唱者である T. パーソンズ（Talcott Parsons）の教え子にあたるスメルサーは、集合行動を社会構造と結びつける体系的理論を提示した。スメルサーの集合行動論によって、社会変動論と社会運動論が結びつけやすくなり、また異なる出自をもつマルクス主義系社会運動論との対話も可能になったと言えるだろう。

5 現在も活発な社会運動研究

このように社会学のなかで中心的な位置を占める集合行動・社会運動研究ゆえに、その後も刺激的な理論や研究が生産され続けている。1970年代以降は、アメリカでは伝統的集合行動論を批判して資源動員論が台頭し、ヨーロッパではマルクス主義系社会運動論の影響を受け、後期資本主義社会論の一環として「新しい社会運動」論が台頭してきた。この両理論の登場と、1980年代末以降の世界的な民主化運動の沸騰、環境運動をはじめとする多様な社会運動の活発化の影響などもあり、1990年代以降、社会運動研究分野は、「社会科学のなかの成長産業」になったと言われるほど、研究蓄積を増やし続けている。

XV 社会運動

2 社会運動の定義と類型をめぐる議論

1 社会運動と集合行動

　長らく社会運動は秩序や体制，制度を変えようとする集合的活動として捉えられてきた。たとえば，ブルーマーは「新しい生活秩序を確立しようとする集合的企図」と定義しているし，まったく異なる立場に立つマルクス主義でも「体制を変革する階級闘争」といった定義がなされてきた。しかし，豊かな社会を中心として，既存の秩序の変革をめざさない多種多様な社会運動が生じるようになり，多様な活動目標をもつ集合的活動を社会運動と認める必要が出てきている。そうした現実の社会運動の変化に対応するためには，「社会運動とは公的な状況の一部ないしは全体を変革しようとする非制度的な組織的活動である」という，より適用範囲の広い定義が必要となってくる。

　上記の定義でポイントとなるのは3点ある。第1は，秩序や体制といった概念を使わずに，「公的な状況」という概念を使っていることである。これにより，身近な社会状況（たとえば，保育所の不足問題）を変えようとする活動も，社会運動の範疇に含み込めるようになる。第2に，「非制度的」という概念を入れていることで，これにより日常的業務として社会状況に影響を与えている経済活動などと区別することができる。そして，第3が「組織的」という概念を入れていることである。

　従来，社会運動は集合行動の一部として把握されてきたため，組織的活動として十分捉えられてこなかった。だが，アナール学派などの研究成果も踏まえて，一見暴徒化した行動も，目的とそれなりの秩序をもって動いていたことが明らかとなり，社会運動は目的とルールのない群集行動とは異なり，運動目標と最低限の組織ルールを備えた活動であるとみなすべきという見方が有力となった。

　集合行動は「ある共通の社会的刺激に反応して複数の人々が行う非制度的な行動」と定義されるので，社会運動も包摂する上位概念である。集合行動のなかに，組織的に状況を変えようとする社会運動と，組織性はなく人々が類似行動を行う群集行動が位置づけられる。過去の社会運動の類型論を見ていくためには，集合行動まで視野に広げて見ていく必要がある。

▷ 1　H. Blumer, "Collective behavior," in A. M. Lee (ed.) *Principle of Sociology,* Barnes & Noble, 1969.

2 社会運動を包摂する集合行動の類型

　社会運動を包摂する集合行動の類型は多くの研究者によって提示されてきた。ブルーマーは，集合行動を「原初的集合群」と社会運動に分け，前者を群集，大衆，公衆の三つに分けた。群集に関してはさらに，「偶然的群集」「様式化された群集」「活動群集」「表出群集」に分けた。社会運動の方も，「一般的社会運動」「特殊的社会運動」「表出運動」に分類した。しかし，この分類は分類基準が曖昧なため，異なるレベルのものが同列に並んでいたり，「表出群集」と「表出運動」のように，内容的に区別が明確になっていないものも含みこんでいた。

　集合行動の類型としてもっとも簡潔で使いやすいのは，「パニック」「クレーズ」「敵意噴出行動」「規範志向運動」「価値志向運動」の五つに分類したスメルサーの類型であろう。パニックとは逃走行動のことで，危険から逃れようと人々が起こす集合行動である。クレーズとは願望表出行動で，魅力あるものを求めて人々が殺到する集合行動である。敵意噴出行動とは敵意をもつ対象に対して人々が起こす攻撃的行動である。これらの3つは群集行動の類型と位置づけられる。これに対し，規範志向運動と価値志向運動は，社会運動の類型として見ることができる。両者の違いは，前者が現状の枠のなかで，法律や制度を変えることで不都合を除去しようとする社会運動であるのに対し，後者は社会を根本から再構成しないと不都合は除去できないという信念にもとづき，社会を変えようとする社会運動である。

▷2　Blumer, ibid.

▷3　N. Smelser, *Theory of Collective Behavior*, The Macmillan Company, 1963（会田彰・木原孝訳『集合行動の論理』誠信書房，1973年）

3 社会運動の類型

　社会運動の類型としては，1950年代に比較的柔軟なマルクス主義的立場に立つ北川隆吉が，「反体制的社会運動」「体制内的社会運動」「中間的形態の社会運動」といった類型を提示した。しかし，社会が流動的になるなかで，何が体制なのかということが不明確になり，体制か反体制かに分けられない「中間的形態の社会運動」が多数を占めるようになってからは，こうした体制との関係をキーワードにした社会運動の類型化は意味がなくなってきている。

　体制か反体制かにかかわらず，社会運動とは公的状況の一部ないしは全体を変革しようとするものなので，その求める変革レベルがどの程度のものであるかで分類をするのが妥当であろう。そこで，提示されうるのは，社会の有り様を大きく変えようとする「体制変革運動」，法制度・慣習等の一部を変えようとする「規範変革運動」，そして小状況を変えようとする「狭義の公的状況変革運動」というものである。

　上記の類型は運動目的のレベルで分けたものだが，ほかにもアピール型の社会運動か，直接行動型の社会運動かといったように，手段に注目して分けることも可能であるが，手段は併用されることも多いので注意を要する。

▷4　北川隆吉「社会運動の類型と組織」『講座社会学8』東京大学出版会，1958年

XV 社会運動

3 社会運動過程の理論

1 ナチュラル・ヒストリー論と価値付加の論理

　社会運動のナチュラル・ヒストリー論とは，生物進化などと同様に，社会運動の誕生から制度化までの展開を示したものである。たとえば，(1)社会不安とその伝播，(2)集合的興奮，(3)フォーマルな組織化，(4)制度化，という4段階論などは，もっとも有名なナチュラル・ヒストリー論の一つである。

　ナチュラル・ヒストリー論では，次の段階への展開は自然発生的に進むようにも見えてしまうが，実際には次の段階に進めず，活動を停止してしまう運動の方が多い。スメルサーはこうした現実を踏まえ，かつ社会構造と社会運動（スメルサーの場合は社会運動を包摂した集合行動）の関わりを明らかにするために，価値付加の論理という理論を提起した。

　これは，原材料から商品が生産される過程において，原材料が整形され，磨かれ，組み立てられ，塗料が塗られといった価値を付加されることで商品になるという考え方のアナロジーで構想されたもので，社会運動も各段階で必要な要素が順次付け加わることで，はじめて発生しうるということを示したものである。逆に言えば，必要な要素が付加されなければ，次の段階に進めず，社会運動は発生しないということを明示する理論になっているのである。

　スメルサーが挙げた社会運動が発生するために順次付加されるべき要素とは，(1)構造的誘発性，(2)構造的緊張，(3)一般化された信念の成長と普及，(4)きっかけ要因，(5)参加者の動員の五つであり，これらが積み上げられていくのを妨げるものとして(6)社会統制の作動をもう一つの要素として挙げている。スメルサーはこの価値付加の論理を運動過程論として提起したわけではなかったが，各要素が順次付加されなければならないという条件がついていたために，上記の5要素が社会運動の過程を示すものとして実質的に解釈されたのであった。

2 運動総過程図式

　塩原勉は，スメルサーの価値付加の論理を継承しつつも，スメルサーが述べなかった社会運動発生後の過程を描き，社会運動と社会変動の循環過程を示すことと，社会システム論との接合をはかることで，以下のような独自の運動総過程図式を提示した。

　(1)社会システムの矛盾とシステム要件の不充足，(2)行為主体の生活システム

▷ 5　Smelser, *Theory of Collective Behavior.*

▷ 6　塩原勉『組織と運動の理論』新曜社，1976年

の緊張と生活要件の不充足，(3)剥奪による社会的不満と社会不安の起動，(4)探索過程と新秩序志向の形成，(5)集合化・組織化過程，(6)諸組織間の社会過程，とくに対立とコアリッション，(7)受容と拒否の社会選択過程，その帰結としての特定構造構成要素の変革，または挫折。この7段階に対して独立に作用する要素として，(8)キッカケ要因，(9)制度的主体，他の変革主体，世論などによる制御，(10)場の誘発条件の3つを挙げている。

この図式は，社会運動と社会変動を接合した優れたものであるが，やや個々の段階概念が長すぎること，独立に作用する3要素の内容的重複性などの問題もあったため，片桐新自によって以下のような社会運動の総過程図式として修正されている。[47]

(1)構造的誘発性，(2)構造的緊張，(3)不満の共有化，(4)変革意図の形成，(5)運動組織の成立，(6)目標達成をめざしての社会過程，(7)受容あるいは拒否。独立に作用する要因としては，(8)促進要因，(9)抑制要因の二つが挙げられている。

▷7　片桐新自『社会運動の中範囲理論』東京大学出版会，1995年

3　構造的誘発性と構造的緊張

スメルサーによって提起された構造的誘発性と構造的緊張は，社会運動を社会構造と接合する重要概念である。構造的誘発性とは，社会運動の直接的な原因になるわけではないが，ある種の社会運動を生みだしやすくしたり，生みだしにくくしたりする社会構造的特性をいう。たとえば，利益追求を是とする資本主義社会では，株の投機ブームのような集合行動や経済的不利益を回避しようとする社会運動が生じやすいだろうし，強い信仰心をもった社会では，他宗教や戒律に反するような行動に対する排斥の運動が起こりやすくなるであろう。このように，経済体制，政治体制，宗教や伝統的価値観などの文化的特質，マスメディア発達の程度，最近ならインターネットなどのコンピュータ情報網の普及の程度なども構造的誘発性の例として挙げられる。

他方，構造的緊張は，構造的誘発性の下で人々が不満をもつ直接的な原因となるものである。この概念は，社会的期待と社会的条件の間の断層として定義され，マルクス主義などで使われる客観的状態のみをあらわす矛盾とは異なる概念であることが着目すべき点である。個々の人々が抱く期待値はそれぞれ異なるわけだが，同じ社会で生活していれば，その期待値も類似したものとなり，共同主観的なものとしての社会的期待を考慮することが可能になる。この社会的期待と社会的条件の乖離が大きくなれば，構造的緊張は高まることになる。

主観的条件と客観的条件の組み合わせで成立する，この構造的緊張という概念は次に扱う相対的剥奪概念とも結びつけやすく，絶対的剥奪状態が少なくなった豊かな社会での社会運動の多発を説明する上で不可欠な概念である。

XV 社会運動

4 社会運動の発生と参加の理論

1 相対的剥奪

　もともと相対的剥奪という概念は，S. ストウファー（Samuel Stouffer）らの「アメリカ軍兵士」に関する研究によって見出され，R. マートン（Robert Merton）によって洗練された概念である。ストウファーらは，戦時中に兵士の士気がいかにしたら高まるかという調査研究を依頼され，現実に昇進可能性の低いMP（憲兵）より，昇進可能性の高い空軍兵士の方が，昇進に対する不満を多くもっていることを発見した。ストウファーは，これはMPも空軍兵士も軍隊内の他の集団との比較ではなく，自分の所属する集団内での比較をしているために生じた意識であると解釈した。すなわち，MPは周りもあまり出世しない集団のなかにいるため，昇進に対する不満をそれほどもたないのに対し，空軍兵士はエリートとして若くして出世する人も少なくない。そうした周りの人びとと比較するなら，自分が多少出世できていたとしても，十分満足のいくものにはならないということである。つまり，不満というのは，絶対的な基準で決まるものではなく，どのような相手を比較対象とするかによって決まる相対的なものだということを明らかにした。マートンは，この相対的剥奪概念から準拠集団論へと議論を展開し，準拠集団を，行動選択をする際や評価する際に基準となる集団と規定した。

　社会が豊かになり，絶対的剥奪状況に追い込まれる人々が少なくなった社会での社会運動の発生の説明には，様々な基準を立てて不満をもつ人々の存在を前提にせざるをえない。相対的剥奪という概念が社会運動理論において注目されるようになったのは必然であったと言えよう。

2 Jカーブ理論

　相対的剥奪概念を利用したもっとも有名な社会運動発生の説明理論に，J. デイヴィーズ（James Davies）の「Jカーブ理論」がある。デイヴィーズは人びとの期待する充足水準は，前の時点で現実に自分たちが獲得できていた水準より少し上になるという理論的前提を置く。つまり，時間的推移とともに現実の獲得水準が上がっていけば，期待水準もその少し上を上がり続けていくことになる。こうした右上がりの状態が長期にわたって続いた後，短期的，急激に，現実の獲得水準が下がった場合，期待水準はすぐに反転することができずに，

図XV-1　Jカーブ理論

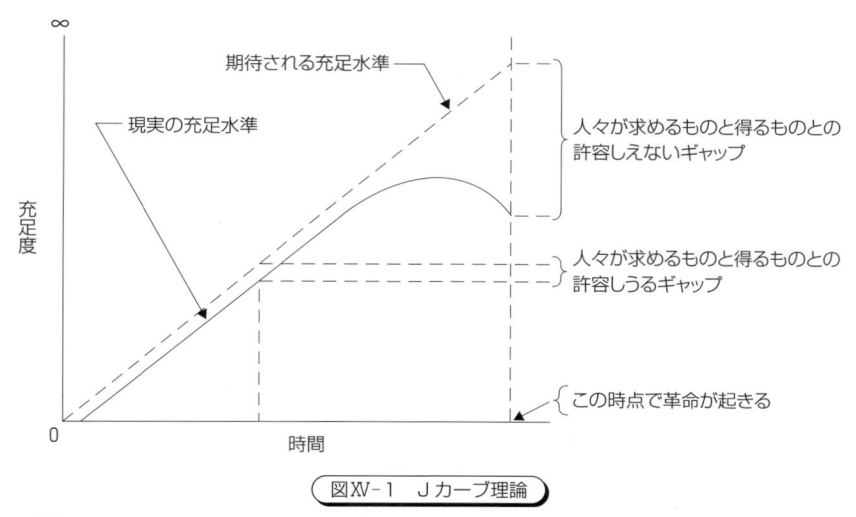

出典：J. Davies, "Towerd a theory of revolution," *American Sociological Review*, Vol. 27, No. 1, 1962, p. 6.

現実の獲得水準と期待水準のギャップが大きくなり，人々は強い欲求不満感をもち，革命的な暴発的行動を起こしやすくなる。この時点での現実の獲得水準は下がったと言っても，大分前の時点と比べるなら，かなり高い水準にあるわけだが，期待水準とのギャップという点では，この時点での方が大きいということになる。このように不変の客観的な基準に照らして不満感をもつのではなく，変化する期待水準との比較からもつという点で，Jカーブ理論は相対的剥奪理論の一部として位置づけられた。

3　Jカーブ理論への批判と展開

このJカーブ理論に対しては様々な批判がなされた。理論的には，将来の期待水準は現在の獲得水準だけで決定されるとどうして言えるのかという批判がなされている。また，デイヴィーズがJカーブ理論を検証するために示したデータは社会全体の経済的指標を示しているものにすぎなかったので，これでは経済的状態と社会運動発生の関連性を示しているにすぎず，実際に社会運動に参加した人々が，相対的剥奪によって不満をもっていたのかどうかについてはまったくわからないという批判もされている。

こうした全面的批判もあるが，T. ガー（Ted Gurr）や J. ゲシュベンダー（James Geschwender）は，相対的剥奪概念を運動発生ではなく，運動参加の説明のために利用するべきであると考え，その一つのパターンとして，それぞれの理論のうちに，Jカーブ理論を取り入れた。ガーは，「発展的剥奪」という名称で，「アスピレーション剥奪」「後退的剥奪」と並列させ，ゲシュベンダーは，「上昇後下降仮説」として，他の「期待上昇仮説」「相対的剥奪仮説」「下方移動仮説」「地位の非一貫性仮説」と並列させた。

▷8　T. Gurr, *Why Men Rebel*, Princeton University Press, 1970
▷9　J. Geschwender, "Explorations in the theory of social movements and revolutions," *Social Forces*, Vol. 47, No. 2, 1968

XV 社会運動

5 新しい社会運動理論の登場

1 資源動員論

　1960年代は，先進国で，様々な社会運動が活発化した時代であった。そうした現実の変化を踏まえて，1970年代に入ると，新しい社会運動の理論が登場してきた。その代表的なものが資源動員論と「新しい社会運動」論である。

　資源動員論は，アメリカで誕生した社会運動を合理的な集合活動として見る理論である。それまでのアメリカの社会運動研究における中心的な理論であった集合行動論は，非合理的な感情に囚われやすい群集行動を含む集合行動の一部として社会運動を捉えるために，社会運動参加者も特殊な心理的な状態に陥っていると捉えがちであった。これに，疑問を感じた社会学者たちが唱えはじめたのが資源動員論である。W. ギャムソン（William Gamson），C. ティリー（Charles Tilly），A. オーバーシャル（Anthony Oberschall），M. ゾールド（Mayer Zald），J. マッカーシー（John McCarthy），の5人をその主唱者と見ることができる。それぞれの主張にはかなりの違いもあるのだが，社会運動を合理的な集合活動と見ること，不満がありさえすれば運動が生じるわけではなく，資源の動員が重要であることなどについては認識を共有していた。

　資源動員論という名称を唱え，集合行動論との違いを強調し，新しい理論であるという印象を強めたのは，マッカーシーとゾールドである。彼らは，共同で何本も論文を書いているが，1977年に発表した「資源動員と社会運動——部分的理論」という論文が，独立宣言的な役割を果たした。彼らは，この論文のなかで，社会運動を組織論的観点から捉え，経済学的理論を応用し，心理的要因を排除して，合理的選択行動として説明するという意欲的な試みを行った。

　ギャムソン，ティリー，オーバーシャルは，それぞれより大きな政治過程の枠組みのなかで社会運動を捉えようとしていたため，自分たちの立場をマッカーシーとゾールドの唱える資源動員論の一部と見られるのには抵抗を感じていた。しかし，マッカーシーとゾールドの多少論争的とも言える主張が出てきたからこそ，共通点をもつ彼らの理論も新鮮なものと位置づけられたことは間違いないので，資源動員論者と総称することは，それほど不当な扱いとも言えないだろう。

▷10　J. D. McCarthy and M. N. Zald, "Resource mobilization and social movement: A partial theory," *American Journal of Sociology*, Vol. 82. No. 6, 1977（片桐新自訳「社会運動の合理的理論」塩原勉編『資源動員と組織戦略』新曜社，1989年）

❷ 「新しい社会運動」論

　1960年代の社会運動の活発化を別の形で捉える理論として出てきたのが，「新しい社会運動」論である。これは，ヨーロッパで誕生し発展した理論であり，後期資本主義社会，あるいは脱工業社会の特徴から1960年代以降の社会運動の活性化を説明しようとする理論である。「新しい社会運動」と呼ばれるのは，1960年代に活発化した社会運動が，19世紀後半から20世紀前半の主流であった労働運動や社会主義思想をベースにした社会運動ではなく，公民権運動やフェミニズム運動といった社会的マイノリティの地位向上運動であったり，学生運動，対抗文化運動といった価値の転換を求める運動などであったからである。ただし，これらの社会運動が歴史的に見て本当に新しいと言えるかどうかは見方によるために，カギ括弧をつけて，「新しい社会運動」と呼ぶのが一般的になっている。

　「新しい社会運動」論の主唱者として名前を挙げられるのは，フランスのA. トゥーレーヌ（Alain Touraine），ドイツのJ. ハーバーマス（Jürgen Habermas），C. オッフェ（Claus Offe）などである。彼らはいずれも体制批判的な立場から，「新しい社会運動」を現代的な資本主義（後期資本主義）社会に生まれるべくして生まれた社会運動と位置づける。資源動員論のように，いかにして（how）運動は生まれ，目標達成をめざすかに焦点をおくのではなく，あくまでもなぜ（why）運動は生まれざるをえないのかを，マクロな社会体制の議論と結びつけて語ることに狙いがあった。また，彼らに影響を受けたイタリアのA. メルッチ（Alberto Melucci）は，集合的アイデンティティと公共空間をキーワードにした「新しい社会運動」論を展開した。

❸ 資源動員論と「新しい社会運動」論の融合

　同じ時代背景のなかから生まれた理論であるために，両理論を融合させようという試みは早い時期から様々な形で試みられてきたが，理論のタイプが大きく異なるために，融合は容易ではなかった。資源動員論は組織論的視点から実証的な研究に向かおうとしていたのに対し，「新しい社会運動」論はマクロな社会理論として展開しようとしていたからである。しかし，資源動員論に対して，組織論的視点のみで展開される視野の狭さが批判され，マクロな視野の必要性・経済合理性だけでは十分な説明がつかない心理面・文化面への視野拡大の必要性が唱えられ，総合理論化がめざされるようになると，「新しい社会運動」論の知見は重要な意味をもつことになり，両理論の距離は実質的に縮まることになった。

XV 社会運動

6 社会運動理論の現在

1 資源動員論から運動の総合理論へ

　1970年代から80年代にかけて一気に支持者を拡大し，集合行動論にとって替わって主流の社会運動理論となった資源動員論だったが，批判もたくさん出てきた。代表的な主張を挙げておこう。(1)心理的要因は過度に排除すべきではない。(2)経済的合理性だけで社会運動の説明はできない。(3)マクロな視野が欠如している。これらの批判は，主としてマッカーシーとゾールドの経済学的視点の強い理論への批判であった。

　こうした批判に対応する形で，マッカーシーとゾールド自身も含めて，徐々に資源動員論はより総合的な視野をもつ理論へと変化していった。社会運動の発生には資源要因ばかりではなく，不満といった心理的要因も重要であることは当然認められるべきことであり，まず両要因を統合した理論が求められるようになった。次に，一社会運動組織に焦点をあてた研究より，大きな政治過程の一部として捉える必要性がティリーや D. マックアダム（Douglas McAdam）などによって強く主張され，政治過程論，あるいは社会運動の政治社会学と呼べるような理論へと拡大していった。さらに，社会運動に参加する人々のアイデンティティや文化に注目する必要性も認識されるようになり，今や社会運動の理論は，集合行動論，資源動員論，「新しい社会運動」論，政治過程論といった細分化した名称が意味をなさない総合的な理論となっている。

2 政治的機会構造とイベント分析

　そうしたなかで，新たなキーワードとして看過できないのが，政治的機会構造とイベント分析である。政治的機会構造とは，簡単に言えば，政治的行動を自由にできる仕組みのことである。政治的機会構造が開かれていると異議申し立てがしやすいのに対し，閉ざされているとそうしたことが容易にできないことになる。前者のような社会では制度変革運動や狭義の公的状況変革運動などを中心に，体制内での改革を求める多数の社会運動が生じやすいが，体制変革運動はそれほど生まれてこないし，万一生まれたとしても大きな支持は得られにくい。これに対し，後者のような社会の場合は，そもそも社会運動が生じにくいわけだが，その分社会体制への不満は鬱積しやすいので，何かきっかけがあれば体制変革運動のような革命的な運動が起きてしまい，その際には大きな

支持を受ける可能性が小さくないことになる。

　この政治的機会構造という概念を使うと，他の社会との比較や過去との比較などがしやすくなり，多数の実証的な研究を生みだしてきた。その際に，利用されてきたのがイベント分析という研究方法である。これは，集会，デモ，ストライキ，直接的な抗議行動などの社会運動に関する出来事（イベント）がどの程度生じたかを量的に数え，その推移や比較から政治的機会構造を類推しようとするものである。社会運動に歴史社会学的なアプローチを試みていたティリー，ニューヨーク・タイムスの年間索引を利用したC. ペロー（Charles Perrow）を中心とする研究グループ（このなかにはマックアダムやC. ジェンキンス〔Craig Jenkins〕がいた），そしてイタリアの社会運動を調べたS. タロー（Sidney Tarrow）などのイベント分析が，社会運動研究史上では重要なものとして挙げられるだろう。日本でも野宮大志郎，西城戸誠，中澤秀雄などが，イベント分析による政治的機会構造のすぐれた分析を行っている。

③ フレーム分析と運動文化論

　フレーム分析はE. ゴフマン（Erving Goffman）によって唱えられたものだが，資源動員論の心理的要因軽視への批判がなされるなかで，フレームという概念が社会運動の分析にも利用しうるものとしてD. スノー（David Snow）たちによって導入された。自らのオリジナリティを主張するのに熱心だった時代の資源動員論は，心理的要因を排除することにより，観念や信念の動員の重要性も軽視することになった。しかし，スノーたちは観念や信念という形で社会運動の目標や方向性を意味づける作業は，人びとを運動へ動員し，また活動を維持する上で大きな機能を果たすと考え，こうした運動による意味づけ作業をフレーミングという概念で表した。

　提示されるフレームが多くの人びとに訴えかける力をもてば，社会運動は多くの支持者，賛同者を得られることになり，大きな力をもつことになる。そのためには，難しい意味づけではだめで，わかりやすいキャッチフレーズ的なメッセージの創造が重要となってくる。日本の社会運動史で例を挙げれば，1958年の警職法反対闘争のときの「デートもできない警職法」や，1997年の諫早湾干拓問題のときの「ムツゴロウを殺すな」などがその典型例として挙げられるだろう。

　運動のフレーミングへの着目は，必然的に運動参加者自身による意味づけ，アイデンティティ形成，価値観といったものへの着目を導き出す。こうした見方は，イデオロギーや価値観に重きを置いて見る「新しい社会運動」論の見方とも親和性があり，メルッチの集合的アイデンティティ概念などとも結びついて，社会運動と文化の関係に注目する運動文化論を誕生させることとなった。

▲E. ゴフマン

XV 社会運動

7 日本における社会運動の社会学の展開

1 マルクス主義の影響力の強かった時代

　日本において，社会運動の社会学が展開されるようになるのは，第二次世界大戦後のことである。多くの国民の命を奪うことになった戦争を引き起こした天皇制という体制への疑問と，その戦争中に反戦を貫いた共産党員が英雄視されるなかで，多くの知識人・学生がマルクス主義思想を，期待をもって受け入れていった。そうした状況のなかで，社会運動の社会学的研究もマルクス主義的イデオロギーを内包したものになっていったのは当然のことだった。

　こうした思想的風潮がまだ強かった1961年の日本社会学会大会で，社会運動に関するシンポジウムが開催されている。このシンポジウムで声高に主張されたのは，社会運動の社会学的研究は一般理論的なものを志向すべきではなく，階級的な立場に立った実践的な有効性をもつものでなければならないということだった。また，社会運動は反体制的な目標をもつものでなければならないという主張も当たり前のようになされていた。[11]

▷11　日本社会学会編集委員会編『社会学評論』1962年，第13巻第1号

2 マルクス主義イデオロギーからの脱却

　しかし，現実社会においてマルクス主義を信奉する運動が過激化し，国民的な支持を失っていくなかで，1970年代半ば頃からようやく社会運動の社会学もマルクス主義的イデオロギーから徐々に解放され，イデオロギーや過度な実践性をまとわずに理論的に研究できる環境が生まれてきた。

　1950年代から組織と運動の研究を続けてきた塩原勉が，その集大成とも言うべき『組織と運動の理論』（新曜社）を刊行したのは1976年のことだった。塩原はスメルサーの集合行動理論に影響を受けつつも，マルクス主義的立場からの知見をも統合しようとする大きな理論を志向していた。これに対し，1960年代半ばから運動参加の研究を進めてきていた曽良中清司は，より強くアメリカの社会心理学的理論に影響を受け，相対的剝奪理論を日本へ導入した。

　こうした社会運動の一般理論志向的研究とは別に，住民運動に関する実証的研究を総括するような仕事が1970年代になって次々と現れてきたことも，労働運動や社会主義運動とは一線を画す社会運動理論の構築にとっては大きな意義があった。特に，松原治郎・似田貝香門らが中心となった『住民運動の論理』（学陽書房，1976年）は，その後の日本の社会運動研究に大きな影響を与えた。

③ 自由闊達な社会運動研究へ

1980年代に入ると，資源動員論と「新しい社会運動」論が日本でも積極的に紹介されるようになり，社会運動研究環境は一変した。そうした自由闊達になった社会運動研究の初期の集大成が，1985年に発行された『思想』737号（「新しい社会運動——その理論的射程」）である。そこでは，資源動員論，「新しい社会運動」論，相対的剥奪論，草の根運動とネットワーキングなどが紹介されるとともに，戦後日本の社会運動論が総括された。

研究会活動も活発になり，関西では塩原勉，片桐新自を中心に「運動論研究会」が始まり，その成果として，資源動員論の主要論文の翻訳を含む『資源動員と組織戦略——運動論の新パラダイム』（新曜社，1989年）というリーディングスが刊行された。関東では曽良中清司，大畑裕嗣を中心に「社会運動論研究会」が始まり，その成果は，『社会運動論の統合をめざして——理論と分析』（成文堂，1990年），『社会運動の現代的位相』（成文堂，1994年）という論文集として刊行された。

関東の「社会運動論研究会」はその後も着実に研究会活動を続け，若手研究者の育成に大きく寄与してきた。研究会メンバーを中心とした論文集も，先の2冊に続き，『社会運動研究の新動向』（成文堂，1999年），『社会運動という公共空間』（成文堂，2004年）を刊行し，さらには，『社会運動の社会学』（有斐閣，2004年）という社会運動の教科書をめざした本や，社会運動の総合的な理論を提示したS. タロー（Sidney Tarrow）の著作（『社会運動の力』彩流社，2006年）を翻訳するなど，意欲的な研究成果を発表してきている。『社会学評論』第57巻第2号の「特集・社会運動の今日的可能性」もこうした活発な研究会活動の成果のひとつとして数えることができるだろう。

④ 今後の日本の社会運動研究の行方

1970，80年代の過渡期を経て，今や日本の社会運動論はイデオロギーに囚われずに研究をなしうる社会学の重要領域として確立され，運動的な自主的活動が起きる他の研究領域（たとえば，地域，環境，差別，ボランティア等々）に，理論的視点を提供しうる段階にまで来ていると言えよう。他方で，社会運動研究が理論的な研究に自らを限定し，運動実践と距離を置くことに対する批判も再び生まれてきている。社会運動の場合，他の領域以上に実践との関わりが研究者自身に求められることは当然のことであろう。しかし，その際もかつてのような特定イデオロギーありきで実践を考えるのではなく，実証データに基づいた理論を基礎としたものとして行われなければならないことは，社会学的社会運動研究を志向するものが決して忘れてはならないことであろう。

（片桐新自）

人名索引

ア行

相原博之 *141*
秋元律郎 *188*
アドルノ, T. W. *48, 49, 50*
アベグレン, J. C. *166*
有賀喜左衛門 *89, 187*
アルチュセール, L. *72*
飯島伸子 *103, 104, 108*
磯村英一 *185, 188*
稲増龍夫 *132, 139*
井上俊 *131, 134*
イリイチ, I. *145*
イングリス, F. *129*
宇井純 *102*
ウェーバー, M. *2, 3, 4, 5, 7, 12, 13, 30, 37, 40, 52, 63, 93, 164, 187*
上野千鶴子 *96, 152*
ヴェブレン, T. *29*
ウェルマン, B. *189*
ウォマック, J. P. *168*
内村鑑三 *56*
ウッドワード, J. *165*
梅棹忠夫 *58, 59*
江原由美子 *152*
エリクソン, E. H. *23, 59, 130, 131*
エンゲルス, F. *72, 73, 74, 75, 86, 198*
及川宏 *187*
近江哲夫 *188*
大塚英志 *137*
大野晃 *196*
大畑裕嗣
大平健 *140*
岡倉天心 *56, 57*
奥井復太郎 *185, 188*
オークレー, A. *145*
奥田道大 *188, 189*
オグバーン, W. *184*
小此木啓吾 *23, 59, 131, 135*
オスターマン, P. *158*
落合恵美子 *147*
越智昇 *188*
オッフェ, C. *207*

カ行

オーバーシャル, A. *206*
折口信夫 *57*
オング, W. J. *114*

ガー, T. *205*
カイヨワ, R. *131, 134*
梶田孝道 *106*
カステル, M. *192*
片桐新自 *203, 211*
嘉田由紀子 *110*
カッツ, E. *120*
ガーフィンケル, H. *9, 25, 79, 83*
神岡波子 *102*
香山リカ *135*
川島武宜 *94*
ガンパート, G. *127*
北川隆吉 *201*
北田暁大 *135*
喜多野清一 *187*
きだみのる *190*
ギデンズ, A. *33, 131*
キャットン, W. R. *100, 102, 104*
キャペリ, P. *159*
ギャムソン, W. *206*
ギャルピン, C. J. *186*
キャントリル, H. *118*
九鬼周造 *57*
倉沢進 *189*
クラッパー, J. *121*
クーリー, C. H. *18, 22, 61*
栗原彬 *131, 134*
グールドナー, A. W. *27*
グレイザー, D. *176*
クーン, T. *75, 77*
ゲシュベンダー, J. *205*
コーエン, A. K. *175*
コーザー, L. A. *21*
ゴフマン, E. *10, 11, 12, 14, 28, 209*
コールマン, J. *10*
コーンハウザー, W. *119*
コント, A. *16, 36, 76, 82, 83,*

サ行

198
コンネル, R. W. *149*

サイクス, G. M. *178, 179*
齋藤吉雄 *191*
サイモン, H. A. *157*
佐々木喜善 *187*
サザランド, E. H. *176*
サピア, E. *46*
サムナー, W. G. *64*
サン-シモン, C. *198*
シェリフ, M. *60*
ジェンキンス, C. *209*
塩原勉 *202, 210, 211*
志賀重昂 *56*
渋沢敬三 *187*
シブタニ, T. *69*
島崎稔 *101, 189*
シャー, E. *181*
ジャコービィー, S. M. *158*
シャノン, C. *124*
シュッツ, A. *8, 9, 15, 24*
シュラム, W. *126*
ショウ, C. R. *173*
ショウ, D. *122*
庄司光 *102*
ジンマーマン, C. C. *186*
ジンメル, G. *16, 30, 185*
鈴木榮太郎 *93, 185, 187, 188*
鈴木謙介 *141*
ストウファー, S. A. *62, 204*
ストーカー, G. M. *165*
スノー, D. *209*
スペンサー, H. *36*
スミス, A. *16*
スメルサー, N. *199, 201, 202, 210*
スモール, A. W. *16, 184*
セン, A. *11*
ソシュール, *127*
袖井孝子 *98*
曽良中清司 *210, 211*
ゾールド, M. *206, 207*
ソローキン, P. A. *186*

人名索引

タ行

多賀太　149
ダグラス, M.　29
竹内利美　187
タッカー, P.　145
ターナー, R. H.　69, 199
田村紀雄　102
ダール, R. A.　188
タルド, G.　115, 198
タロー, S.　209, 211
ダンラップ, R. E.　100, 102, 104
チャンドラー, Jr. A. D.　158
土屋雄一郎　113
テイリー, C.　206
デーヴィス, J.　204, 205
デフレー, M.　129
デュルケーム, É.　30, 37, 39, 40, 63, 170, 171
テンニース, F.　38, 185
ドーア, R.　167
土井隆義　141
土居健郎　59
トゥレーヌ, A.　207
トクヴィル, A. d.　184
戸田貞三　89, 187
トフラー, A.　125
トマス, W. I.　67, 184
富田英典　140
鳥越皓之　110

ナ行

中澤秀雄　209
中田実　189
中野収　138
中根千枝　58
中村八朗　188
成田康昭　139
西城戸誠　209
西山卯三　101
似田貝香門　189, 210
新渡戸稲造　56, 57, 186
ニューカム, Th.　60, 61
ノエル-ノイマン, E.　123
野宮大志郎　209

ハ行

ハイマン, H. H.　60
バウマン, Z.　33, 82
バーガー, P. L.　24, 79, 83
バカラック, P.　188
パーク, R. E.　172, 185, 199

間宏　167
ハーシ, T.　177
バージェス, E. W.　172, 184, 185
蓮見音彦　189
長谷川公一　106
パーソンズ, T.　6, 7, 8, 10, 12, 14, 40, 63, 88, 199
パットナム, R.　127
ハーディン, G.　107, 111
バデンタール, E.　147
ハートレー, J.　126
バーナード, C. I.　157
ハーバーマス, J.　9, 14, 15, 115, 207
ハーベイ, D.　192
バーリ, A. A.　158
パール, R.　192
ハンター, F.　188
ハンティントン, S.　81
バーンズ, T.　165
東浩紀　137
平塚らいてう　143
ブーアスティン, D.　122
フィスク, J.　126
フィッシャー, C. S.　188
フェアリス, E.　184
フォード, H.　160, 162
福武直　101, 189, 190
フクヤマ, F.　81
フーコー, M.　75
藤村正之　140
布施鉄治　189
フッサール, E.　9, 15
舩橋晴俊　103, 104, 106, 108, 109
ブラウ, P. M.　165
フリーダン, B.　144
ブルーマー, H. G.　184, 199, 200, 201
ブルデュー, P.　10, 12, 13
フロイト, S.　47, 52, 59
フロム, E.　48, 49, 50, 51, 52
フロリダ, R.　196
ヘーゲル, G. W. F.　81
ベッカー, H. S.　180, 181
ベック, U.　33, 42, 113
ベネディクト, R.　46, 47, 56, 58
ベル, D.　32, 75, 80, 125

ベレルソン, B.　120
ペロー, C.　209
ホイジンガ, J.　134
ボーヴォワール, S.　144
ホッブズ, Th.　6
ボードリヤール, J.　29, 32, 131, 136
ホーマンズ, G. C.　26
堀川三郎　103
ホルクハイマー, M.　48
ホール, P.　195, 196
ホワイト, D.　119

マ行

マクウェール, D.　126
マクルーハン, M.　114, 131, 132, 139
マコームズ, M.　122
マズロー, A.　132, 136
マッカーシー, J.　206, 207
マッキーバー, R. M.　38, 186, 189
マックアダム, D.　208, 209
松下圭一　188
松田美佐　140
マッツア, D.　178, 179
松原治郎　210
マードック, G. P.　88
マートン, R. K.　20, 76, 62, 115, 118, 165, 174, 204
マネー, J.　145
マリノフスキー, B. K.　27, 90
マルクス, K.　51, 72, 73, 74, 75, 88, 131, 198
マンハイム, K.　73, 74, 76, 115
マンフォード, L.　195
満田久義　103
ミード, G. H.　22, 61, 68
ミード, M.　46, 47
南方熊楠　57
宮台真司　133, 137
宮本憲一　102
ミレット, C.　144
ミーンズ, G. C.　158
村上泰亮　58, 59
メイヨー, G. E.　163
メルッチ, A.　207, 209
モース, M.　27
森岡清美　95
守田志郎　190

ヤ・ラ・ワ行

諸橋泰樹 153

柳田國男 57, 187
山根常男 95
山本陽三 191
横山源之助 93
ライアン, D. 42
ラザースフェルド, P. 120
ラスキン, J. 185
ラドクリフ＝ブラウン, A. R. 90
ランドリー, C. 196
リオタール, J.-F. 80, 131
リースマン, D. 50, 52, 53, 124
リップマン, W. 116
リントン, R. 184
ル・ボン, G. 198
ルックマン, T. 24, 79
ルーマン, N. 43, 75, 131
レヴィ＝ストロース, C. 41, 90
レスリーバーガー, F. J. 163
レックレス, W. 177
レッドフィールド, R. 184, 186
ロジキーヌ, J. 192
ロジャース, E. 121
ワース, L. 184, 185
和辻哲郎 57

事項索引

ア行

愛着 177
アソシエーション 39
新しい公共 197
「新しい社会運動」論 199, 206, 207, 208, 209, 211
『新しい女性の創造』 144
アナール学派 200
アノミー 37, 170, 174, 177
アーバニズム論 185
安住地の喪失 25
アンシュタルト 5
アンペイドワーク 154
家／いえ 187, 191
「イエ・ムラ」論 89, 92, 93, 94
家連合 187
イエロー・ジャーナリズム 116, 125, 128
イギリス経験論 16
育児休業法 150
いじめ 183
逸脱 69
　──の増幅過程 181
　──の文化 173, 176, 178, 179, 182
　──の文化論 176
　──の偏在説 178, 182
　──の遍在説 178, 182
一般化された他者 23, 61, 68
イデオロギー 51, 52, 72, 73, 74, 75, 79, 81
　──終焉 75, 80
『イデオロギーとユートピア』 115
意図せざる結果 4

カ行

イベント 122
イベント分析 208, 209
意味のあるシンボル 68
『幻影（イメジ）の時代』 122
入会地 197
印刷術 114
印象操作 12
ウェルフェア・キャピタリズム 169
受け手 119
　──の主体性 126
「宇宙戦争」 118
運動過程図式 202
運動参加 205
運動文化論 209
AGIL 41
エスニシティ 70
エスノメソドロジー 9, 25, 79
M字型就業形態 147
演技 10, 11, 14, 14
演劇論的行為 10
大きな物語 80
送り手 119
オゾンホール 102
オタク 130, 132, 133, 137, 139
オーディエンス 11, 12
オピニオン・リーダー 120

介在変数 120
外集団 64
開放階級社会 174
会話分析 79
科学社会学 76
科学的管理法（Scientific Mnagement） 162
科学的な生態学的知識 111
鏡に映った自我 18
鏡の中の自己 61
課業（task） 162
核家族論 88, 95
学生運動 207
家産官僚制 164
家族意識の多様化 99
家族周期論 95
家族制度の廃止 94
家族の起源問題 87
家族病理 95, 97
家族問題 97
課題設定機能 122
価値観の多様化 99
価値合理的行為 3, 4
学校 73
下部構造（土台） 52
カプセル人間 138
カリスマ 5
環境人種差別 112
環境正義 112, 113
　──運動 112
環境制御システム論 109
環境負荷の外部転嫁論 107, 108
監視社会 42
感情的行為 3
感情の論理 163
官僚制概念 164
気後れ 13
機械的連帯 37
企業別組合 166, 167
記号消費 132, 136

疑似イベント　122
疑似環境　116
『技術革新の普及過程』　121
技術決定論　139, 140
犠牲者のいない逸脱　181
規則　5, 6, 7, 8
機能主義　20
規範型準拠集団　64
規範観念　177
規範に規制される行為　14
規模の経済　160
客我　68
逆機能　20
キャラ化　141
キャンペーン　120
旧意識　54
行政末端組織　188
競争　20
共通価値　7
京都学派　57
共有価値　40
強力効果論　122
儀礼的無関心　28
近代　80, 81
近代家族　96
近代的支配　164
近代の終焉　81, 83
緊張理論　176, 178
勤労階級　29
クールなメディア　124
草の根運動　211
クラ交易　27
グリーン・ツーリズム　197
クリエイティブ・シティ　195
グローバリゼーション　193, 194
グローバル・シティ　193
グローバル・シティ・リージョンズ　193
グローバルビレッジ　124
軍事型社会から産業社会へ　36
群集行動　200
経営者支配　158
計算可能性　164
形式社会学　19
KY　141
ゲゼルシャフト　38
結社　5
ゲーテッド・コミュニティ　193
ゲートキーパー　119

ゲマインシャフト　38
ゲーム段階　23
権威主義的性格　48
権威主義的パーソナリティ　49
限界集落　196
顕在的機能　20
衒示的消費　29
現象学的社会学　8, 19, 24
現象論的アプローチ　121
限定効果論　120
限定合理性　157
行為　2, 3
高感度　139
　　──人間　139
交換理論　26
公共性　129
公衆　115
構造化された選択肢　107
構造機能主義　19, 41
構造─機能分析　88
構造主義　41
構造的緊張　202, 203
構造的誘発性　202, 203
構造分析　189
構造論　31
行動　2, 3
合法的支配　164
公民権運動　207
功利主義　6, 10
合理的官僚制　164
合理的選択理論　10, 14
合理的な愚か者　11
高齢者問題　98
声　129
声の文化　114, 125
国際女性年　150
国民国家　31
国民性　92
国民生活審議会　189
国民性研究　47
個人　30, 35
個人化論　96
国家　72, 73
遊び　68
コミュニケーション　43
　　──的行為　14, 15
　　──の間接化　138, 140
　　──の希薄化　140
　　──の数学的理論　124

　　──の二段の流れ　120
コミュニティ　39, 185, 186, 188, 189, 193
コモンズ　111
　　──の悲劇　107
　　──論　103, 111, 197
コンティンジェンシー　165
　　──・ワーカー（非正規従業員）　159
コンパクト・シティ　195
コンフリクトモデル　182, 183

サ行

再帰的近代　34
再生産　13
在地リスク回避　111
在日コリアン　70
最頻的パーソナリティ　47
産業化　82
産業資本主義　159
三段階の法則　36
Jカーブ理論　204, 205
ジェンダー（gender）　142, 191
　　──・フリー　151
　　──化された存在　148
　　──視点　86
gender role　146
視界の相互性の一般定立　9
シカゴ学派　172, 178, 199
　　──都市社会学　184, 188, 192
資源動員論　199, 206, 207, 208, 211
自己観念　177, 182
自己呈示　12
市場的構え　52
至上の現実　25
システムによる生活世界の植民地化　15
システム理論　43
私生活主義　55
自然　187
持続可能性　194
持続可能な都市　195
実証主義　6
嫉妬　20
資本主義の精神　52
島守富　137, 140
ジャーナリズム　114
社会　30, 35

215

社会意識　51, 52
社会運動　200
　　——組織　208
　　——の政治社会学　208
　　——の総過程図式　203
　　——の定義　200
　　——の類型　201
　　——論　198
社会解体　172
社会学　36
社会学的アンビヴァレント　69
社会化のアプリオリ　19
社会化の形式　18
社会化の内容　18
社会関係　5
社会関係資本　127
社会契約論　35
社会工学　75
社会構成主義　165
社会システム　41
社会主義　73, 75, 80, 81, 82
社会人類学　90
社会的カテゴリー　69, 70
社会的絆　177, 178
社会的行為　2, 3, 5, 6
社会的ジレンマ　11
　　——論　107, 108
社会的性格　50, 51, 52, 53
社会的相互作用論　183
社会的ダーウィニズム　193
社会ネットワーク分析　193
社会病理学　170, 172, 182
社会有機体説　170, 182
社交　19
主意主義　20
　　——的行為理論　6, 7, 8, 14
自由からの逃走　49
習慣　3, 5, 12
宗教　81
集計　6
集合意識　171
集合行動　200
　　——の類型　201
　　——論　199, 206, 208
集合的アイデンティティ　207, 209
自由主義　75, 80, 81
終身雇用　166, 167
囚人のジレンマ　10

充足パターン　126
従属変数としての規範　180
集団主義　166
住民運動　210
住民組織　188
重要な他者　177
習律　5
「受益圏・受苦圏論」　106, 107, 108
主我　68
主観的意味　2, 3, 8
主観的観点　8
手段　6, 7, 8
主婦化　147
主婦役割　146
主婦論争　144
順機能　20
準拠集団　60, 176, 204
準拠人　64
使用価値　136
状況の定義　67
消極的準拠集団　66
条件　6, 7, 8
消費　75, 80
消費社会　32
情報化社会　125
情報ギャップ仮説　124
情報社会　32
情報理論　125
職長帝国　162
女子差別撤廃条約　150
女性解放運動　142, 143
女性の世界史的敗北　87
所属集団　64
所有と経営の分離　158
シラケ　131
新エコロジカルパラダイム　100
シングル論　96
新人類　130, 132, 133, 136, 138, 139
新都市社会学　192
新フロイト派　50
新聞　115
真理性　15
スティグマ説　181
生活環境主義　103, 110, 111
生活史　79
生活誌　79
生活世界　9, 15

製作本能　29
生産関係　52
生産力　52
政治家定論　208
誠実性　15
政治的機会構造　208, 209
精神分析　59
聖-俗-遊　134
『成長の限界』　102
正当性　15
正当的秩序　5
青年　130
　　——期　130
　　——論　130
『性の署名』　145
生物学的決定論　142
性別役割　146
　　——分業　47
性役割　146
青鞜社　143
世間　71
積極的準拠集団　61
sex role　146
絶対的剥奪　203, 204
説明　3
セレクティブ・サンクション　181
遷移地帯　178
潜在価値　179, 182
潜在的機能　20
全体の視点　86
選択の人間関係　140
羨望　20
戦略的行為　14, 15
相関主義　73
創造の共同体　71
相対的不満　62
相対的剥奪　203, 204, 205
相対的剥奪理論　210, 211
争点　122
贈与　27
ソーシャル・キャピタル　127
　　——論　193
村落社会研究学会　191
村落社会構造　189

タ行

第一次集団　22
第一社会地区　187
対抗文化運動　207

事項索引

第三社会地区　187
大衆社会　119
『大衆説得』　118
対人関係コード　140
第二次集団　22
第二社会地区　187
第二の近代　33
大量生産のエートス　161
大量生産方式　168
脱埋め込み　33
脱工業化社会　125
脱産業社会　32
他人（外部）指向型　125
単位行為　6, 12
団塊　130, 136, 138
　──ジュニア　133
男女共同参画社会基本法　150
男女雇用機会均等法　147, 150
団体　5
地域構造権力論　188
地域社会学　192
地域社会学会　192
地域組織　172, 182
地位系列　65
知識資本主義　159
知識社会　125
知識社会学　75, 115
『知識社会の到来』　125
地図にないコミュニティ　127
秩序　5
秩序モデル　182, 183
秩序問題　7, 9
中産階級の規範　175
中山間地域　194
中範囲の理論　63
中流　75
中和の技術　178, 182
沈黙の螺旋　123
テクノクラート　75
データベース消費　137
撤退の農村計画　197
テーラー主義　168
テレビ　126
テレビ・ディスクール　126
伝統　5
伝統指向型　53
伝統的行為　3, 13
伝統的な生態学的知識　111
同感　16

動機　3, 8
投資　177
同心円地帯理論　172, 185
統制理論　177
闘争　20
同族団理論　187
道徳的権威　170
独立変数としての規範　180
都市再生　195
都鄙二分法説　186
都鄙連続体説　186
トマスの定理　67
トヨタ生産方式　169
ドライブシステム　162
ドリフト　179, 181

ナ行

内集団　64
内部指向型　53, 125
内面化　40
ナショナリズム　71
ナチュラル・ヒストリー論　202
日常知　82, 83
二重意識　134
ニート　130, 133
2は1より古い　18
日本都市社会学会　193
ニュース　122
『人間拡張の原理』　124, 132
人間生態学　172, 193
人間特例主義パラダイム　100
NINBY　113
ネタ的コミュニケーション　141
ネット世論　129
ネットワーキング　211
年功主義　166
年功序列賃金　167
農村民主化　190
能動性の高い受け手　139
能動的な受け手　126

ハ行

媒介的要因　121
『母という神話』　147
母役割　146
ハビトゥス　10, 13
パフォーマー　11, 12
パフォーマンス　11, 12
パラサイト　133
パラダイム論　77
犯罪　171, 172, 173, 174

犯罪常態説　171
犯罪の正常性　171
万人の万人に対する闘争　6, 7, 15
『ピープルズ・チョイス』　120
ピエタート関係　93
被害者構造論　108, 109
ひきこもり　133
非行　173, 174, 175, 176, 178, 179, 183
　──のボーダレス化　179
非行下位文化　175, 177, 179
非行少年の「一般化」　178
批判能力　118
批判理論　48
ビューロクラート　75
貧困研究　93
ファシズム尺度　49
フェミニズム　143
　──運動　207
　第1波──　143
　第2波──　144
フォーディズム（Fordism）　160
付加価値の論理　202
福祉国家　34
普遍的官僚制化　164
プラティック　13
フランクフルト学派　48
フランクフルト大学社会研究所　48, 54
フリーター　130, 133
フリー・ライダー　11
ブルジョワジー　75, 82
プレイ段階　23
フレーミング　209
フレーム分析　209
フレキシブル生産（リーン生産）方式　161
プロテスタンティズムの倫理　52
プロレタリアート　73, 75, 82
文化相対主義　46
分衆　136
　──論　132
分化的接触　176
文化の多元論　183
分化的同一化　176
文化の目標　174
文化伝達　173, 176

文化とパーソナリティ　46, 47
　　──研究　50, 56, 58
文化の型　46
平成の大合併　196
北京女性会議　149
弁証法　81
法　5
封建遺制　54
方法論的個人主義　2, 4, 6, 37, 40
方法論的集団主義　37, 40
ホーソン実験　163
ポジティヴィズム　82
ポスト構造主義　33, 41
ポストモダニティ　32, 34
ポストモダン　33, 80
　　──組織論　165
母性保護運動　143
ホットなメディア　124
ホッブズ問題　7, 9, 40
ポトラッチ　27
ホモ・エコノミクス　4, 6
掘り出し物型　63
本性（nature）　16

マ行

マイホーム主義　55
巻き込み　177
マクロ　4, 6, 13
マージナル・マン　66
マス・コミュニケーション　114
マス・メディア　114
マスメディア　73
マルクス主義　102, 200
　　──系社会運動論　199
　　──的イデオロギー　210
　　──的疎外論　183
見えざる手　157
見える手　157

ミクロ　4, 6, 13
ミクロ―マクロ問題　198
水俣病　102
ミリタントなやさしさ　131, 134
「民主化」問題　94
民族　81
民俗学　91
「みんなぼっち」　140
むら　187, 190, 191
メディア　138
　　──媒介型コミュニケーション　138
メディア・リテラシー　124
　　──論　127
「メディアはメッセージである」　124
萌え　137
目的　6, 7, 8
目的合理的行為　3, 11, 12, 14, 31, 40
目的動機　9
目的論的行為　14
文字の文化　125
モダニティ　32, 34
モノ語り　140
物語消費　137
モラトリアム　23, 135
　　──人間　130, 135

ヤ行

役割葛藤　65, 69
役割距離　28
役割形成　69
役割取得　68
役割セット　65
役割と地位　65
役割分担　88
役割モデル　64

優しい関係　141
やさしさ　134, 140
ヤング　136
唯物論　72
有閑階級　29
有機的連帯　37
雪だるま説　181
予期的社会化　66
予言の自己成就　66
よそ者　24
欲求段階　136
『世論』　116

ラ行

ライフサイクル　23
　　──論　130
ラジオ　118, 128
ラディカル環境主義　101, 112
ラベリング論　180, 181, 183
理解　3
利害　4, 7
理解社会学　2, 3, 4, 8
リスク　42
リスク社会　42, 113
理想　4, 7
理想主義　6
離脱の文化　134
理念型　3
リベラル　81
理由動機　9
リーン生産方式　161, 168
歴史的環境保全　103
歴史的視点　86
レギュラシオン学派　160
連帯　36, 39
労使関係　167
労働運動　207

執筆者紹介（★：編者）

浜 日出夫（はま　ひでお／慶応義塾大学名誉教授，東京通信大学情報マネジメント学部）第1部 I

★早川 洋行（はやかわ　ひろゆき／滋賀大学名誉教授，名古屋学院大学現代社会学部）第1部 II

三上 剛史（みかみ　たけし／神戸大学名誉教授，追手門学院大学社会学部）第1部 III

出口 剛司（でぐち　たけし／東京大学大学院人文社会系研究科）第2部 IV

野村 一夫（のむら　かずお／國學院大學経済学部）第2部 V

左古 輝人（さこ　てるひと／東京都立大学人文社会学部）第2部 VI

飯田 哲也（いいだ　てつや／元立命館大学）第3部 VII

熊本 博之（くまもと　ひろゆき／明星大学人文学部）第3部 VIII

守弘 仁志（もりひろ　ひとし／元熊本学園大学）第3部 IX

新井 克弥（あらい　かつや／関東学院大学社会学部）第3部 X

竹村 祥子（たけむら　さちこ／岩手大学人文社会科学部）第3部 XI

鈴木 秀一（すずき　しゅういち／立教大学経営学部）第3部 XII

高原 正興（たかはら　まさおき／京都橘大学現代ビジネス学部）第3部 XIII

吉野 英岐（よしの　ひでき／岩手県立大学総合政策学部）第3部 XIV

片桐 新自（かたぎり　しんじ／関西大学社会学部）第3部 XV

やわらかアカデミズム・〈わかる〉シリーズ
よくわかる社会学史

2011年4月20日　初版第1刷発行　　〈検印省略〉
2020年6月10日　初版第4刷発行

定価はカバーに表示しています

編　者　早川洋行
発行者　杉田啓三
印刷者　江戸孝典

発行所　株式会社　ミネルヴァ書房
607-8494 京都市山科区日ノ岡堤谷町1
電話代表（075）581-5191
振替口座 01020-0-8076

©早川洋行ほか，2011　　共同印刷工業・新生製本

ISBN978-4-623-05990-4
Printed in Japan

■よくわかる社会学［第3版］

宇都宮京子編　　　　　　　　　　　　　　　　　B5判　220頁　本体2500円

　今多くの関心を集めている学問分野である社会学。現代社会学はあらゆる方向に向かって触手を伸ばしつづけており，その全貌を捉え，伝えることは容易ではない。本書は簡潔明快にその基幹部分を解説し，全貌に迫る。

■テキスト現代社会学［第3版］

松田　健著　　　　　　　　　　　　　　　　　　A5判　400頁　本体2800円

　社会学は人気科目の一つでありながら，慣れない用語や概念が，しかも英語ででてきて苦労させられることが少なくない。本書では，アメリカの大学での社会学入門の授業に頻出する内容を念頭に置き，明快な社会学概説をおこなう。重要国の英語併記や「英語コラム」も設けてあり，留学して社会学を学ぶヒトにも最適。

■質的調査法入門──教育における調査法とケース・スタディ

S. B. メリアム著　堀　薫夫／久保真人／成島美弥訳　　　四六版　440頁　本体4200円

　欧米で定評のある体系的テキスト。サンプル選択から，データの収集・分析の技法，妥当性・信頼性と倫理の問題，調査結果の報告まで，わかりやすく解説した。

■新・社会調査へのアプローチ──論理と方法

大谷信介／木下栄二／後藤範章／小松　洋編著　　　A5判　412頁　本体2500円

　1999年の初版刊行以来ベストセラーを続ける，もっともわかりやすい「社会調査法」テキストのスタンダードとも言える同書を，最新の調査状況に対応した内容に，より詳しく，よりわかりやすく全面改訂した待望の「新版」。

■よくわかる質的社会調査　プロセス編

谷　富夫／山本　努編著　　　　　　　　　　　　B5判　240頁　本体2500円

　社会調査の概説，歴史的展開と，問いを立てる→先行研究に学ぶ→技法を選ぶ→現地に入って記録する→収集したデータを処理して報告書を作成する，までの過程を具体的にわかりやすく解説する。

■よくわかる質的社会調査　技法編

谷　富夫／芦田徹郎編著　　　　　　　　　　　　B5判　240頁　本体2500円

　質的調査のスタンダードなテキスト。調査方法の紹介とその技法，そして調査で収集したデータの分析技法をわかりやすく解説する。

──────ミネルヴァ書房──────
https://www.minervashobo.co.jp/